高等法律职业教育系列教材
GAODENGFALUZHIYEJIAOYUXILIEJIAOCAI

合同法原理与实务

HETONGFA YUANLI YU SHIWU

主　编◎王　鹏
副主编◎但小红　黄惠萍

暨南大学出版社
JINAN UNIVERSITY PRESS
中国·广州

图书在版编目（CIP）数据

合同法原理与实务/王鹏主编；但小红，黄惠萍副主编．—广州：暨南大学出版社，2011.9（2018.10 重印）
（高等法律职业教育系列教材）
ISBN 978－7－81135－856－8

Ⅰ．①合…　Ⅱ．①王…②但…③黄…　Ⅲ．①合同法—中国—高等职业教育—教材
Ⅳ．①D923.6

中国版本图书馆 CIP 数据核字(2011)第 089328 号

合同法原理与实务
HETONG FAYUAN LIYU SHIWU
主　编：王　鹏　副主编：但小红　黄惠萍

出 版 人：徐义雄
责任编辑：张仲玲　常进海
责任校对：郑小燕
责任印制：汤慧君　周一丹

出版发行：暨南大学出版社（510630）
电　　话：总编室（8620）85221601
营销部（8620）85225284　85228291　85228292（邮购）
传　　真：（8620）85221583（办公室）　85223774（营销部）
网　　址：http：//www.jnupress.com
排　　版：广州市天河星辰文化发展部照排中心
印　　刷：湛江日报社印刷厂
开　　本：787mm×1092mm　1/16
印　　张：11.25
字　　数：270 千
版　　次：2011 年 9 月第 1 版
印　　次：2018 年 10 月第 5 次
印　　数：9001—11000 册
定　　价：23.00 元

目　录
CONTENTS

总　序

高等法律教育职业化已成为社会的广泛共识。2008 年，由中央政法委等 15 部委联合启动的全国政法干警招录体制改革试点工作，更成为中国法律职业化教育发展的里程碑。这也必将带来高等法律职业教育人才培养机制的深层次变革。顺应时代法治发展需要，培养高素质、技能型的法律职业人才，是高等法律职业教育亟待破解的重大实践课题。

目前，受高等职业教育大趋势的牵引、拉动，我国高等法律职业教育开始了教育观念和人才培养模式的重塑。改革传统的理论灌输型学科教学模式，吸收、内化“校企合作、工学结合”的高等职业教育办学理念，从办学“基因”——专业建设、课程设置上“颠覆”教学模式：“校警合作”办专业，以“工作过程导向”为基点，设计开发课程，探索出了富有成效的法律职业化教学之路。为积累教学经验、深化教学改革、凝塑教育成果，我们着手推出“基于工作过程导向系统化”的法律职业系列教材。

《国家（2010—2020 年）中长期教育改革和发展规划纲要》明确指出，高等教育要注重知行统一，坚持教育教学与生产劳动、社会实践相结合。该系列教材的一个重要出发点就是尝试为高等法律职业教育在“知”与“行”之间搭建平台，努力对法律教育如何职业化这一教育课题进行研究、破解。在编排形式上，打破了传统篇、章、节的体例，以司法行政工作的法律应用过程为学习单元设计体例，以职业岗位的真实任务为基础，突出职业核心技能的培养；在内容设计上，改变传统历史、原则、概念的理论型解读，采取“教、学、练、训”一体化的编写模式。以案例等导出问题，根据内容设计相应的情境训练，将相关原理与实操训练有机地结合，围绕关键知识点引入相关实例，归纳总结理论、分析判断解决问题的途径，充分展现法律职业活动的演进过程和应用法律的流程。

法律的生命不在于逻辑，而在于实践。法律职业化教育之舟只有融入法律实践的海洋当中，才能激发出勃勃生机。在以高等职业教育实践性教学改革为平台进行法律职业化教育改革的路径探索过程中，有一个不容忽视的现实问题，高等职业教育人才培养模式主要适用于机械工程制造等以“物”作为工作对象的职业领域，而法律职业教育主要针对的是司法机关、行政机关等以“人”作为工作对象的职业领域，这就要求在法律职业教育中要对高等职业教育人才培养模式进行“辩证”地吸纳与深化，而不是简单、盲目地照搬照抄。我们所培养的人才不应是“无生命”的执法机器，而是有法律智慧、正义良知、训练有素的有生命的法律职业人员。但愿这套系列教材能为我国高等法律职业化教育改革作出有益的探索，为法律职业人才的培养提供宝贵的经验、借鉴。

2010 年 11 月 15 日

前　言

教育部针对高等职业技术教育明确提出：“高等职业技术教育应有别于学科教育，应具有更加鲜明的职业性、实践性和岗位针对性，应更加注重知识的有效传播。”为了适应我国高等法律职业教育的改革与建设的需要，广东司法警官职业学院组织各学科专业的骨干教师，会同院外行业专家，共同编写了一套高职法律教学专用教材，《合同法原理与实务》即为该系列教材中的一本。

我国高等院校传统的法学教材构建学科知识体系时，在内容编排上“重理论，轻实践”，但是高等法律职业教育是以技能型法律人才的培养为目标，传统教材就显得不太适用。因此，广东司法警官职业学院在主持编写本套高职专用系列教材时，切合高等法律职业教育的特点与要求，明确提出“理论以‘必需、够用’为尺度，强化实践性教学”的编写思路，按照“任务驱动和工作过程导向”等创新型高等职业教学理念，打破传统教材格式化的学科知识体系，以典型的工作任务和工作流程重新排列教材内容，设计出相应的教学单元或模块。以本教材为例，我们按照合同法学习所需要完成的典型工作任务依次设计出“签订合同——履行合同——解决合同纠纷”三个教学单元，将合同法的学科知识有选择地装入这些单元，适当地削减纯理论性内容，增加案例和实训内容在教材中所占的比例，在强化基础知识、基础理论教育，突出职业能力和职业技能训练的前提下，重组知识结构，更新教学内容，凸显了高等法律职业教育的办学特色。我们认为，教材改革是教学改革的重要基础，是课程建设的主要内容，有了适合高职教育的配套教材，再配合以相应的课程建设和教学改革，高职法律教育培养技能型人才的目标必将得以实现。

本书由王鹏统稿、审定。各单元参加撰稿人分工如下：

王鹏：单元一、二、三实训部分；但小红：单元一项目三、四；黄惠萍：单元一项目一、二；杨曼：单元三项目一、二、三；雷绍玲：单元二项目一、二、三、四、五。

《合同法原理与实务》编写组

2011 年 3 月

单元一

签订合同

【知识目标】

通过本单元学习，了解合同、合同分类及合同法的基本原则；掌握合同订立过程中的“要约”与“承诺”；熟悉合同的内容与形式，尤其是关于格式条款的规制制度。

【能力目标】

通过本单元学习，能够正确地判断实践中发生的合同纠纷是否受合同法的调整；能够正确认定合同是否成立及合同成立的时间、地点；具备草拟合同及完善合同内容的实践能力。

【内容结构图】

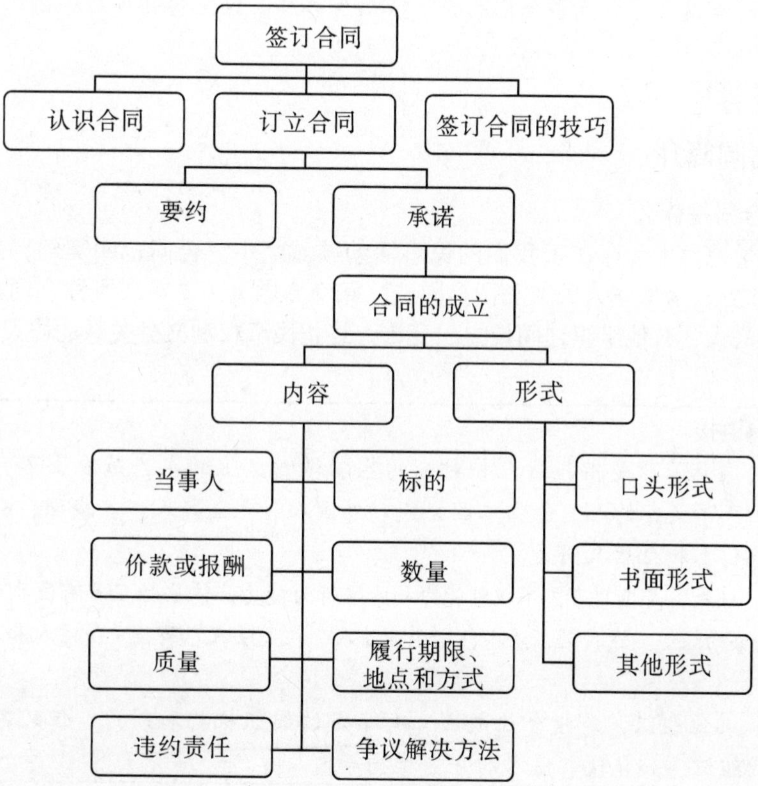

项目一　认识合同

【引例】

1998年，某市政府利用优惠政策吸引社会资金参与城市基础设施建设。当时在某市东部城区出现了采暖供热紧张的局面，市政府计划在此地区投资建设集中供暖锅炉房。1998年4月27日，甲公司自愿招商引资建设集中供热锅炉房和配套工程（泵站、管网、铁路专用线）等项目，并请求市政府在各方面给予照顾和支持。1998年8月30日，甲公司开始施工，1999年10月15日讼争工程竣工并投入使用。

1999年1月22日，市政府办公会议就如何落实讼争项目优惠政策问题进行讨论，制定了优惠政策的原则，通过了优惠政策方案，并形成办公会议纪要。在优惠政策实施的过程中，由于政府相关政策的出台，取消了部分收费项目。市政府停止向甲公司支付优惠政策规定的费用，双方产生纠纷。2004年4月16日，甲公司向法院起诉请求：市政府应当按照会议纪要所载的优惠政策向甲公司支付有关费用，清偿有关欠款和利息。2004年6月17日，市政府以某供暖锅炉房为某供热公司自建，产权亦归其所有，某供暖锅炉房项目与甲公司无关，甲公司无权就此主张权利，据此提出反诉，要求甲公司返还投资款。①

问题：某市政府与甲公司双方当事人在优惠政策制定和执行中地位是否平等？双方当事人之间有没有形成民事合同关系？市政府办公会议纪要的性质如何？

【基本原理】

一、合同简介

（一）合同是什么

合同大量地发生和存在于我们的民事活动领域之中。合同也叫契约，是民法中最重要的概念之一。《中华人民共和国合同法》第2条规定：“本法所称合同是平等主体的自然人、法人、其他组织之间设立、变更、终止民事权利义务关系的协议。”

知识链接

（1）自然人，是指与法人相对应的生物学意义上的人，是依法享有民事权利和承担民事义务的人，包括本国公民、外国人和无国籍人。在我国，公民在民事法律地位上和自然人同义。

（2）法人，是指具有民事权利能力和民事行为能力，依法独立享有民事权利和承担民事义务的组织。在我国，法人包括企业法人、机关法人、事业单位法人和社会团体法人。

（3）其他组织，是指合法成立、有一定的组织机构和财产，但又不具备法人资格的组织，如合伙、法人的分支机构等。

① 本案例来源于：中华人民共和国最高人民法院［2006］民一终字第47条。

1. 合同是一种双方或多方的民事法律行为

《中华人民共和国民法通则》第54条规定："民事法律行为是公民或法人设立、变更、终止民事权利和民事义务的合法行为。"合同以协议的方式设立、变更、终止双方或多方民事主体之间的民事权利义务关系，是一种双方或多方的民事法律行为，因为只有双方或多方合同当事人达成一致的意思表示是符合法律的要求，合同才具有法律约束力，并受国家法律的保护。如果当事人作出了违法的意思表示，即使达成协议，也不能产生合同的效力。因此，合同是发生、变更、消灭民事法律关系的法律事实。

2. 合同是平等主体之间的协议

合同作为当事人意思表示的具体表现形式，要求反映当事人的真实意思，不允许任何一方将自己的意志强加给另一方当事人。合同只能由当事人在法律地位平等的基础上自由协商而订立，如果当事人不具有平等的法律地位，其就不能自由真实地表达自己的意志；而且当事人之间的意思表示必须相一致，也就是说当事人达成了"合意"，"合意"的外在表现方式就是合同。

3. 合同是设立、变更、终止民事权利义务关系的协议

合同是一种民事法律行为，是设立、变更、终止民事权利义务关系的民事法律事实。当事人订立合同旨在形成某种民事法律关系（如买卖关系、租赁关系等），从而具体地享受民事权利、承担民事义务。因此，不是以设立、变更、终止民事权利义务关系为目的的协议就不属于合同法上的合同，如两人达成的结伴出游的协议。

【引例分析】

合同是以设立、变更、终止民事法律关系为目的的协议，是当事人在平等自愿的基础上达成的意思表示一致。引例中市政府形成的办公会议纪要，明确了优惠政策原则和方案，是本案讼争供热建设项目得以执行的主要依据，但该优惠政策是市政府单方制定的，未邀请甲公司参加市政府办公会议并与之平等协商，也未征得甲公司同意，即市政府作出的单方意思表示，没有甲公司的意思配合。因此，市政府办公会议纪要等只是相关文件，不是双方平等协商意思一致共同签订的协议，市政府与甲公司之间没有形成民事合同关系。

知识链接

两大法系国家法律关于合同的界定

大陆法系对合同的界定继承了罗马法的理论。罗马法将合同界定为"得到法律承认的债的协议"。但作为大陆法系两大支系的德国法系和法国法系国家对合同又有不同的定义。

第一，"合意"说。《法国民法典》第1101条规定："契约为一种合意，以此合意，一人或数人对于其他一人或数人负担给付作为或不作为的债务。"依此解释，合同是基于双方当事人的合意而产生的一种法律关系。合同的基本内容是给付，而这种给付要具有一定的原因。这里的"合意之债"实际上就是狭义的债权合同。

第二，“私法合同”说。在《德国民法典》中，同时存在法律行为、债和合同三个概念，合同是债的种概念。《德国民法典》第 305 条规定：“以法律行为发生债的关系或改变债的关系的内容者，除法律另有规定外，必须有当事人双方之间的契约。”可见德国民法上的合同是广义上的私法合同，泛指一切以意思表示一致为要素而发生的私法行为，除债权合同外，还包括物权合同、身份合同等。

在英美法系国家，合同法并没有对合同作出界定。学者间有不同的学说，大致有三种学说——允诺说、协议说以及法定债务说。

第一，允诺说。认为合同实际上就是一种允诺或一组允诺。所谓允诺，实际上就是某人对其他人所作出的确保某种事务状态存在、自己将会从事某种特定的行为或自己将会不从事某种特定行为的宣告或担保。

第二，协议说。认为合同实际上就是具有法律上强制执行力的协议，该协议是由两个或两个以上的当事人基于自愿订立，它使当事人之间因此而产生可以由法院强制执行的权利和义务。

第三，法定债务说。认为合同实际上就是通过某种交易而创设的全部法定债，该法定债实际上就是双方当事人之间的权利和义务，此种定义为美国《统一商法典》第 1201（1）条所采用。

（二）合同的分类

1. 双务合同与单务合同

根据合同当事人是否互负对等义务，合同可以分为双务合同和单务合同。双务合同是指当事人双方互负对待给付义务的合同，即一方当事人愿意负担履行义务旨在使他方当事人因此负有对待履行义务，或者说一方当事人所享有的权利即为他方当事人所负担的义务，如买卖合同、互易合同、租赁合同等均为双务合同。双务合同是建立在“你与则我予”的原则之上的，它是财产交换在法律上最典型的表现。适用于双务合同的各项交易规则均强调平等、等价原则。单务合同是指仅有一方负担给付义务的合同，即由一方承担义务，另一方并不负有相对义务的合同，如赠与合同。单务合同又有两种情况：一是只有单方承担合同义务，如借用合同，只存在借用人按照约定使用并按期返还借用物的义务；二是一方承担合同的主要义务，另一方不承担主要义务，只承担附属义务，双方的义务没有对待关系。如《合同法》允许赠与附属义务，但赠与人交付赠与财产和受赠方承担附属义务之间不存在对价关系，因而仍属于单务合同。

区分单务合同和双务合同的法律意义在于：在双务合同中，双方当事人之间的权利义务具有对应和依赖关系，一方的权利与对方的义务之间不能分离，权利的享有与义务的履行互为条件；单务合同就不存在这种特殊关系。具体表现在：

（1）是否适用同时履行抗辩权。同时履行抗辩权是当事人一方在对方没有履行给付之前可以拒绝履行自己承担的给付义务的权利。同时履行抗辩权的享有以合同双方存在对待给付关系为前提，因而只有双务合同才存在同时履行抗辩权，单务合同则不适用。

（2）在风险的负担上不同。由于双务合同中双方的权利义务互相依存、互为条件，如果非因一方当事人的原因（如不可抗力）导致其不能履行合同义务，其合同债务应被免除，其享有的合同权利也应归于消灭。在此情况下，一方因不再有合同义务，因此也无权要求对方履行；如果对方已经履行的，则应将其所得返还给对方。而在单务合同中，如果一方因不可抗力因素导致其不能履行义务，则不会发生双务合同中的风险负担问题。

（3）因一方过错致合同不履行的后果不同。在双务合同中，如果当事人一方因自己的过错而不履行合同，该行为构成违约，非违约方可以要求违约方继续履行或承担违约责任；如果非违约方要求解除合同，对于其已履行部分则有权要求未履行给付义务的一方返还。但在单务合同中，因义务主要由一方承担，如果义务方已履行了部分义务同时也违反了合同义务，则无权要求对方对待履行或返还财产。

2. 有偿合同与无偿合同

根据当事人从合同中获取利益是否需要偿付代价，合同可以分为有偿合同和无偿合同。有偿合同是指一方在取得合同规定的利益时需向对方支付相应代价的合同，如买卖合同、租赁合同、保险合同等。在实践中绝大多数反映交易关系的合同都是有偿的，不过需要注意的是，一方付出的代价与对方支付的代价在经济价值上不一定完全相等。无偿合同，指一方在取得合同规定的利益时无须向对方支付相应代价的合同，如赠与合同、借用合同等。需要注意的是，一方当事人不向他方支付任何费用并非等同于不承担任何义务，如借用人借用他人物品虽不用支付费用，但负有正当使用和按期返还的义务。有偿合同大多数是双务合同，无偿合同原则上是单务合同。

区别有偿合同与无偿合同的法律意义在于：

（1）有利于确定合同的性质。在债权合同中，许多合同只能是有偿的而不可能是无偿的，如果要变有偿为无偿，或者相反，则合同关系在性质上就要发生根本的变化。如买卖合同是有偿的，如果变为无偿就成了赠与合同。也有些合同既可以是有偿的也可以是无偿的，如保管合同，可以是无偿保管也可以是有偿保管。

（2）义务的内容不同。由于合同是交易关系的反映，合同义务内容常常受到当事人之间利益关系的影响。在无偿合同中，利益的出让人原则上只应承担较低的注意义务，而在有偿合同中当事人所承担的注意义务要较无偿合同中的注意义务重。如在无偿的保管合同中，保管人因过失造成保管物毁损、灭失时，虽不能免除全部赔偿责任，但应酌情减轻责任；而有偿保管合同的保管人因收取了寄托人所支付的保管费，如果因过失造成保管物毁损、灭失，应付全部赔偿责任。

（3）主体要求不同。订立有偿合同的当事人一般需具备完全民事行为能力，限制民事行为能力人自己订立的有偿合同，必须与其年龄、智力、精神健康相适应，或得到其法定代理人的同意，否则合同无效；无民事行为能力人原则上不能自己订立有偿合同。而无偿合同的订立则不要求行为人都具有完全民事行为能力，如赠与合同中的受赠人，是纯获利益者，依法既可以是完全民事行为能力人，也可以是无民事行为能力人或限制民事行为能力人。

（4）对债权人行使撤销权来说，如果债务人将其财产无偿转让给第三人，严重减少债务人的责任财产，有害于债权人的债权实现，则债权人可以直接请求撤销该无偿转让行为。但对于债务人以明显不合理的低价有偿转让财产的行为，债权人要行使撤销权，则必须以债务人及第三人在实施交易行为时都有加害于债权人的恶意为要件。

法条链接

《中华人民共和国合同法》

第 74 条　因债务人放弃其到期债权或者无偿转让财产，对债权人造成损害的，债权人可以请求人民法院撤销债务人的行为。债务人以明显不合理的低价转让财产，对债权人造成损害，并且受让人知道该情形的，债权人也可以请求人民法院撤销债务人的行为。

第 374 条　保管期间，因保管人保管不善造成保管物毁损、灭失的，保管人应当承担损害赔偿责任，但保管是无偿的，保管人证明自己没有重大过失的，不承担损害赔偿责任。

3. 诺成合同与实践合同

根据合同成立是否以标的物交付为要件，合同可分为诺成合同和实践合同。诺成合同，指当事人一方的意思表示一旦为对方同意即能产生法律效果的合同，即“一诺即成”的合同。实践合同，又称要物合同，除经当事人意思表示一致外，还须交付合同的标的物，合同才能成立。诺成合同是一般的合同形式，实践合同是特殊的合同形式。除非有法律的特别规定，或依交易习惯确定，一般合同均为诺成合同。在《中华人民共和国合同法》中，实践合同主要有三种：一是客运合同。客运合同自承运人向旅客交付客票时成立，但当事人另有约定或另有交易习惯的除外。二是一般保管合同。保管合同自保管物交付时成立，但当事人另有约定的除外。三是自然人之间的借款合同。自然人之间的借款合同，自贷款人提供借款时生效。

两者的区分对于确定两类合同成立时间、标的物所有权和使用权转移时间以及风险转移时间都有重要意义。

法条链接

《中华人民共和国合同法》

第 210 条　自然人之间的借款合同，自贷款人提供借款时生效。

第 293 条　客运合同自承运人向旅客交付客票时成立，但当事人另有约定或者另有交易习惯的除外。

4. 主合同与从合同

根据合同相互间的主从关系，合同可分为主合同和从合同。主合同，不需依赖其他合同可独立存在的合同。从合同，是依赖于主合同而存在并为主合同的实现服务的合同，所以从合同又被称为“附属合同”。一般的买卖合同、借款合同为主合同；而保证合同、抵押合同、质押合同为从合同。

区分主合同与从合同的意义在于：从合同的主要特点在于其附属性，即它不能独立存在，必须以主合同的存在和生效为前提。主合同不成立，从合同就不能单独成立；主合同发生变更或转让，从合同亦随之发生变更或转让；主合同被宣告无效或撤销，从合同也将失去效力；主合同终止，从合同也随之终止。

5. 要式合同与不要式合同

根据合同是否应以一定形式为要件，合同分为要式合同和不要式合同。要式合同是指法律规定当事人必须采取一定形式才能订立的合同。《合同法》第 10 条第 2 款规定："法律、行政法规规定采用书面形式的，应当采用书面形式。当事人约定采用书面形式的，应当采用书面形式。"不要式合同则是法律对合同形式未作要求而由当事人任意选择的合同。《合同法》第 10 条第 1 款规定："当事人订立合同，有书面形式、口头形式和其他形式。"

区别要式合同与不要式合同的意义在于某些法律和行政法规对合同的形式特别要求会影响合同的成立或生效。法律规定必须采取要式合同的，如果未采用相应形式，原则上合同不能成立或不可生效。

【相关案例】

甲公司租给乙公司一个车间，双方口头约定租期为 1 年。至租期半年，甲公司对乙公司生厌，又觉得租金太低，就要赶走乙公司，乙公司不肯。甲公司起诉，要求法院认可合同的解除。

法院认定该合同可以解除。《合同法》第 215 条规定："租赁期限 6 个月以上的，应当采用书面形式。当事人未采用书面形式的，视为不定期租赁。"第 232 条规定："不定期租赁，当事人可以随时解除合同，但出租人解除合同应当在合理期限之前通知承租人。"所以，甲、乙公司双方都有权随时解除合同。现甲公司要求解除合同是合法的，法院予以支持。

6. 有名合同和无名合同

根据法律是否为某种合同赋予了合同名称，合同可以分为有名合同、无名合同。有名合同又称为典型合同，指法律为其确定了特定的名称和规则的合同。我国《合同法》规定了十五类基本合同类型，如买卖合同、租赁合同、承揽合同、保管合同等都是属于有名合同，还有《保险法》规定的保险合同也属于有名合同。无名合同又称非典型合同，指法律没有确定一定的名称和相应的具体规则的合同，如旅游合同、停车合同、救助合同等。根据合同自由原则，合同当事人可以自由决定合同的内容，因此即使当事人订立的合同不属于有名合同的范围，只要不违背法律的禁止性规定和社会公共利益，也仍然是有效的。

区分有名合同与无名合同的法律意义在于两者的法律适用不同：有名合同应当直接适用《合同法》的规定或其他法律的有关规定；无名合同依据《合同法》第 124 条规定："本法分则或者其他法律没有明文规定的合同，适用本法总则的规定，并可以参照本法分则或者其他法律最相类似的规定。"即无名合同的法律适用，首先适用合同法总则的一般规定，其次可以参照合同法分则或者其他法律最相类似的规定。

7. 实定合同和射幸合同

根据合同内容是否在订立合同时已经确定，合同可以分为实定合同与射幸合同。实定合同也称为确定合同，是指合同当事人的权利义务在合同成立时已确定的合同。射幸合同也称为非确定合同，是指合同当事人的权利义务在合同成立时并非完全确定的合同，当事人一方是否履行义务有赖于偶然事件的出现，这种合同的效果在订约时带有不确定性。保险合同是典型的射幸合同，在合同的有效期间，如发生保险标的的损失，则被保险人从保险人那里得到的赔偿金额可能远远超出其所支出的保险费；反之，如果无损失发生，则被保险人只能付出保险费而无任何收入。

二、合同法简介

（一）合同法的适用

合同法是指合同法律规范的总称，有广义和狭义之分。广义的合同法是指所有调整合同关系的法律规范的总称；狭义的合同法是指一个国家制定的单行的合同法，在我国专指1999年3月15日由第九届全国人民代表大会第二次会议通过的《中华人民共和国合同法》（以下简称《合同法》）。

合同法是调整平等主体的自然人、法人、其他组织之间设立、变更、终止民事合同关系的法律规范的总称。但婚姻、收养、监护等有关身份关系的协议，适用其他法律的规定，不属于合同法的调整范畴。

合同法的适用，具有主体范围的广泛性、合同类型的多样性以及调整合同过程的完整性等几方面特点。凡平等主体之间订立合同，只要符合《合同法》第2条规定的要件，均受合同法的调整，因此合同法调整的合同当事人的范围具有广泛性。合同类型的多样性表现在合同法的总则规定不仅适用于合同法所规定的十五类有名合同，而且还适用于合同法没有规定的无名合同，也适用于其他特别法所规定的合同，如我国担保法所规定的保证合同、抵押合同、定金合同；保险法所规定的保险合同；土地承包法所规定的土地承包合同等。但是应特别注意，合同法不适用于婚姻、收养、监护等有关身份关系的合同。调整合同过程的完整性是指从合同的订立、履行、合同纠纷的解决及合同终止，全过程均适用合同法。

法条链接

《中华人民共和国合同法》

第2条　本法所称合同是平等主体的自然人、法人、其他组织之间设立、变更、终止民事权利义务关系的协议。

婚姻、收养、监护等有关身份关系的协议，适用其他法律的规定。

（二）合同法的基本原则

合同法的基本原则，是合同法的主旨和根本准则，它是制定、解释、执行和研究合同法的出发点。合同法的基本原则贯穿于整个合同法律制度始终，是从事交易活动的当事人所必须遵循的行为模式，但基本原则本身并不是具体的合同法规范，也不是具体的行为标准。合同法的基本原则对于合同的订立、履行及争议的解决有普遍的指导意义，在合同法中有着十分重要的地位。根据《合同法》的规定，合同法的基本原则包括平等原则、自愿原则、公平原则、诚实信用原则、合法原则和公序良俗原则。

1. 平等原则

《合同法》第 3 条规定："合同当事人的法律地位平等，一方不得将自己的意志强加给另一方。"法律地位平等，意味着双方是在平等的基础上，经过充分协商并达成意思表示的一致，然后通过履行义务实现各自的合同利益。平等原则具体体现在以下方面：

（1）合同当事人之间的法律地位平等。在合同关系中当事人之间不存在管理与被管理、服从与被服从的关系。在订立合同时，合同当事人必须以平等的身份就合同条款进行充分协商达成一致，合同才能成立。任何一方不得把自己的意志强加给另一方，如果以胁迫、命令、强制等手段签订合同，将会影响合同的效力，得不到法律的保护。

（2）机会平等。不论人的天赋、才能或者机遇如何，法律为其提供同等的订立合同的机会，就构成了机会平等或程序平等，至于订立合同的结果如何，那是由当事人的天赋、才能或机遇去决定，不影响合同的效力。

2. 自愿原则

合同自愿是指当事人依法享有的在订立合同、选择相对人、决定合同内容以及在变更和解除合同、选择合同补救方式等方面的自由。《合同法》第 4 条规定："当事人依法享有自愿订立合同的权利，任何单位和个人不得非法干预。"合同自愿原则主要表现在：一是订立合同是否自愿，当事人依自己的意愿自主决定是否签订合同时，不受任何单位和个人的非法干预；二是与谁签订合同自愿，在签订合同时，有权选择对方当事人；三是合同内容由当事人在不违反法律法规的情况下自愿协商确定；四是在合同履行过程中，当事人可以自由协议补充、变更有关内容；五是当事人双方也可以自由协议解除合同；六是在发生争议时，当事人可以自愿选择解决争议的方式，只要不违背法律、行政法规强制性的规定，合同当事人有权自主决定。

当然，合同自由不是无限制的，当事人订立合同、履行合同时，应当遵守法律、行政法规，尊重社会公德，不得扰乱社会经济秩序，损害社会公共利益，否则合同无效。在任何社会中，都不存在绝对的自由。自 20 世纪以来，随着社会经济的发展，国家干预经济生活的规模与程度都在不断加强，对合同自由的限制已成为趋势。这种限制并非旨在剥夺当事人的自由意志，其目的是通过限制合同关系中强者一方的自由，以保护弱者和社会公共利益。

3. 公平原则

公平原则要求合同双方当事人之间的权利与义务要公平合理，要大体上平衡，强调一方给付与对方给付之间的等值性，合同上的负担和风险分配的合理性。《合同法》第 5 条规定："当事人应当遵循公平原则确定各方的权利和义务。"公平原则本来是道德上的规则，但作为合同法的基本原则就成为法律准则。公平原则作为合同法的基本原则，其意义和作用至于：它坚持正义与效益的统一，既要求当事人按照公平原则设立权利义务，也要求按照公平原则履行合同，按照公平原则处理当事人之间的纠纷。将公平原则作为合同当事人的行为准则，可以防止当事人滥用权利，有利于保护当事人的合法权益，维护和平衡当事人之间的利益。

公平原则具体表现在：第一，在订立合同时，要根据公平原则确定双方的权利和义务，不得滥用权利，不得欺诈，不得假借订立合同恶意进行磋商；第二，根据公平原则确定风险的合理分配；第三，根据公平原则确定违约责任。

4. 诚实信用原则

诚实信用原则是指合同主体订立合同、履行合同必须诚实、善意，行使权利不损害他人与社会的合法利益，履行义务信守承诺和法律规定，不仅应使当事人之间的利益得到平衡，而且也必须使当事人与社会之间的利益得到平衡。《合同法》第 6 条规定："当事人行使权利、履行义务应当遵循诚实信用原则。"诚实信用原则是合同法甚至整个民法中的一项极为重要的法律原则，在大陆法系被冠以"帝王规则"的称号，其重要性由此可见。

诚实信用原则具体表现在：第一，要求合同当事人应当以善意方式行使权利和履行义务，在订立合同时应当诚实、守信、不作假、不欺诈；第二，在履行合同时，双方互相协商，应当忠于事实真相，不得欺骗对方，损人利己，应当全面适当地履行自己的义务；第三，在合同终止时，应当根据交易习惯履行通知、协助、保密等义务。

诚实信用原则作为合同法的一项基本原则理应具有强制性规范的性质，在解决合同纠纷的司法实践中，裁判者应依照诚实守信用原则来平衡合同当事人之间的冲突以及当事人利益与社会公共利益之间的冲突。诚实信用原则可以用来补充和解释合同的缺陷或不明确，在立法有欠缺时，也可以援引为解决法律纠纷的依据，但在具体适用该原则解决合同争议时，应当慎重行事，避免滥用。

5. 遵守法律原则（也称为合法原则或公序良俗原则）

遵守法律原则，即当事人订立、履行合同，应当遵守法律、行政法规，遵守社会公共秩序，符合社会的公共道德标准，不得扰乱社会经济秩序，不得损害社会公共利益（即公共秩序和善良风俗）。我国《合同法》第 7 条规定："当事人订立、履行合同，应当遵守法律、行政法规，尊重社会公德，不得扰乱社会经济秩序，损害社会公共利益。"

思考与练习

1. 举例说明合同的分类。
2. 论述合同法的基本原则。
3. 案例分析

原告张某因仓库施工，冰箱无处存放，遂与被告钱某签订了一份保管合同，合同约定由被告为原告保管50 台冰箱，期限为6 个月，原告支付2 万元保管费。一个月后，原告又有一批办公用纸需要存放，就与被告商量，被告同意原告将纸张存放在其仓库内并同意不再另外收费。6 月中旬，因天降大雨，被告仓库漏水使得原告纸张被淋湿大半，原告遭受损失 8 千元。数月后，原告在搬纸时发现纸张受潮，并发现丢失 2 台价值共计 1 万元的冰箱，张某向法院起诉，要求被告钱某赔偿 1.8 万元的损失。

问题：

(1) 分析两个合同的性质。

（2）张某应如何承担赔偿责任？

项目二　订立合同

【引例】

2003年8月16日，河南省某食品贸易公司（下称贸易公司）向黑龙江省某粮油公司（下称粮油公司）寄送了一份买卖大米的订单，订单中称：欲订购1 500吨优质大米，价格为每吨1 100元，卖方负责货物运输，货到河南后买方即电汇支付全部货款。2003年8月17日，粮油公司收到该订单后，经过部门间多次讨论后，于8月20日向贸易公司回复了一份粮油公司专用的订单，订单上的内容与买方发出的订单基本一致，完全接受了买方提出的货物品质、价格数量，但要求买方负责运输，而且在订单的背面印有“双方同意，如因本合同引发的履行、解释等争议，均应提交卖方所在地仲裁机构加以解决”的争议解决条款。该订单中还声明：“本订单正面与背面效力完全一致，任何一方对本订单的接受都是对订单包含的所有内容的接受。”

贸易公司收到订单后，于8月23日在订单上面签字并回复，但回复里面用红笔删除了订单背后的争议解决条款。粮油公司在8月30日收到签了字的订单后，开始组织货源，公司的销售人员由于粗心，没有注意到贸易公司对订单背后条款的改动。

2003年9月19日，粮油公司按照约定备齐全部货物，电话通知贸易公司迅速安排运输事宜，贸易公司遂派人将货物运回河南，并按照合同约定按期支付了全部货款。后来由于大米质量问题，双方产生争议，贸易公司向粮油公司所在地的人民法院提起诉讼，粮油公司却称合同中明文规定本案争议应当由仲裁机构进行解决，拒不接受法院对此案的管辖。

问题：贸易公司8月16日发出的订单、粮油公司8月20日回复发出的订单、贸易公司8月23日的回复在性质上分别属于什么？双方当事人之间的合同是否成立？为什么？如果合同成立，合同应当以哪一方的意思表示为准？

【基本原理】

一、合同的订立与合同的成立

合同的订立是当事人（即缔约人）以订立合同为目的，通过一定程序协商一致，最终达成合意并在当事人之间建立合同关系的一种法律行为。合同订立是缔约双方从接触、协商直到达成合意的整个过程，是动态的缔约过程与静态的合同成立的结合，是动态行为与静态协议的统一体。动态的合同订立包括要约邀请、要约、反要约、承诺等步骤，反映了当事人之间反复协商的过程；静态的合同成立是经过当事人之间反复协商最后达成合意。所以，合同的成立是当事人之间协商的结果，是双方的权利义务以静态协议的形式得以确立的结果状态。合同成立是合同订立的组成部分，合同的订立则是为使合同成立所经过的全过程。

合同的成立，是指订约当事人就合同的主要条款达成合意状态。合同成立需要具备一定的条件，一般可概括为须有适格的缔约人；当事人意思表示达成一致；必须经过要约和承诺两个阶段。

1. 适格的双方或多方缔约主体

合同是在不同的合同缔约方之间成立的一种关系，因此合同至少应有两方或两方以上的当事人，这是合同成立对当事人的要求。根据《合同法》规定，缔约的当事人既可以是自然人，也可以是法人或其他组织（如合伙）。但并不是所有的缔约当事人都能成为适格的缔约主体。因为订立合同的行为是一种民事法律行为，合同一旦订立，合同当事人就要依照合同的约定享有权利和承担义务；违反合同约定的，就要承担违约责任，不具备缔约能力的主体订立的合同会影响合同的法律效力，所以订立合同的缔约人必须具有相应的民事权利能力和民事行为能力。

对自然人而言，完全民事行为能力人可以自己订立合同，取得民事权利、履行民事义务；限制民事行为能力人只能订立与其年龄、智力和精神健康状况相适应的合同；无民事行为能力人原则上不能独立实施民事行为。因此，不具有相应的行为能力的人所订立的合同，又未经其法定代理人追认的，当然无效。

就法人而言，在合同法实施之前，学界大都主张法人“超越章程规定的经营范围”所签订的合同应认定为无效。[①] 合同法颁布以后，《合同法》第 49 条和第 50 条分别规定了表见代理行为和代表行为的对外效力问题，这在立法上是重大的进步。在市场经济活动中对于法人“超越经营范围”的问题，最高人民法院《关于适用〈中华人民共和合同法〉若干问题的解释（一）》遵循合同法的精神，对该问题作出了切合实际的规定：“当事人超越经营范围订立的合同，人民法院不能因此认定合同无效。但是违反国家限制经营、特许经营以及法律、行政法规禁止经营规定的除外。”

法条链接

《中华人民共和国合同法》

第 9 条　当事人订立合同，应当具有相应的民事权利能力和民事行为能力。当事人依法可以委托代理人订立合同。

第 49 条　行为人没有代理权、超越代理权或者代理权终止后以被代理人名义订立合同，相对人有理由相信行为人有代理权的，该代理行为有效。

第 50 条　法人或者其他组织的法定代表人、负责人超越权限订立的合同，除相对人知道或者应当知道其超越权限的以外，该代表行为有效。

最高人民法院《关于适用〈中华人民共和国合同法〉若干问题的解释（一）》

第 10 条　当事人超越经营范围订立合同，人民法院不因此认定合同无效。但违反国家限制经营、特许经营以及法律、行政法规禁止经营规定的除外。

2. 缔约当事人对合同的主要条款达成合意

合同的订立是一个缔约当事人之间经过接触意思表示、协商、达成合意的互动过

① 该理论依据的是传统民商法上的“越权规则”理论。根据该规则，法人从事章程所规定的目的事业之外的行为无效，这种行为即使经过全体股东的事后追认也无效。

程。合同成立是合同当事人就合同的主要条款达成合意。合同的主要条款是指根据特定合同性质所应具备的条款，如果缺少这些条款合同就不能成立。现行立法对合同的主要条款的规定都比较宽泛。我国《合同法》对主要条款做了一般概括性规定，但并不是每个合同都包括所有主要条款。合同的主要条款因合同性质不同而有所不同。只要合同当事人就合同的主要条款达成一致的协议就意味着当事人意思表示一致，合同就可以成立，至于当事人的意思表示是否真实，则是确定合同效力时所要考虑的问题。

知识链接

所谓意思表示就是行为能力适格者将意欲实现的私法效果表现于外部的行为。意思表示一致，是指双方或多方的外在表示意思达成了合意。

法条链接

《中华人民共和国合同法》

第12条 合同的内容由当事人约定，一般包括以下条款：(1) 当事人的名称或者姓名和住所；(2) 标的；(3) 数量；(4) 质量；(5) 价款或者报酬；(6) 履行期限、地点和方式；(7) 违约责任；(8) 解决争议的方法。当事人可以参照各类合同的示范文本订立合同。

3. 合同的成立须经过要约和承诺阶段

要约和承诺是合同成立必须具备的两个阶段。如果合同只有要约阶段，而没有经过承诺，合同则根本未成立。试举一例，如甲向新华书店乙去函，询问该书店有无关于法硕考试的教材和参考资料，乙收到函后立即向甲邮寄了关于法硕考试资料5本，共120元，甲认为该书不符合其需要，拒绝接受，双方为此发生争议。从本案来看，甲向乙去函询问情况并表示愿意购买法硕考试资料和书籍，属于一种要约邀请行为，而乙向甲邮寄书本的行为则属于行为要约。假如该书不符合甲的需要，甲拒绝收货实际上是未作出承诺，因此本案中合同并未成立，因为双方并未完成要约和承诺阶段。

以上是合同成立的一般要件，由于合同的性质和内容不同，因此许多合同还可能具有其特定的成立要件。例如，对实践合同来说，应以物的实际交付作为其合同成立要件；而对于要式合同来说，则应遵行一定的格式才能成立。

另外，合同成立不同于合同的生效，合同成立后是否能生效，取决于法律的评价。因此，合同成立的条件也当然有别于合同生效的条件。

二、要约

（一）什么是要约

要约又称为发价、报价或发盘、出盘等，是指一方当事人向另一方当事人作出以订立合同为目的的意思表示。《合同法》第14条规定："要约是希望和他人订立合同的意思表示。"发出要约的一方称为要约人，接受要约的一方称为受要约人。

要约是合同订立起始点，也是合同订立的必经阶段，没有要约，合同不可能成立。《合同法》第14条规定，要约的意思表示必须“表明经受要约人承诺，要约人即受该意思表示约束”。要约对要约人的效力表现在对要约人的约束力，即要约人非依法律规定，不得变更、撤销要约；要约对受要约人的效力表现为受要约人取得承诺的资格，即受要约人一经承诺，合同即成立。要约是一项意思表示而不是民事法律行为，一方面，要约必须经过受要约人的承诺，才能产生要约人预期的法律效果（即成立合同），而民事法律行为都可以产生行为人所预期的法律效果；另一方面，要约人所作出的意思表示可以是合法的，也可以是非法的，但依据我国民法通则关于民事法律行为的规定，民事法律行为都是合法的。

法条链接

《中华人民共和国合同法》

第13条　当事人订立合同，采取要约、承诺方式。

第14条　要约是希望和他人订立合同的意思表示，该意思表示应当符合下列规定：（1）内容具体确定；（2）表明经受要约人承诺，要约人即受该意思表示约束。

（二）要约的构成条件

一项订约的建议要成为一个要约，要取得法律效力，必须具备一定的条件。要约的构成要件有四个：

1. 要约是特定合同当事人作出的意思表示

发出要约的目的在于订立合同，要约人发出的要约必须使受要约人能够明白是谁发出了要约以便作出承诺，因此，发出要约的要约人必须是确定的。虽然合同双方都可以作为要约人，但作为要约人必须是特定的合同当事人。由于要约人欲以订立合同为目的而发出某项要约，因此，要约人不论是自然人还是法人，都应当是具有相应的民事权利能力和民事行为能力的人；如果是代理人，则需要取得本人的授权。

2. 要约必须向要约人希望与之缔结合同的受要约人发出

要约只有向要约人希望与其缔结合同的受要约人发出才能够得到受要约人的承诺。要约原则上应向一个或数个特定人发出，即受要约人原则上应当特定。一方面，受要约人的特定意味着要约人对谁有资格作为承诺人的问题作出选择，也只有选择才能明确确定承诺人。如果受要约人不能确定，则意味着要发出提议的人并未选择真正的相对人，该提议不过是为了唤起他人发出要约，本身不是要约。如向公众发出某项提议，常常是希望公众中的某个特定人向其发出要约。另一方面，如果要约的对象不确定，仍可以称为要约的话，那么向不特定的许多人同时发出以出让某一特定物为内容的要约是有效的，这就可能会造成一物数卖、影响交易安全的后果。所以，如果不是向特定人发出建议，原则上视为要约邀请。

要约原则上应向特定的人发出，但在特殊情况下，要约也可以向不特定人发出。一方面，法律在某些特定情况下允许向不特定的人发出要约的提议具有要约的效力，“商业广告的内容符合要约规定的，视为要约”。另一方面，要约人愿意向不特定人发出要约，并自愿承担由此产生的后果，在法律上也是允许的。例如，向不特定的多数人散发其已经起草的标准合同。但是向不特定人发出要约，必须具备两个要件，一是必须明确表示其作出的建议是一项要约而不是要约邀请。所谓“明确表示”可以以各种方式表示，如在广告中注明“本广告构成要约”，或者注明“本广告所列的各种商品将售予最先支付现金或最先开来信用证的人”等；二是必须明确承担向不特定的人发出要约的责任，特别是要约人向不特定人发出要约后，应当具有在合同成立以后，向不特定的受要约人履行合同的能力，如自动售货机的设置、超级市场内陈列的商品、行驶运营中的公共汽车及出租车为空车且没有标明“停运”牌示的等。

3. 要约的内容必须具体明确

《合同法》第14条规定，要约的内容必须具体确定。所谓“具体”，是指要约的内容必须具有足以使合同成立的主要条款，如果不能包含合同的主要条款，承诺人即难以作出承诺，即使作了承诺，也会因为这种合意不具备合同的主要条款而使合同不能成立。所谓“确定”，是指要约的内容必须明确，而不能含糊不清，使受要约人不能理解要约人的真实意图，否则无法承诺。当然，合同的主要条款应当根据合同的性质和内容来加以判断。合同的性质不同，它所要求的主要条款是不同的。如按照美国统一商法典的规定，一个货物买卖合同只要有标的和数量就是一个成立生效的合同。因为价格、履行地点与时间可以事后确定。《联合国国际货物销售合同公约》第14条中规定：“向一个或一个以上特定的人提出的订立合同的建议，如果十分确定并且表明发价人在得到接受时承受约束的意旨，即构成发价。一个建议如果写明货物并且明示或暗示地规定数量和价格或规定如何确定数量和价格，即为十分确定。”此条仅要求货物是明确的，数量和价格只要能够确定，就算是满足了要约的条件。

4. 要约必须具有缔约目的并表明经受要约人承诺，要约人受该意思表示的约束

要约必须具有订立合同的意图。根据《合同法》第14条规定，要约是希望和他人订立合同的意思表示，要约中必须表明要约经受要约人承诺，要约人即受该意思表示约束。例如，甲对乙声称“我打算1千元把我的电脑卖掉”，显然甲并没有决定订立合同，但是如甲向乙提出“我愿意1千元把我的电脑卖给你”，则表明甲已经决定订立合同，且在该意思表示中已表明如果乙同意购买，则甲要受到此承诺的约束。再如，一方向另一方传达了有关商业上的信息，或者发布了有关的价目表、商品目录或销售广告，但并没有明确地表明要与对方订约，也不是要约。如新产品发布会、不是为销售而仅是展出的产品展销会、博物馆内展出的文物，因不具有与出席展会的人订立合同的意思，所以不构成要约。由于要约具有订约意图，则意味着要约人愿意接受承诺人的后果，因此要约一经承诺，就可以产生合同，要约人要受到约束。

【相关案例】

甲、乙系朋友，同时也分别是甲厂和乙厂的法定代表人，甲写信给乙时，谈到甲厂将在半年后新开一条生产线，届时将用30万元向乙厂订购一套设备，并希望到时候乙厂能送货上门，乙回信表示没问题。半年后，乙厂送货上门，甲厂拒收。

问题：合同是否成立？

合同没有成立，因甲信不是要约，其目的是向乙通报信息而不是为订约，且未表明经受要约人承诺，要约人即受该意思表示约束。

（三）要约的形式

要约属意思表示，有其外在表现形式，一般分为口头形式和书面形式。所谓要约的口头形式，是指要约人以直接对话或电话方式向相对人发出要约。所谓要约的书面形式，是指采用合同书、信件和数据电文（包括电报、电传、传真、电子数据交换和电子邮件）等可以有形地表现所载内容的形式进行要约。要约是采用口头形式还是书面形式，一般是以拟成立的合同类型为标准，拟成立要式合同的要约须采取一定格式的书面形式，如保证合同、长期租赁合同等。为促进交易便捷，法律对合同要式性的要求日益减少，当事人的合同自由能够得到更充分的体现。

反要约是受要约人对要约内容作了实质性变更后再发送给原要约人，在性质上属于新要约。

另外，在实践中，悬赏广告一般被认为是一种特殊的要约。

知识链接

悬赏广告是指广告人以广而告之的方式对不特定的人完成指定的行为而给予报酬的一种意思表示。最高人民法院《关于适用〈中华人民共和国合同法〉若干问题的解释（二）》第3条规定："悬赏人以公开方式声明对完成一定行为的人支付报酬，完成特定行为的人请求悬赏人支付报酬的，人民法院依法予以支持。但悬赏有《合同法》第52条规定情形的除外。"

【相关案例】

1996年9月21日晚，莱阳市伊达实业公司经理王云辉下班时不慎将自己的皮包遗失在某公司门口，内有手持电话机一部，现金7 100元，还有信用卡、单据、身份证和240吨化工原料的原始化验单。为了找回遗失物，王云辉打印了约20份寻物启事，张贴于街头和遗失地点周围的建筑物上，并在广播电台播出，均明确表示："如有拾到包者，愿酬谢人民币1万元；有提供线索者，愿酬谢人民币3 000元。"董仁帅拾得该皮包返还给王云辉，并要求王云辉支付1万元。问：王云辉应否支付1万元给董仁帅？为什么？

王云辉发出寻物启事，明示了对捡到者的酬金数额，属内容合法的悬赏广告，是一种特殊的要约，而董仁帅捡到皮包后应该将皮包返还给王云辉，依据《民法通则》第79条第2款规定，"拾得遗失物、漂流物或者失散的饲养动物，应当归还失主，因此而支付的费用，由失主偿还。"依据《合同法》规定董仁帅有权利享受酬金。王云辉应当履行给付董仁帅酬金1万元的义务。

（四）要约和要约邀请

要约的成立必须具备要约的条件。如果一项意思表示不符合要约成立的条件，则不能构成要约，只能成立要约邀请。

要约邀请，又称为邀请要约、要约引诱，是希望他人向自己发出要约的意思表示。

要约邀请是当事人订立合同的预备行为，在发出要约邀请时，当事人仍处于订约的准备阶段，其目的在于引诱他人向自己发出要约，其内容往往是不明确、不具体的，其相对人是不特定的。所以，要约邀请不具有要约的约束力，发出要约邀请的人不受其约束。

法条链接

《中华人民共和国合同法》

第15条 要约邀请是希望他人向自己发出要约的意思表示。寄送的价目表、拍卖公告、招标公告、招股说明书、商业广告等为要约邀请。商业广告的内容符合要约规定的，视为要约。

要约邀请与要约的区别在于：一是目的不同，要约的目的在于与受要约人订立合同，其作用是唤起受要约人的承诺，而一经受要约人承诺，合同即成立；要约邀请的目的在于希望他人向自己发出订立合同的要约，以使自己取得承诺的资格。二是内容不同，作为要约的意思表示，内容必须明确具体，包含足以使合同成立的主要条款，以供受要约人确认要约人的意思表示，并考虑是否作出承诺，而且必须标明一经受要约人承诺，自己即受该意思表示的约束；而要约邀请一般比较笼统抽象，不含有合同所必需的主要条款，有的要约邀请虽然也可能做到内容具体明确，但缺少要约邀请发出者受自己意思表示约束的内容。三是效力不同，要约是一种意思表示，要约发出后即会产生一定的法律约束力，要约人如违反有效要约则应承担法律责任，要约一经受要约人承诺，合同即告成立；而要约邀请只是引诱他人发出要约，它不能因相对人的承诺而成立合同，要约邀请处于合同的准备阶段，没有法律约束力。四是两者的后果不同，要约生效后，要约人即负有与对方订立合同的义务，受要约人即取得承诺的资格；而要约邀请只是处于订立合同的准备阶段，其本身并不发生必须与对方订立合同的效力，即使对方完全同意，对发出者也无法律上的约束力，但要约邀请发出者如果违背诚实信用原则，假借订立合同恶意进行磋商或者故意隐瞒与订立合同有关的主要事实，或者提供虚假情况，而给要约邀请接受者造成损失的，则应当依法承担损害赔偿责任。

确定一项意思表示是要约还是要约邀请，应按照意思表示解释的主客观相结合的原则，探究当事人的真实意思，并最终结合诚实信用的原则、交易习惯加以确定。根据我国司法实践和理论，区分要约与要约邀请可以从以下几个方面判断：

（1）依法律规定作出区分。法律如果明确规定了某种行为为要约或要约邀请，即应按照法律的规定作出区分。如我国《合同法》第15条规定，寄送的价目表、拍卖公告、招标公告、招股说明书、商业广告等为要约邀请，据此对这些行为应认定为要约邀请。但在实务中，如果商业广告的内容符合要约条件的，应当视为要约。

知识链接

(1) 寄送的价目表。寄送的价目表包含了商品名称及价格条款，且含有行为人希望订立合同的意思表示，但从该行为中并不能确定行为人具有一经对方承诺即接受承诺后果的意图，而只是向对方提供某种信息，希望对方向自己提出订约条件（如需要购买多少吨水泥和什么型号的水泥），因此这只是要约邀请，而不是要约。当然，如果行为人向不特定人的相对人派发的商品订单中明确表示愿受承诺的约束，或从订单的内容中可以确定有此意图，则应认定该订单为要约，而不是要约邀请。

(2) 拍卖公告。拍卖是指拍卖人在众多的报价中，选择报价最高者订立买卖合同的特殊买卖方式。拍卖一般要经过三个阶段：拍卖公告；拍卖；拍定。对拍卖公告，各国合同法一般认为是要约邀请，因为其中并未包含合同成立的主要条件，即价格条款，而只是希望竞买人提出价格条款。

(3) 招标公告。招标行为都要发出公告，招标是指订立合同的一方当事人采取招标公告的形式向不特定人发出的、以吸引或邀请相对方发出要约为目的的意思表示。所以招标公告为要约邀请。其目的在于引诱更多的相对人提出要约，从而使招标人能够寻找到条件最佳的投标人订立合同，一般认为，投标在性质上为要约。值得注意的是，如果招标人在招标公告中明确表示将与报价最优者订立合同，则可视为要约。

(4) 招股说明书。招股说明书是指拟公开发行股票的人经批准公开发行股票后，依法在法定的日期和证券主管机关指定的报刊上刊登的全面、真实、准确地披露股票发行人的信息以供投资者参考的法律文件。所以招股说明书在其性质上是通过向投资者提供股票发行人的各方面的信息，从而吸引投资者向发行人发出购买股票的要约，它是一种要约邀请。

(5) 商业广告。商业广告是指商品经营者或者服务提供者通过一定的媒介和形式直接或间接地介绍自己所推销的产品或者所提供的服务的文字、图形或影音作品。商业广告旨在宣传和推销某种商品或服务，而一般并没有提出出售该商品或提供该服务的主要条款。发出广告的人通常只是希望他人向其发出购买该商品或要求提供该服务的要约，所以商业广告只是要约邀请，发出商业广告不能产生要约的效力。但如果商业广告内容符合要约规定，应视为要约，或注明为要约或商业广告中含有希望订立合同的愿望，或写明相对人只要作出规定的行为就可以使合同成立的，即应认定为要约。

法条链接

最高人民法院《关于审理商品房买卖合同纠纷案件适用法律若干问题的解释》第3条

商品房的销售广告和宣传资料为要约邀请，但是出卖人就商品房开发规划范围内的房屋及相关设施所作的说明和允诺具体确定，并对商品房买卖合同的订立以及房屋价格的确定有重大影响的，应当视为要约。该说明和允诺即使未载入商品房买卖合同，亦应当视为合同内容，当事人违反的，应当承担违约责任。

（2）根据当事人的意愿作出区分。当事人的意愿，是指根据当事人已经表达出来的意思来确定当事人对其实施的行为主观上认为是要约还是要约邀请。如果某项意思表示表明当事人不愿意接受要约的约束力，则只是要约邀请，而不是要约。当事人在其行为或提议中特别声明是要约还是要约邀请，则应根据当事人的意愿来作出区分。例如，某时装店在其橱窗内展示的衣服上标明“正在出售”或标示为“样品”，并且都标示了价格，则“正在出售”的标示视为要约，而“样品”的标示可认为是要约邀请，因为不一定有现货。同时，当事人也可以对其所作的提议明确作出“任何人不得就提议作出承诺”或明确指出“无意使其提议具有法律约束力”，这样，他所作的提议只能是要约邀请，而不是要约。由于要约是旨在订立合同的意思表示，因此，要约中应包含明确的订约意图。而要约邀请人只是希望对方向自己提出订约的意思表示，所以，在要约邀请中订约的意图并不是很明确。

（3）依据订约提议的内容是否包含了合同的主要条款来作出区分。要约的内容中应当包含合同的主要条款，这样才能因承诺人的承诺而成立合同。而要约邀请只是希望对方当事人提出要约，因此，它不必要包含合同的主要条款。例如，甲对乙声称：“我的这块劳力士手表，愿以低于市场价的价格出售，你是否愿意购买？”因该提议中并没有明确规定价格，不能认为是要约。如果甲对乙说：“我的这块劳力士手表，愿低于市场价10%出售，你是否愿意购买？”因该意思表示中包含了合同的主要条款而应认定是一项要约。但是应当指出，仅仅以是否包含合同的主要条款来作出区分是不够的。即使表意人提出了未来合同的主要条款，但如果他在提议中声明不受该意思表示的约束，或提出需要进一步协商，或提出需要己方最后确认等，都将难以确定他具有明确的订约意图，因此都不能认为是要约。

（4）依交易的习惯来区分。复杂的交易，可以根据当事人历来的交易做法并为各方当事人接受的习惯来确定当事人的意思表示是要约还是要约邀请。最高人民法院《关于适用〈中华人民共和国合同法〉若干问题的解释（二）》第7条规定：“下列情形，不违反法律、行政法规强制性规定的，人民法院可以认定为合同法所称‘交易习惯’：（一）在交易行为当地或者某一领域、某一行业通常采用并为交易双方订立合同时所知道或者应当知道的做法；（二）当事人双方经常使用的习惯做法。对于交易习惯，由提出主张的一方当事人承担举证责任。”例如，询问商品的价格，根据交易习惯，一般认为是要约邀请而不是要约；行驶中的出租车司机只要是空车而且未标明“停运”牌示的，一般认为是要约而不是要约邀请；当事人之间因多次从事某种物品的

2. 要约的撤销

要约的撤销是指要约人在要约到达受要约人并生效以后，受要约人承诺之前，将该项要约取消，从而使要约的效力归于消灭。

撤销与撤回都旨在使要约作废，或取消要约，并且都只能在承诺作出之前实施。但两者的区别在于：撤回要约发生在要约未到达受要约人而且并未生效之前，而撤销要约则发生在要约已经到达受要约人并已生效，但受要约人尚未作出承诺的期限内。由于撤销要约时要约已经生效，因此对要约的撤销必须有严格的限定，如果因为撤销要约而给受要约人造成损害，要约人应负赔偿责任。而对要约的撤回并没有这些限制。我国《合同法》规定，如果要约中规定了承诺期限或者以其他形式表明要约是不可撤销的，或者尽管没有明示要约不可撤销，但受要约人有理由认为要约是不可撤销的，并且已经为履行合同作了准备工作，则不可撤销要约。如果受要约人在收到要约以后，基于对要约的信赖，已为准备承诺支付了一定的费用，在要约撤销以后有权要求要约人给予适当补偿。

法条链接

《中华人民共和国合同法》

第17条　要约可以撤回。撤回要约的通知应当在要约到达受要约人之前或者与要约同时到达受要约人。

第18条　要约可以撤销。撤销要约的通知应当在受要约人发出承诺通知之前到达受要约人。

第19条　有下列情形之一的，要约不得撤销：（1）要约人确定了承诺期限或者以其他形式明示要约不可撤销；（2）受要约人有理由认为要约是不可撤销的，并已经为履行合同作了准备工作。

（七）要约的失效

要约失效，是指要约丧失了法律约束力，即不再对要约人和受要约人产生约束。要约失效后，受要约人也丧失了其承诺的资格，即使其向要约人表示了承诺，也不能导致合同的成立。要约失效的原因有以下几种：

1. 拒绝要约的通知到达要约人

拒绝要约是指受要约人不接受要约所规定的条件，即受要约人接到要约后，通知要约人不同意与之签订合同。拒绝要约的通知到达要约人时，该要约即失去法律效力。当然，受要约人拒绝了要约后，也可以撤回拒绝的通知，但撤回拒绝要约的通知必须在拒绝要约的通知到达之前或者同时到达要约人，撤回拒绝通知才产生效力。

2. 要约人依法撤销要约

要约可以撤销。撤销要约的通知应当在受要约人发出承诺通知之前到达受要约人。但要约人确定了承诺期限或者以其他形式明示要约不可撤销，或者受要约人有理由认为要约是不可撤销且已经为履行合同做了准备工作的，要约不能撤销。要约一旦依法撤销，效力就消灭。

3. 承诺期限届满，受要约人未作出承诺

要约中明确规定了承诺期限的，表明要约人规定了要约发生法律效力的期限，则承诺必须在该期限内作出，超过该期限不承诺，要约的效力自动消灭。

4. 受要约人对要约内容作出实质性变更

受要约人对要约的内容作出实质性的变更，形成了反要约。提出反要约就是对原要约的拒绝，原要约当即失去效力。如果受要约人作出的承诺通知只是对要约的非实质性内容予以变更，而要约人又没有及时表示反对，则该承诺有效，但要约人事先声明要约的任何内容都不得改变的除外。

法条链接

《中华人民共和国合同法》

第20条　有下列情形之一的，要约失效：（1）拒绝要约的通知到达要约人；（2）要约人依法撤销要约；（3）承诺期限届满，受要约人未作出承诺；（4）受要约人对要约的内容作出实质性变更。

三、承诺

（一）什么是承诺

承诺是受要约人同意要约的意思表示，即受要约人同意接受要约的条件以缔结合同的意思表示。它是意思表示而非民事法律行为。承诺的法律效力在于一经承诺并送达于要约人，合同便告成立。但是受要约人必须完全同意要约人提出的主要条件，如果对要约人提出的主要条件并没有表示接受，则意味着拒绝了要约人的要约，并形成了一项反要约或新的要约。

法条链接

《中华人民共和国合同法》

第21条　承诺是受要约人同意要约的意思表示。

第25条　承诺生效时合同成立。

（二）承诺的构成要件

承诺的效力在于使合同成立，确定一项意思表示为承诺，也就确定当事人之间的合同成立。所以一项意思表示只有符合以下条件才构成承诺：

1. 承诺必须由受要约人以通知的方式作出

受要约人必须将承诺的内容通知要约人，但受要约人应采取何种通知方式，应根据要约的要求确定。如果要约规定承诺必须以一定的方式作出，否则承诺无效，那么承诺人作出承诺时，必须符合要约人规定的承诺方式，在此情况下，承诺的方式成为承诺生效的特殊要件。例如，要约要求承诺应以电报方式作出，则不应采取邮寄的方式。如果要约没有特别规定承诺的方式，则不能将承诺的方式作为有效承诺的特殊要件。

承诺原则上应采取通知方式，但根据交易习惯或者要约表明可以通过行为作出承诺的除外。如果根据交易习惯或者要约的内容表明可以以行为承诺，则受要约人可通过一定的行为作出承诺。比如买卖交易中，买主问“白菜多少钱一斤?”此为要约邀请；卖主答1.5元，此为要约；买主又问“1.3元买两斤，好吗?”卖主未明确答复，而是拿起白菜称了两斤，按交易习惯，卖主称菜的行为就表示承诺。以行为作出承诺，绝不同于沉默。沉默是指受要约人没有作任何意思表示，也无任何行为，不能确定其具有承诺的意思，因此不属于承诺。例如，甲向乙、丙同时兜售某块手表，价值100元，甲问乙、丙是否愿意购买，乙沉默不语，未作任何表示，而丙直接掏出100元交给甲。乙为沉默，不能算承诺，而丙的付钱行为则属于以行为作出承诺。

2. *承诺须由受要约人向要约人作出*

要约原则上是向特定人发出的，因此只有接受要约的特定人即受要约人才有权作出承诺，受要约人以外的第三人无资格向要约人作出承诺，第三人向要约人所作出的同意其要约的意思表示只能是向要约人发出的一项要约而已。而受要约人也只有向要约人作出同意要约的意思表示，才为承诺。受要约人以外的人或者受要约人向要约人以外的人作出的意思表示，都不为承诺。

3. *承诺的内容必须与要约的内容一致*

所谓内容一致，是指承诺的意思表示是对要约的同意，其同意内容须与要约的内容一致，才构成意思表示的一致，即合意，从而使合同成立。承诺的内容与要约的内容一致，意味着承诺不得限制、扩张或者变更要约的内容，也就是说，承诺不得对要约的内容作出实质性的变更。《合同法》第30条规定：“承诺的内容应当与要约的内容一致。受要约人对要约的内容作出实质性变更的，为新要约。有关合同标的、数量、质量、价款或者报酬、履行期限、履行地点和方式、违约责任和解决争议方法等的变更，是对要约内容的实质性变更。”但并不是承诺不得对要约的内容作丝毫改变，如果承诺并未更改要约的实质性内容，要约人也未表示反对，则承诺仍然有效。根据《合同法》第31条，“承诺对要约的内容作出非实质性更改的，除要约人及时表示反对或者要约表明承诺不得对要约的内容作出任何变更的以外，该承诺有效，合同的内容以承诺的内容为准”。例如，要约人发出一项要约，内容为可10天内向受要约人供应某种型号的联想计算机100台，价格每台4 000元，受要约人则在回函中表示100台联想计算机及价格均同意，并愿意在限定的期限内付款，但提出付款方式由电汇改为支票，这种意思表示应当视为未对要约作出实质性修改，只要要约人不表示反对，即构成承诺。

但是，在以下两种情况下即使承诺并未对要约的内容作非实质性的变更，承诺也不能生效：

（1）要约人及时表示反对，即要约人在收到承诺通知后，立即表示不同意受要约人对非实质性内容所作的变更，如果经过一段时间后仍不表示反对，则承诺已生效。

（2）要约人在要约中明确表示，承诺不得对要约的内容作出任何变更，否则无效，则受要约人作出非实质性变更也不能使承诺生效。

4. 承诺必须在承诺期限内到达要约人

承诺期限通常都是在要约人发出的要约中规定的，如果要约规定了承诺期限，则应当在规定的承诺期限内到达；要约没有规定期限时，根据《合同法》第23条规定，如果要约是以对话方式作出的，承诺人应当即时作出承诺，如果要约是以非对话方式作出的，承诺应当在合理期限内作出并到达要约人。合理期限的长短应当根据具体情况来确定，根据一般的交易惯例受要约人在收到要约以后需要考虑和作出决定的时间，以及发出承诺并到达要约人的时间。《合同法》第24条规定："要约以信件或者电报作出的，承诺期限自信件载明的日期或者电报交发之日开始计算。信件未载明日期的，自投寄该信件的邮戳日期开始计算。要约以电话、传真等快速通信方式作出的，承诺期限自要约到达受要约人时开始计算。"未能在合理期限内作出承诺并到达要约人的，不能成为有效承诺。如果要约已经失效，承诺人也不能作出承诺。对失效的要约作出承诺，视为向要约人发出新的要约，不能产生承诺效力。如果超过了规定的期限作出承诺，则为逾期承诺，逾期的承诺实质上不是承诺，而是一项新的要约，故不能产生承诺的法律效力。

法条链接

《中华人民共和国合同法》

第22条　承诺应当以通知的方式作出，但根据交易习惯或者要约表明可以通过行为作出承诺的除外。

第30条　承诺的内容应当与要约的内容一致。受要约人对要约的内容作出实质性变更的，为新要约。有关合同标的、数量、质量、价款或者报酬、履行期限、履行地点和方式、违约责任和解决争议方法等的变更，是对要约内容的实质性变更。

第31条　承诺对要约的内容作出非实质性变更的，除要约人及时表示反对或者要约表明承诺不得对要约的内容作出任何变更的以外，该承诺有效，合同的内容以承诺的内容为准。

（三）承诺的效力

《合同法》第25条规定："承诺生效时合同成立。"所以承诺的效果在于使合同成立，即一旦承诺生效，合同便宣告成立。承诺从何时开始生效，两大法系的规定截然不同。大陆法采纳了到达主义，或称送达主义，即承诺的意思表示于到达要约人支配的范围内时生效，合同也告成立。英美法系采纳了送信主义，或称发送主义，在美国也常常称为"信筒规则"，是指如果承诺的意思以邮件、电报表示的，则承诺人将信件投入邮筒或电报交付电信局即生效力，除非要约人和承诺人另有约定。我国现行立法采纳到达主义。《合同法》第26条规定："承诺通知到达要约人时生效。承诺不需要通知的，根据交易习惯或者要约的要求作出承诺的行为时生效。"承诺生效的时间以到达要约人时来确定。所谓到达，是指承诺的通知到达要约人支配的范围内，如要约人的信箱或营业场所等。承诺通知一旦到达于要约人，合同即宣告成立。如果承诺不需要通知，则根据交易习惯或要约的要求，一旦受要约人作出承诺的行为，承诺即生效。

如在一项长期供酒协议中，乙惯常接受甲的订单不需要明确表示承诺。11月15日，甲为准备新年向乙订一大批货。乙没有答复，直接供货。此时乙的行为构成对甲的订单的承诺。

> **法条链接**
>
> 《中华人民共和国合同法》
>
> 第25条　承诺生效时合同成立。
>
> 第26条　承诺通知到达要约人时生效。承诺不需要通知的，根据交易习惯或者要约的要求作出承诺的行为时生效。采用数据电文形式订立合同的，承诺到达的时间适用本法第十六条第二款的规定。

（三）承诺迟延与承诺撤回

1. *承诺迟延*

承诺迟延是指受要约人所作承诺未在承诺期限内到达要约人。包括以下两种情况：

（1）逾期承诺：是指受要约人在承诺期限届满后发出承诺而使承诺迟延。逾期承诺是受要约人向要约人发出的同意接受要约的意思表示，因为它作出的时间晚于要约确定的承诺期限，所以不符合有效承诺的全部要件，不能发生承诺的法律效力。但是如果要约人在接到逾期承诺时，还希望与承诺人成立合同，那么逾期承诺是否还可以成为有效的承诺呢？《合同法》第28条规定："受要约人超过承诺期限发出承诺的，除要约人及时通知受要约人该承诺有效的以外，为新要约。"逾期承诺有两种效力：一是要约人及时通知承诺人，承认该承诺有效的，合同成立；二是如果要约人接到逾期承诺后未及时通知承诺人该承诺有效的，就只能认为是一个新的要约，而不能认为是承诺。

（2）承诺迟到：是指受要约人在承诺期限内发出承诺，按照通常情况可以适时到达，却因为意外原因而超过承诺期限到达要约人的承诺。如因邮局、电报局的原因造成承诺延误。承诺迟到与逾期承诺不同，逾期承诺是在发出时就已超出承诺期限，而承诺迟到却是在承诺期限内发出，只是在到达要约人时超出承诺期限。根据送信主义，承诺迟延不影响合同的成立。《合同法》第29条规定，"受要约人在承诺期限内发出承诺，按照通常情形能够及时到达要约人，但因其他原因承诺到达要约人时超过承诺期限的，除要约人及时通知受要约人因承诺超过期限不接受该承诺的以外，该承诺有效。"可见，在承诺迟到的情况下，要约人负有通知不接受承诺的义务，这必须具备三个要件：①承诺在要约确定的承诺期限内发出；②承诺非因受要约人原因在承诺期限内未到达要约人；③该承诺在承诺期限后到达要约人。要约人未及时通知受要约人承诺迟到并拒绝该承诺的，应认为承诺有效，承诺到达要约人之日起合同即成立。

2. *承诺撤回*

承诺撤回，是指受要约人（承诺人）在发出承诺通知之后在承诺生效之前采取一定的行为将承诺撤回，使其失去效力。根据到达主义，受要约人发出承诺通知后可以将其撤回，只要撤回的通知先于或者同时与承诺通知到达要约人，则承诺撤回有效。《合同法》第27条规定，"承诺可以撤回。撤回承诺的通知应当在承诺通知到达要约人之前或者与承诺通知同时到达要约人。"允许受要约人在一定条件下撤回承诺符合其意志，也有利于使当事人根据市场交易的变化而作出是否缔约的决定，以实现其利益。

法条链接

《中华人民共和国合同法》

第27条　承诺可以撤回。撤回承诺的通知应当在承诺通知到达要约人之前或者与承诺通知同时到达要约人。

第28条　受要约人超过承诺期限发出承诺的，除要约人及时通知受要约人该承诺有效的以外，为新要约。

第29条　受要约人在承诺期限内发出承诺，按照通常情形能够及时到达要约人，但因其他原因承诺到达要约人时超过承诺期限的，除要约人及时通知受要约人因承诺超过期限不接受该承诺的以外，该承诺有效。

四、合同的成立

合同的成立是当事人就合同的内容协商一致而达成协议的结果，判断合同之成立应以当事人的意志为标准来确认和解释。

（一）合同成立的时间

根据《合同法》第25条规定："承诺生效时合同成立。"合同成立的时间是由承诺生效的时间决定的，即承诺何时生效，当事人就在何时受合同关系的约束，享受合同上的权利和承担合同上的义务，因此承诺生效时间在合同法中具有极为重要的意义。我国合同法采取到达主义，因此承诺生效的时间以承诺到达要约人的时间为准，即承诺何时到达于要约人，则承诺便在何时生效。在确定承诺生效时间时应注意以下问题：

1. 受要约人虽在承诺期限内发出了承诺通知，但因其他原因导致承诺迟延的，根据我国合同法第29条规定，如果要约人没有及时通知受要约人因承诺超过期限而不接受该承诺，则该承诺应视为有效，承诺生效时间以承诺通知实际到达要约人的时间来确定。我国《合同法》第24条规定，承诺期限的确定方法要根据要约的方式来确定承诺发出的时间，如果要约是以信件或者电报发出的，承诺期限自信件载明的日期或者电报交发之日开始计算，信件未载明日期的，自投寄该信件的邮戳日期开始计算；要约以电话、传真等快速通信方式作出的，承诺期限自要约到达受要约人时开始计算。

2. 采用数据电文形式订立合同的，如果要约人指定了特定系统接受数据电文的，则受要约人的承诺的数据电文进入该特定系统的时间，视为到达时间；未指定特定系统工程，该数据电文进入要约人的任何系统的首次时间，视为到达时间。

3. 以直接方式作出承诺，应以收到承诺通知的时间为承诺生效时间，如果承诺不需要通知的，则受要约人可根据交易习惯或者要约的要求以行为的方式作出承诺，一旦实施承诺的行为，则应为承诺的生效时间。如果合同必须以书面形式订立，则应以双方在合同书上签字或盖章的时间为承诺生效时间。如果合同必须经批准或登记才能成立，则应以批准或登记的时间为承诺生效的时间。

（二）合同成立的地点

根据《合同法》第34条"承诺生效的地点为合同成立的地点"，承诺生效地就是合同成立地。由于合同的成立地对确定法院管辖权及选择法律的适用等问题有重要意义，因此明确合同成立的地点十分重要。合同成立地点的确定有几种情况：一是采用数据电文形式的合同成立地点，《合同法》第34条第2款规定："采用数据电文形式订立合同的，收件人的主营业地为合同成立的地点；没有主营业地的，其经常居住地为合同成立的地点。当事人另有约定的，按照其约定"；二是采用合同书形式的合同成立地点为当事人签字盖章的地点，但当事人另有约定的除外。《合同法》第35条规定："当事人采用合同书形式订立合同的，双方当事人签字或者盖章的地点为合同成立的地点。"最高人民法院《关于适用〈中华人民共和国合同法〉若干问题的解释（二）》第4条规定："采用书面形式订立合同，合同约定的签订地与实际签字或者盖章地点不符的，人民法院应当认定约定的签订地为合同签订地；合同没有约定签订地，双方当事人签字或者盖章不在同一地点的，人民法院应当认定最后签字或者盖章的地点为合同签订地。"

（三）合同的实际成立

对于要式合同，必须履行特定的形式，合同才能成立。但是在实践中，当事人虽未履行特定的形式，但可以从当事人实际履行合同义务的行为中，推定当事人已经形成了合意，则可认定合同成立。我国《合同法》规定，法律、行政法规规定或者当事人约定采用书面形式订立合同，当事人未采用书面形式但一方已经履行主要义务，对方接受的，该合同成立；采用合同书形式订立合同，在签字或者盖章之前，当事人一方已经履行主要义务，对方接受的，该合同成立。

法条链接

《中华人民共和国合同法》

第25条　承诺生效时合同成立。

第32条　当事人采用合同书形式订立合同的，自双方当事人签字或者盖章时合同成立。

第33条　当事人采用信件、数据电文形式订立合同的，可以在合同成立之前要求签订确认书。签订确认书时合同成立。

第34条　承诺生效的地点为合同成立的地点。

采用数据电文形式订立合同的，收件人的主营业地为合同成立的地点；没有主营业地的，其经常居住地为合同成立的地点。当事人另有约定的，按照其约定。

第35条　当事人采用合同书形式订立合同的，双方当事人签字或者盖章的地点为合同成立的地点。

第36条　法律、行政法规规定或者当事人约定采用书面形式订立合同，当事人未采用书面形式但一方已经履行主要义务，对方接受的，该合同成立。

第37条　采用合同书形式订立合同，在签字或者盖章之前，当事人一方已经履行主要义务，对方接受的，该合同成立。

【引例分析】

引例中，河南省某食品贸易公司于2003年月16日向黑龙江省某粮油公司发出的订单中，包含有明确的标的、数量、价格、履行方式等，内容明确，包含足以使合同成立的条款，故构成要约；粮油公司于8月20日的回复订单，因对贸易公司要约中的履行方式、争议解决方式进行了更改，此乃对要约内容的实质性变更，故构成一项新的要约；贸易公司8月23日在订单上签字回复，但回复里面用红笔删除了订单背后的争议解决条款，此回复对争议解决方式进行了更改，为实质性变更，又构成一项新的要约；粮油公司在8月30日收到签了字的订单后，直接开始组织货源，2003年9月19日，粮油公司按照约定备齐全部货物，电话通知贸易公司迅速安排运输事宜，粮油公司通过备货发货的行为对贸易公司8月23日的要约进行了承诺，双方之间的合同成立。贸易公司8月23日的回复修改，粮油公司的销售人员由于粗心，没有注意到贸易公司对订单背后条款的改动合同的内容，这是粮油公司内部工作人员的失误造成的，粮油公司应自己承担相应的法律后果。

粮油公司与贸易公司的合同在粮油公司作出备货、发货行为时成立，合同的内容应以贸易公司8月23日的签字回复内容为准，因贸易公司在8月23日的回复中删除了争议解决方式条款，所以双方的合同中没有关于争议解决的仲裁条款，在纠纷发生时，只能通过诉讼解决，该案应由人民法院管辖。

思考与练习

1. 什么是要约？什么是承诺？
2. 实践中如何判断一项意思表示是要约还是要约邀请？
3. 案例分析

2002年11月7日，某国土局在报纸上刊登了《土地使用权挂牌出让公告》，载明经人民政府批准，挂牌出让国有土地使用权。根据公告，2002年11月21日某房地产公司在国土局规定的挂牌地点依法参加了挂牌竞投活动，并于当日挂出了5 000万元报价的竞买单。2002年11月22日，国土局以该开发宗地未经省国土资源厅批准为由，通知房地产公司对该开发宗地停止挂牌出让，拒绝与房地产公司订立国有土地使用权出让合同。房地产公司要求国土局继续履行合同，将开发宗地出让给房地产公司。

问题：

（1）某国土局的挂牌出让公告是属于要约还是要约邀请？为什么？

（2）某国土局与某房地产公司的挂牌出让合同是否成立？为什么？

项目三　合同的内容与形式

【引例】

2004年6月，郑州市的罗某打算为自己的新家购买一套高档家具。罗某经过挑选，看中了某家具卖场的一套组合家具，该家具是由大面积玻璃制造而成，晶莹剔透，在灯光下十分美丽，但罗某十分担心家具的运输问题，家具卖场的销售人员表示，本卖场承诺在市区范围内免费送货上门。于是罗某向卖场支付了1.3万元的价款，家具卖场在向罗某交付发票的同时，让其填写一张托运票，票上用红色印刷十几条托运条款，其中第4款称："本卖场免费托运家具至指定地点，保证安全及时，但在运输过程中由于货物相互碰撞或者车辆与货物相互碰撞造成的货物破损，本公司不予负责。"罗某认为这一条忽略了对货物包装不善或者运输人员重大过失导致出现货物破损的情况，因此与销售人员协商该问题，销售人员当即应罗某要求，在托运单空白处注明："因货物包装不善或司机重大过失导致货物破损的，公司仍承担赔偿责任。"但销售人员的行为没有经过上级领导同意。罗某随即离开。

家具卖场对罗某的家具只是按照一般的包装方法在四周加上棉套和塑料泡沫，并没有进行特别保护措施，而且采用层叠摆放的方式装车，结果在路上由于玻璃之间反复摩擦，终于发生碎裂。罗某接受货物后，发现家具破裂，坚持要求运输人员更换家具，对方不同意，在双方僵持不下的情况下，罗某向法院提起诉讼，要求家具卖场承担违约赔偿责任。①

问题：家具卖场应否承担责任？

【基本原理】

上述引例的纠纷主要涉及关于合同中格式条款的效力和解释问题，这涉及合同的内容问题。当事人依程序订立合同，意思表示一致，便形成合同条款。合同条款规定了当事人各方的权利义务，成为法律关系意义上的合同的内容。

一、合同的内容

（一）合同的一般条款

1. 合同条款的类型

我国传统的民法理论将合同条款区分为主要条款和普通条款。

合同的主要条款，是指合同的必备条款，欠缺主要条款则导致合同不成立。合同的主要条款决定着合同的类型，确定着当事人各方权利义务的质和量。合同的主要条款分为三类：①法律直接规定的条款，如《合同法》第197条第2款规定的借款合同应有借款币种的条款；②根据合同的类型和性质必须具备的条款，如价款条款是买卖合同的主要条款，却不是赠与合同的主要条款；③当事人约定的条款，如买卖合同中关于交货地点的条款，如一方提出必须就该条款达成协议，它就是合同的主要条款，若双方均未提出必须在某地交货，则该条款不是主要条款。

合同的普通条款，是指合同主要条款以外的条款。包括以下类型：第一，法律未直接规定，亦非合同的类型和性质要求必须具备的，当事人无意使之成为主要条款的合同条款。例如，关于包装物返还的约定和免责条款等均属此类。第二，当事人未写入合同中，甚至从未协商过，但基于当事人的行为，或基于合同的明示条款，或基于法律的规定，理应存在的合同条款。英美合同法称之为默示条款。

① 徐海燕. 债权法案例选评. 北京：对外经济贸易大学出版社，2006. 100～101

知识链接

默示条款是源自英美法系的称谓。依据产生的原因，默示条款可以分为行为默示条款、交易习惯默示条款、法定默示条款。

行为默示条款，是指双方当事人的行为所表达的意思一致，构成合意而形成默示条款。例如，双方未约定交易方式，一方履行合同，另一方接受履行，那么双方当事人以自己的行为对交易方式达成合意，构成默示条款。我国《合同法》第36条、第37条的规定是对行为默示条款的认可。

交易习惯默示条款，是指在某个地区或行业通行的交易惯例被推定为默示条款。例如，在英国1836年的汉顿诉瓦伦案中，当事人因土地租赁发生纠纷时，承租人证明，根据当地习惯，承租人应按照特定耕作程序从事种植，而当租期届满时，他有权就青苗地上已投入的种子和劳务得到合理补偿。法院认为，尽管当事人在合同中对此未作明示，但按当地习惯应解释为合同中有此条款。[①] 我国《合同法》第62条第（一）、（二）项确认了交易习惯默示条款。

法定默示条款，是指根据法律直接规定而形成的合同默示条款。如我国《合同法》第253条第1款规定，承揽人应当以自己的设备、技术和劳力，完成主要工作，但当事人另有约定的除外。当事人对此未作约定时，该法律规定即成为合同的普通条款。

2. 合同一般条款的内容

根据《合同法》第12条规定，合同的一般条款包括：

（1）当事人的姓名（或者名称）和住所。当事人是合同权利义务的承受者，没有当事人，合同关系无法存在，合同权利和合同义务就失去存在的意义，给付和受领给付也无从谈起。因此，订立合同必须有当事人这一条款，该条款是一切合同的主要条款。当事人由其名称或姓名及住所加以特定化、固定化，所以，合同的草拟必须写清当事人的姓名、名称和住所。

（2）标的。标的是合同权利和义务指向的对象。合同没有标的，权利义务就无所指向，且标的是其他合同条款的基础和前提，所以标的是合同成立必须具备的条款，而且必须明确、具体，当事人应使用有效手段使合同标的得以确定。以标的物为例，对标的物的品种、规格、花色、型号、商标，必要时连生产地、生产商、生产日期等都要具体规定。

（3）质量和数量。标的的质量和数量是确定合同标的的具体条件，是这一标的区别于同类另一标的的具体特征。质量一般包括五个方面：①标的的物理和化学成分；②标的的规格；③标的的性能；④标的的款式；⑤标的的感觉要素。[②] 标的数量要确切，首先应选择双方共同接受的计量单位，其次要确定双方认可的计量方法，再次应允许规定合理的磅差和在途自然减（增）量及计算方法。

（4）价款或报酬。价款或报酬是指当事人取得合同标的所付出的货币代价，是有

---

① 王利明，崔建远. 合同法. 北京：北京大学出版社，2003

② 王利明，崔建远. 合同法新论·总则. 北京：中国政法大学出版社，1996. 206

偿合同的条款。价款是取得标的物一方当事人向对方支付的代价，如货款、租金等。报酬是获得服务的一方当事人向对方支付的代价，如运费、保管费、加工费等。价款或报酬一般由当事人在订立合同时自由约定，但对与国民经济发展和人民生活关系重大的少数商品、资源稀缺商品、垄断经营的商品、重要的公用事业及公共产品等，有相关政府定价或政府指导价的，必须执行政府定价或政府指导价。

(5) 履行期限、地点和方式。履行期限是合同中享有权利的一方当事人要求对方履行义务的请求权发生的时间界限。履行期限涉及当事人的期限利益，也是确定违约与否的因素之一。履行期限可以规定为即时履行，也可以规定为定时履行，还可以规定为在一定期限内履行。如果分期履行，还应明确规定每期履行的准确时间。

履行地点是合同约定的一方当事人履行义务和对方接受该履行的地点。合同的履行地点直接关系到运输费用由谁负担、风险由谁承受，又是确定标的物所有权转移的依据，还是确定诉讼管辖的依据之一，对于涉外合同，它更是确定法律适用的一项依据。所以，当事人必须根据合同的性质和内容，对合同履行地点作出明确、具体的约定。

履行方式是当事人履行合同义务的具体方式和要求。例如，是一次性交付还是分期分批交付，是交付实物还是交付标的物的所有权凭证，是铁路运输还是空运、水运等，这些都同样事关当事人的利益。因此，当事人应当根据合同的性质和内容，对合同的履行方式作出约定。

(6) 违约责任。违约责任是合同当事人不履行合同义务或不适当履行义务时应承担的法律后果。违约责任是促使当事人履行义务，使守约方免受或少受损失的法律措施，对当事人的利益关系重大，合同对此应予以明确。例如，明确规定违约致损的计算方法、赔偿范围等。值得注意的是，违约方之所以要承担违约责任，并不是基于合同的约定，而是由合同的效力决定的。所以，即使合同中没有约定违约责任条款，如果一方当事人违约，另一方当事人仍可以请求对方承担违约责任。当事人所约定的违约责任条款，只决定着违约方所应承担责任的范围和程度。

(7) 解决争议的方法。合同履行过程中，当事人之间可能会产生各种争议，对此应及时、妥善地解决。为了在发生纠纷时尽快合理地解决，合同当事人在订立合同时，对解决争议的方法也应作出明确规定。解决争议的方法一般有协商、调解、仲裁、诉讼等。

如果欠缺上述七项内容之某一项或某几项，是否必然导致合同不成立，在实践中应具体问题具体分析。根据最高人民法院《关于适用〈中华人民共和国合同法〉若干问题的解释（二）》第1条规定，当事人对合同是否成立存在争议，人民法院能够确定当事人名称或者姓名、标的和数量的，一般应当认定合同成立。但法律另有规定或者当事人另有约定的除外。对合同欠缺的前款规定以外的其他内容，当事人不能达成协议的，人民法院依照合同法第61条、第62条、第125条等有关规定予以确定。

法条链接

《中华人民共和国合同法》

第 61 条　合同生效后，当事人就质量、价款或者报酬、履行地点等内容没有约定或者约定不明确的，可以协议补充；不能达成补充协议的，按照合同有关条款或者交易习惯确定。

第 62 条　当事人就有关合同内容约定不明确，依照本法第六十一条的规定仍不能确定的，适用下列规定：（一）质量要求不明确的，按照国家标准、行业标准履行；没有国家标准、行业标准的，按照通常标准或者符合合同目的的特定标准履行。（二）价款或者报酬不明确的，按照订立合同时履行地的市场价格履行；依法应当执行政府定价或者政府指导价的，按照规定履行。（三）履行地点不明确，给付货币的，在接受货币一方所在地履行；交付不动产的，在不动产所在地履行；其他标的，在履行义务一方所在地履行。（四）履行期限不明确的，债务人可以随时履行，债权人也可以随时要求履行，但应当给对方必要的准备时间。（五）履行方式不明确的，按照有利于实现合同目的的方式履行。（六）履行费用的负担不明确的，由履行义务一方负担。

第 125 条　当事人对合同条款的理解有争议的，应当按照合同所使用的词句、合同的有关条款、合同的目的、交易习惯以及诚实信用原则，确定该条款的真实意思。

合同文本采用两种以上文字订立并约定具有同等效力的，对各文本使用的词句推定具有相同含义。各文本使用的词句不一致的，应当根据合同的目的予以解释。

（二）格式条款

1. 格式条款的概念

格式条款，德国法称为一般交易条款，英国法称为标准合同条款，台湾称为定型化条款，我国《合同法》则称为格式条款。

根据《合同法》第 39 条第 2 款的规定，所谓格式条款是指当事人为了重复使用而预先拟定，并在订立合同时未与对方协商的条款。在我国，电信、邮政、铁路、航空等行业形成了全国性的或者行业性的垄断经营，这些行业在我国已经实行了格式条款。

知识链接

早在19世纪初期，为适应自由资本主义阶段经济发展的迫切需求，合同自由原则便与所有权神圣原则和过失责任原则被确立为资产阶级民法三大原则。合同自由原则包含三个方面的内容，即是否缔结合同的自由，选择对方当事人的自由以及决定合同内容的自由。但是，随着商品生产和商品交换的高速发展，商品交易日益频繁、复杂，其中绝大部分都是通过合同进行的，因交易量大、重复发生，提供商品或服务的公用事业或者企业一方，不可能也无须与每一个消费者就合同条款逐一进行协商。因此，在这种条件下，就可以将双方都关注的交易条件格式化，格式条款从而出现并在现代社会中得到广泛应用。格式条款使双方当事人在缔结合同过程中减少不必要的协商过程，从而得以节省时间，减少交易费用。格式条款的标准性及书面明示性特征，使得缔结合同的双方当事人，尤其是格式条款制定方，可以预先估计交易风险并进行合理分配。此外格式条款还便于国家干预经济生活，弥补合同法的不足。正是基于格式条款的积极功能，其从19世纪初出现到现在，适用范围日益广泛，已从最初的铁路、邮政等公用事业领域逐渐扩展到保险、银行、通信、制造、出版等行业。①

2. 格式条款的特征

格式条款具有以下几个特征：

（1）格式条款拟定的单方性。格式条款是由一方当事人预先拟定的，在拟定之时并没有征求对方当事人的意见，在合同的订立过程中，不容对方讨价还价，必须接受该条款，否则合同不可能成立。相对人只能“要么接受，要么走开”。

（2）格式条款适用对象的广泛性。格式条款是一方当事人为了重复使用而预先拟定的，它适用于与其交易的所有同类交易对象，只要与这些交易对象进行交易，都以格式条款作为基础。

（3）格式条款适用时间的持续性。一方当事人为了重复使用而预先拟定的格式条款，是为了在一定期限内多次使用该条款，而不是为某一笔或者少量几笔特定交易而专门拟定的条款，因此同一格式条款可以多次、持续地使用于大量的交易行为。

（4）格式条款具有明示性。格式条款需以明确的书面形式向公众表达，这是由其适用对象的广泛性决定的。

3. 格式条款的规制制度

格式条款是在大规模市场交易之中为了追求效率而出现的产物，具有经济上的合理性。但格式条款违背了合同自由的原则，对于相对人而言，虽然仍然享有是否订立合同的自由，但从实践来看，适用格式条款的多为相对人生活中不可或缺的垄断行业，因此实际上相对人无法拒绝，只能接受；而格式条款提供者在制定格式条款时，为了追求自己单方面的最大利益，往往极少甚或完全不顾及相对方之利益，从而使得格式条款常含有不公平的内容。不公平的格式条款，损害了相对人的利益，危及社会交易

① 吴弘，李集合. 合同法. 北京：中国政法大学出版社，2005. 50 ~ 51

的公平与安全，违背了诚实信用、公平自愿、等价有偿、公序良俗等原则，是以形式上的合同自由掩盖了实质上的合同不自由，是对合同自由原则的滥用。所以，国家法律必须对格式条款予以规制，以保护广大消费者的利益，维护社会公平正义。

我国《合同法》对格式条款的规制主要从保障公平的角度来进行规定，包括三个方面：其一，对格式条款提供者课加特别的义务；其二，规定具有特定情形的格式条款无效；其三，规定格式条款的解释规则。具体分述如下：

（1）格式条款提供者的三项特别义务。《合同法》第39条规定："采用格式条款订立合同的，提供格式条款的一方应当遵循公平原则确定当事人之间的权利和义务，并采取合理的方式提请对方注意免除或者限制其责任的条款，按照对方的要求，对该条款予以说明。"因此，格式条款提供者负有三项义务：

第一，格式条款提供者应当遵循公平原则确定当事人之间的权利和义务。公平原则是合同法的基本原则之一，格式条款提供者在预先拟定格式条款时，应将双方当事人在合同中享有的权利和承担的义务规定得大致对等，不能一方只享受权利，而另一方只承担义务，或者一方多享受权利少承担义务，而另一方多承担义务少享受权利。如果格式条款提供者未遵循公平原则确定双方的权利和义务，则构成显失公平，按照《合同法》第54条的规定，显失公平的合同属可撤销可变更的合同。因此，该格式合同即使签订，受害人也可请求人民法院或仲裁机构予以撤销或变更。

法条链接

《中华人民共和国合同法》

第54条　下列合同，当事人一方有权请求人民法院或者仲裁机构变更或撤销：……（二）在订立合同时显失公平的。

【相关案例】

曲连吉（原告）至广州市白云天鲜阁酒楼（被告）处消费，原告自带白酒并自己开启，结账时被告收取了186元餐饮费和20元"开瓶费"，原告认为被告收取20元"开瓶费"不合理而诉至法院。广州市白云区法院认为被告规定"谢绝自带酒水，自带酒水收取开瓶费20元"，侵犯了原告的自主消费权，尽管酒楼将其张贴在显眼位置，可以理解为被告对消费者作出的格式条款规定，该格式条款没有依据公平原则合理确定权利义务，故无效，法院判决被告返还原告20元。被告不服并提起上诉，广州市中级人民法院经二审维持了原判。①

第二，格式条款提供者承担提请对方当事人注意的义务。格式条款提供者在订立合同时，必须以合理方式提请相对人注意免除或者限制其责任的条款。所谓以合理方式提请对方注意，是指格式条款中的有关免责条款应该以显著，并且容易为相对方所

① 陈志：曲连吉诉广州市白云天鲜阁酒楼返还开瓶费，赔偿损失并赔礼道歉案．人民法院案例选（2007年第1辑总第59辑）．北京：中国法制出版社，2007．79～100

发觉的方式出现，而且在必要的时候应该主动提醒对方注意该条款的存在。如很多格式合同中会有黑体字体显示的条款，格式条款提供者还会明确提示相对人注意黑体字的条款，这实际上就是格式条款提供者在履行法律所规定的提请对方注意的义务。对此，指导司法实践的最高人民法院《关于适用〈中华人民共和国合同法〉若干问题的解释（二)》第6条也规定：“提供格式条款的一方对格式条款中免除或者限制其责任的内容，在合同订立时采用足以引起对方注意的文字、符号、字体等特别标识，并按照对方的要求对该格式条款予以说明的，人民法院应当认定符合合同法第三十九条所称‘采取合理的方式’。提供格式条款一方对已尽合理提示及说明义务承担举证责任。”

第三，格式条款提供者应相对人要求对条款予以说明的义务。格式条款提供者在相对人对免责条款涉及的事项的确切内涵和法律意义存在疑惑时，应该明确解释该条款的含义，使相对方明了情况。也就是说，相对人有权要求格式条款提供者就格式条款的有关问题作出说明。最高人民法院《关于适用〈中华人民共和国合同法〉若干问题的解释（二)》第9条规定：“提供格式条款的一方当事人违反合同法第三十九条第一款关于提示和说明义务的规定，导致对方没有注意免除或者限制其责任的条款，对方当事人申请撤销该格式条款的，人民法院应当支持。”

【相关案例】

2006年6月，南京智恒科技有限公司（原告）委托上海奇速快递有限公司（被告）运输货物，被告出具了两张托运单，标明运费为5元，运送件数为1件。物品品名、体积、计费重量、物品保价、保险费栏均空白。托运单的正面左侧红字写明“请务必阅读背面条款，您的签名即视同已接受背书协议条款”，该背面第四条写明“本公司拒绝收寄现金等贵重物品，如果丢失，本公司概不负责”，第六条写明“购买保险纯属自愿，运输过程中货件丢失，客户购买保险的，按保险公司规定赔偿，没有购买保险的，按照运费3倍最高不超过200元赔偿”。后货物丢失，原告诉称货件为两台笔记本电脑价值1万多元，要求被告赔偿。被告不予认可。

上海市长宁区法院认为被告已经在货运单上对背面条款做了特别提示，已经采取了合理的方式提请对方注意，应认定已经履行了必要的告知和说明义务。原告长期和被告业务往来，从来没有提出异议。对于背面的条款，原告完全有选择的自由权，可以预见到并可以通过购买保险以避免风险。在原告没有购买保险，被告按照最高不超过200元赔偿不违反诚实信用原则，不能认定被告存在恶意通过格式条款免除其责任等情况，该格式条款应当认定为有效。法院判决被告赔偿原告损失200元，案件受理费由原告承担554元，被告承担8元。①

（2）具有特定情形的格式条款无效。《合同法》要求格式条款提供者在拟定格式条款时，应按公平原则确定双方当事人的权利和义务。但在实际生活中，格式条款提供者为了追求自身利益的最大化，往往不遵循公平原则确定双方当事人的权利和义务，甚至明显免除自己责任，加重对方责任，排除对方主要权利，严重损害对方当事人的

① 国家法官学院．中国审判案例要览（2007年商事审判案例卷）．北京：人民法院出版社，2008．第103～107页：南京智恒科技有限公司诉上海奇速快递有限公司货物运输合同案，陈志律师整理．

合法权益。为抑制这种情况，我国《合同法》对格式条款的无效明确规定了三种情形：第一种情形，具有《合同法》第52条规定情形的格式条款无效。《合同法》第52条是关于无效合同的规定，只要格式条款存在第52条所规定的无效合同之任一情形，该格式条款就无效；第二种情形，具有《合同法》第53条规定情形的格式条款无效。《合同法》第53条是关于一般合同中的无效免责条款的规定；第三种情形，格式条款提供者在合同中免除自己法定责任、加重对方责任、排除对方主要权利的格式条款无效。

法条链接

《中华人民共和国合同法》

第40条　格式条款具有本法第五十二条和第五十三条规定情形的，或者提供格式条款一方免除其责任、加重对方责任、排除对方主要权利的，该条款无效。

第52条　有下列情形之一的，合同无效：（一）一方以欺诈、胁迫的手段订立合同，损害国家利益；（二）恶意串通，损害国家、集体或者第三人利益；（三）以合法形式掩盖非法目的的；（四）损害社会公共利益；（五）违反法律、行政法规的强制性规定。

第53条　合同中的下列免责条款无效：（一）造成对方人身伤害的；（二）因故意或重大过失造成对方财产损失的。

【相关案例】

2004年某日，徐叶明（原告）到深圳沃尔玛深国投百货有限公司深圳山姆会员商店（被告）处购物，驾驶汽车进入被告停车场并领取了保安发的出入卡。原告购物后发现车辆丢失，报案但该案未破。被告称不收取费用且出入卡注明“免费停车，丢失物品不负有任何责任”，故其不应承担赔偿责任。广东省深圳市福田区法院判决驳回原告诉讼请求。原告上诉称原告为被告的会员，需每年交纳150元会费，故不是真正的免费，停车场只对会员开放，被告设立出入卡却没有执行存在过失，被告的免责条款是免除自身主要责任的格式条款，是无效条款。深圳市中级法院判决撤销一审判决，支持原告诉讼请求。①

（3）格式条款的解释规则。《合同法》第41条规定，对格式条款的理解发生争议的，应当按照通常理解予以解释。对格式条款有两种以上解释的，应当作出不利于提供格式条款一方的解释。格式条款和非格式条款不一致的，应当采用非格式条款。因此，对格式条款的解释有三种规则：

第一，按通常理解予以解释。由于有效的格式条款已成为合同的有效组成部分，因此，合同的解释原则也适用于格式条款的解释。

第二，采用不利于格式条款提供者的解释。对限制格式条款最具意义的是第二种，

① 国家法官学院．中国审判案例要览（2006年商事审判案例卷）．北京：人民法院出版社，2007．第177～183页：徐叶明诉深圳沃尔玛深国投百货有限公司深圳山姆会员商店等消费服务合同车辆保管案，陈志律师整理．

即不利解释规则。法律如此规定的原因在于，格式条款多是垄断企业或行业的合同范本，是经其有关专家精心研究起草的，其内容尤其是免责条款，必定是经过深思熟虑仔细推敲的。而且格式条款由提供者单方预先拟定，出于经济目的，其总是从维护自身的利益出发，而忽视了相对方的利益，相对方在合同的订立中处于弱势地位，因而在双方当事人对格式条款的理解发生不一致时，法院应当作出对格式条款提供者不利的解释，以维护处于弱势的相对方的利益。

第三，采用非格式条款进行解释。当格式条款和非格式条款不一致时，由于非格式条款是双方协商确定的，较好地体现了双方当事人的意思自治，而格式条款是由一方当事人单方预先拟定且未与相对方协商，因此，当两者相冲突时，应当优先采用非格式条款。

【相关案例】

2005 年 8 月 1 日，王国龙驾驶湘 K01795 大货车由宁乡县城往老粮仓方向行驶，当行至 S209 线 40km + 200m 路段时，遇宁进军驾驶的湘 AY4639 号中巴车停在路上修车，姜利民（姜卫之父）正在中巴车底盘下维修变速箱。由于王国龙忽视安全，未与中巴车保持足够的安全距离，加上中巴车也未靠边停车，王国龙驾车超越湘 AY4639 号中巴车时，大货车右侧车门及货箱前角与中巴车左后角相挂，造成中巴车翻到路边受损，宁进军受伤，修车人姜利民死亡。经公安交警大队认定，王国龙负主要责任，宁进军与死者姜利民负次要责任。因湘 AY4639 号车主宁进军向宁乡保险公司购买有第三者责任险 20 万元，所以一审法院判决宁乡保险公司承担赔偿责任。保险公司对此持有异议，因为保险合同第四条约定“被保险人或其允许的驾驶人员在使用保险车辆过程中发生意外事故，致使第三人遭受人身伤亡或财产直接损毁，依法应当由被保险人承担的经济赔偿责任，保险人负责赔偿”，保险公司认为发生事故时，车辆湘 AY4639 正在修理而非在使用过程中，因此其应免责；宁进军则认为事故发生时，车辆湘 AY4639 属于在使用过程中，因此保险公司应负责赔偿。二审法院认为：对此分歧，合同中无相关条款予以说明，由于此款属于格式条款，根据《中华人民共和国合同法》第 41 条“对格式条款的理解发生争议的，应当按照通常理解予以解释。对格式条款有两种以上解释的，应当作出不利于提供格式条款一方的解释。格式条款和非格式条款不一致的，应当采用非格式条款”之规定，对何谓“使用过程中”应作有利于被保险方的理解，即车辆在公路上临时停车维修也应属于在“使用过程中”，故判决宁乡保险公司应承担责任。①

【引例分析】

回到前述引例，家具卖场出示的托运票上面印制的条款，是其预先拟定，未与消费者协商，并与每一位购买家具的顾客重复、统一适用的条款，属于格式条款，因此应遵从《合同法》对格式条款的规制。第一，罗某所购买的是玻璃家具，属易碎商品，家具卖场应对该易损家具妥善包装以避免其破碎，但家具卖场仅进行了一般包装，因而在运输过程中造成家具的损坏，这属于承运人家具卖场的重大过失。根据《合同法》

① 案例引自 110 法律咨询网。

第53条的规定，因重大过失造成对方财产损失的免责条款无效，因此格式条款中“在运输过程中由于货物相互碰撞或者车辆与货物相互碰撞造成的货物破损，本公司不予负责”的免责条款是无效的。第二，罗某与家具卖场的托运合同中还存在非格式条款，即卖场销售人员应罗某请求手写的“因货物包装不善或司机重大过失导致货物破损的，公司仍承担赔偿责任”，此手写条款行为未得到上级领导的同意，能否发生效力呢？销售人员即便超越权限手写该非格式条款，因其是家具卖场的销售代理人，罗某有理由相信该销售人员的行为代表着卖场本身，销售人员的行为构成表见代理，因此该非格式条款虽未得到上级领导的同意，却是当然有效的。该非格式条款体现了罗某和家具卖场双方当事人的意志，因此该非格式条款应优先于格式条款来适用。综上，在前述引例中，家具卖场应向罗某承担赔偿责任。

二、合同的形式

合同的形式，是当事人合意的表现形式，是合同内容的外部表现，是合同内容的载体。

（一）合同形成的种类

《合同法》第10条规定：“当事人订立合同，有书面形式、口头形式和其他形式。法律、行政法规规定采用书面形式的，应当采用书面形式。”根据该条规定，合同的形式有以下几种：

1. 口头形式

口头形式是指当事人以口头语言的方式达成协议、订立合同的形式。包括对话、电话联系等形式。

口头形式的优点在于简便易行，缺点是“口说无凭”，发生合同纠纷时难以取证，不易分清责任。所以，口头形式一般适用于小额、即时清结等交易，如商店的零售买卖。

2. 书面形式

书面形式是指当事人以书面文字等可以有形地表现合同内容的方式。书面形式不如口头形式简便易行，但其优点恰弥补了口头形式的缺点，即发生争议时有据可查，有利于减少纠纷，即使发生了纠纷也因举证简单而易于分清责任从而解决争议。根据《合同法》第11条规定，“书面形式是指合同书、信件和数据电文（包括电报、电传、传真、电子数据交换和电子邮件）等可以有形地表现所载内容的形式”。

（1）合同书。

合同书是记载当事人达成的合同内容的纸面文书。它包括格式合同书和非格式合同书。当事人采用合同书形式订立合同的，应当签字或者盖章。当事人在合同书上摁手印的，司法实践也认定其具有与签字或者盖章同等的法律效力。

（2）信件。

信件是合同当事人以传统的纸张为介质，就合同的内容进行往来协商的记载合同内容的信函。它经常在远途当事人之间订立合同时使用，是一种经常被采用的订立合同的书面形式。

（3）数据电文。

数据电文形式的合同的特点是，通过电子信号表示，没有书面原件，故有人称为电子合同、无纸合同。其最大的优点在于迅捷，国际商务已普遍采用。随着电信业特别是计算机技术的运用和发展，采用数据电文形式订立合同，在我国商业领域也已十分普遍。

【相关案例】

某糖厂因在甲县订购的甘蔗没能及时到达，不能向客户交货，情急之下，立即向乙县某农场发出电报，要求立即给自己发出100吨甘蔗，价钱按过去购买该农场的甘蔗的价格计算。农场收到电报后，立即回电说：按糖厂的意见办，立即发货，货到贵厂后请将货款汇到农场账户。农场发货后，甲县的甘蔗也运到糖厂。两地甘蔗均运到糖厂后，糖厂没有更多的加工能力，便去电乙农场请求退货。农场不允，糖厂便以双方没有签订书面合同为由拒收。农场诉至法院，法院判决糖厂败诉。为什么？

3. 其他形式

其他形式，是指当事人不以文字表述或者以语言对话方式为意思表示，而是通过其他方式确定相互之间的权利义务关系。司法实践中对当事人以其他形式订立合同的认定，在最高人民法院《关于适用〈中华人民共和国合同法〉若干问题的解释（二）》第2条中有规定："当事人未以书面形式或者口头形式订立合同，但从双方从事的民事行为能够推定双方有订立合同意愿的，人民法院可以认定是以合同法第十条第一款中的'其他形式'订立的合同。但法律另有规定的除外。"

其他形式主要指默示形式。默示形式可分为作为的默示形式和不作为的默示形式。在合同当事人没有通过语言或者文字表达其意思的情况下，通过其作为或者不作为来推断其意思表示，属于法律的推定。但在法律后果上，作为的默示和不作为的默示存在很大的不同。

作为的默示虽不以口头或者书面形式表达其意思表示，但它仍是一种积极的意思表示方式，其主张权利或者接受义务的意思表示明确，可以直接根据行为人的行为认定其意思。在不作为的默示形式中，由于当事人一方不得自行给对方强加义务，原则上不作为的默示不构成意思表示，除非法律另有规定或者当事人另有约定。[①] 也就是说，只有在法律规定或者当事人约定沉默能够产生某种法律效果的情况下，沉默才构成意思表示的形式，才能产生相应的法律后果。对此，最高人民法院《关于贯彻执行〈中华人民共和国民法通则〉若干问题的意见（试行）》第66条规定："一方当事人向对方当事人提出民事权利的要求，对方未用语言或文字明确表示意见，但其行为表明已接受的，可以认定为默示。不作为的默示只有在法律有规定或者当事人双方有约定的情况下，才可以视为意思表示。"如摆放在商场门口的自动售货机，行驶在公路上的无人售票公共汽车，消费者要购买自动售货机内的商品或乘坐公共汽车，不需要以语言或文字作出购买或乘车的意思表示，而只需按规定完成投币的行为，该投币行为就是作为的默示，行为完成，双方合同成立。又如，甲对乙说："我的本田车5万元卖给你要不要？"乙保持沉默。此时乙的沉默（不作为）不能作为其购买的意思表示的形式，因为对此法律既没有特别规定，当事人也没有特别约定。

---

① 孔祥俊. 合同法教程. 北京：中国人民公安大学出版社，1999. 78

（二）合同欠缺法定或约定形式的法律后果

就合同成立的一般原则而言，在法律、行政法规规定或者当事人约定合同必须采用书面形式时，则该书面形式成为合同成立的特殊要件。当事人只有满足这一要求，即采用书面形式订立合同，合同才能依法成立。如果当事人未采用书面形式，应当认定合同是不成立的。但是，按照我国《合同法》的规定，欠缺法律规定或当事人约定的书面形式，并不必然导致合同不成立；如果一方已经履行主要义务，对方接受的，单单欠缺该书面形式，仍承认合同成立。

法条链接

《中华人民共和国合同法》

第36条　法律、行政法规规定或者当事人约定采用书面形式订立合同，当事人未采用书面形式但一方已经履行主要义务，对方接受的，该合同成立。

第37条　采用合同书形式订立合同，在签字或者盖章之前，当事人一方已经履行主要义务，对方接受的，该合同成立。

【相关案例】

某制衣厂为生产高档毛衣向某机械厂订购一套机织设备。按有关法律规定，双方本应签订书面合同，但由于机械厂说没关系，表示肯定能够在两个月内送货上门，并安装调试成功，故双方没有签订书面合同。两个月后，机械厂准时将设备送到制衣厂，并进行了安装调试。在安装完毕后的试生产过程中，机器出现故障。制衣厂请机械厂的专业人员又进行了两次调试，但故障仍未排除。于是，制衣厂以合同未采用法律规定的书面形式为由，要求认定合同不成立。制衣厂和机械厂的合同是否成立？

思考与练习

案情：2004年6月12日，上海某地产投资顾问有限公司（原告，以下简称某公司）与毛某（被告）和案外人庄焕华、庄静雯签订《房地产买卖居间协议》（该协议是由原告提供的格式条款）一份，约定某公司作为居间人将案外人坐落于本市浦东新区浦明路99弄32号102室的房屋介绍给毛某购买，该房总价款为人民币245万元，并约定了付款方式、意向金的数额及处理办法。协议第10条还规定，由于毛某的原因导致房地产买卖合同未签订的，应向某公司支付总房款3%的违约金。后毛某与案外人因故未签订房地产买卖合同，某公司遂诉至一审法院，以毛某在签订《房地产买卖合同》时提出不合理的贷款要求被拒后即拒绝签订该买卖合同为由，要求判令毛某依约支付违约金4.9万元。毛某则表示，在《房地产买卖居间协议》中约定买受方和出卖方向居间人支付违约金的条款属“霸王条款”，故要求撤销该条款。①

问题：被告是否应按合同向原告支付违约金？为什么？

思考方向：本案争议焦点是某公司与毛某签订的《房地产买卖居间协议》第10条违约金条款的效力。某公司提供的《房地产买卖居间协议》是某公司在与毛某及案外

① 案例引自上海律师网。

人订约以前就已经预先制定出来，而非在双方当事人反复协商的基础上制定出来；该协议适用于与某公司订约的不特定的委托人，属格式条款，因此应符合《合同法》关于格式条款的有关规定。

项目四　合同的签订技巧

【基本原理】

合同签订是合同双方当事人依法就合同的条款协商议定的法律行为，是双方当事人确立合同关系的第一步，当事人双方只有协商一致，并以一定的形式将双方的权利义务确定下来，才谈得上合同的履行，也才能最终实现当事人的经济目的。在合同的签订中，掌握合同的签订技巧，有助于合同双方当事人依法维权，以趋利避害，减少失误与受骗，依法从事经济活动，维护正常的经济秩序。

一般而言，合同签订主要涉及以下四个方面：

一、选定合格的合同签约人员

（一）合同签约人员的种类

合同的签约人员包括两类：

1. 合同当事人

合同当事人是合同关系的主体，即合同权利义务的承受者。合同当事人希望通过合同实现自己的经济利益，合同的设立、变更和终止都直接与当事人的利益休戚相关，因此合同当事人往往亲自参与合同的谈判磋商、签订、变更和解除，此时合同当事人即以签约人员的身份参与合同关系。依照我国《合同法》的规定，能够以合同当事人的身份参与合同签订的签约人员包括：自然人、法人和非法人组织。

法条链接

《中华人民共和国合同法》

第2条　本法所称合同是平等主体的自然人、法人、其他组织之间设立、变更、终止民事权利义务关系的协议。

2. 代理人

早在罗马法时期，法律就要求合同必须由当事人亲自到场并完成一定的仪式才能成立。随着商品经济的发展，交易越来越频繁和广泛，合同当事人不可能做到事必躬亲。因此，法律便允许合同当事人通过授权委托行为选任代理人来代理订立合同，以扩大其活动能力；另一方面，也弥补了某些民事主体在民事行为能力方面的欠缺。按照我国《民法通则》的规定，代理分三种：委托代理、法定代理和指定代理。委托代理人是基于被代理人的委托授权而行使代理权，如公司的采购员以公司名义订立原材料购销合同；法定代理人是基于法律规定而行使代理权，如父母代理未成年子女订立合同；指定代理人是基于人民法院等有关机关的指定而行使代理权。

不管是合同当事人亲自订立合同，还是通过代理人订立合同，签约人员的素质直接关系着当事人的权益能否得到充分维护，合同能否依法成立，双方的权利义务是否清晰，从而最终决定合同是否能顺利履行。因此，在选定签约人员时，应注意以下标准：

第一，诚实守信。合同签约人员要诚实守信，才能取信于对方，保证合同依法成立，使各方当事人利益得到平衡。

第二，熟悉业务知识。许多合同都具有专业性，如果签约人员不懂业务，就不能清楚地表达当事人的意思，也不能正确议定合同的条款。

第三，了解有关法律、法规。合同必须依法成立，才能受到法律的保护，因此签约人员在签订合同的过程中必须以法律、行政法规为指导，这就要求签约人员要了解基本的和与具体合同签订有关的法律、法规，如《民法通则》、《合同法》等。

第四，具备一定的谈判技巧和心理素质。签约人员在签订合同的过程中，最主要的任务是与对方承办人磋商、谈判、议定合同的内容和条款。由于双方当事人之间利益冲突的存在，要最终协商一致达成协议是一个非常艰苦的过程，这就需要签约人员具备一定的谈判技巧和心理素质，做到既维护己方权益，又不至于与对方发生矛盾和冲突，既做到成功缔约，又考虑到合同在未来的履行问题。

二、签订合同的前期准备——可行性研究

合同一旦有效成立，便对当事人产生约束力，当事人必须严格按合同履行义务，否则要承担违约责任。因此，合同签订前应充分做好可行性的研究工作，避免错误签约或签订不利于自己的条款。签订合同的可行性研究包括三个方面：市场调查、资格审查和履约能力审查。

（一）市场调查

对于企业而言，当事人在签约前充分进行市场调查，了解本企业产品的市场供求情况、价格趋势、同类企业的产品生产、销售情况、消费者购买能力与具体要求等，在签约时就能言之有理、据理力争，既能实现自己的利益，又能使对方当事人较易接受，从而使合同在签订后能够得到顺利履行。市场调查的内容十分广泛，凡是可以作为签订合同参考的资料和情况都是市场调查的对象。但在实践中，由于当事人时间、精力有限，不可能对各种市场情况进行详尽的调查，这就需要合同当事人一方面充分利用已掌握和积累下来的市场资料，另一方面应选准调查重点，以做到事半功倍。这些重点既可以是市场经营环境，也可以是供求关系变化趋势；既可以是市场购买力，也可以是商品流通方式、渠道；既可以是产品的技术水平，也可以是消费者的消费心理。总之，要立足于客观情况，满足实际需要。

（二）资格审查

资格审查包括两方面：一是对合同当事人主体资格的审查；二是对签约人员的资格审查。

1. 对合同当事人主体资格的审查

对合同当事人主体资格的审查即审查合同当事人主体资格是否合法，是否具备国家法律规定的条件和资格，即审查合同当事人是否具备成为合同主体的民事权利能力

和民事行为能力。合同主体性质的不同，审查的内容和方法也不同。

第一，对自然人的资格审查。

对自然人的资格审查主要是对自然人的自然状况的了解，确定其是否具有相应的民事行为能力。如果该自然人所签合同是其依法不能独立订立的合同，应及时取得该自然人的法定代理人的追认。

第二，对法人的资格审查。

首先，应审查其是否具备法人资格，依照《民法通则》等相关法律规定，取得法人资格，必须具备四个条件，缺一不可：①依法成立；②有必要的财产和经费；③有自己的名称、组织机构和场所；④能独立承担民事责任。具备这四个条件的企业还必须向工商行政管理部门进行登记，领取“企业法人营业执照”，才能进行民事活动，签订合同。其次，应审查法人的能力。企业具有法人资格，领取了法人营业执照，并不代表该企业就必然能够签订市场经济中的各种合同，还要求企业具有相应民事权利能力和民事行为能力。法人的民事权利能力和民事行为能力的范围一致。《民法通则》第42条规定：“企业法人应当在核准登记的经营范围内从事经营。”企业法人只有在其核准的业务经营范围内才享有民事权利能力和民事行为能力。企业法人超越其业务经营范围所订立的合同，在司法实践中，如果违反了国家限制经营、特许经营以及法律、行政法规禁止经营的规定，一律认定为无效合同。

第三，对非法人组织的资格审查。

非法人组织是指未取得法人资格，但依法定程序和条件取得营业执照，法律允许其从事生产经营活动的组织。对这类组织，应审查其是否按规定登记并取得营业执照。有些法人设立的分支机构或经营单位，可以在授权范围内，以其所从属的法人的名义签订合同，产生的权利义务由该法人承担。对这类组织，主要审查其所从属的法人的资格及其授权。

第四，对保证人的资格审查。

合同的签订要求有保证人担保时，还应审查保证人的主体资格的合法性。《担保法》规定，保证人必须具有民事权利能力和民事行为能力，且必须有代为清偿的能力。下列三类主体不能成为保证人：①国家机关，但经国务院批准为使用外国政府或国际经济组织贷款进行转贷的除外；②学校、幼儿园、医院等以公益为目的的事业单位、社会团体；③企业法人的分支机构、职能部门。

第五，对于特殊行业的当事人，从事一些重要的生产资料或特殊商品的生产和经营，法律或行政法规要求取得生产许可证、经营许可证或相应的资质。在这种情况下，在审查合同主体资格合法性的时候，还应要求对方出示相应的证明。

2. 对签约人员的资格审查

审查代理人的资格，一定要审查代理人的代理身份和代理资格，即是否有被代理人签发的授权委托书，其代理行为是否超越了授权范围。以企业法人的业务员为例，业务员的代理行为属职务代理，对其资格的审查，应注意三个方面：一是其职务代理是否属实；二是其签约行为是否符合该企业的业务经营范围；三是签约行为是否与其职务相称，如与其职务不相称，是否有企业的特别授权等。

（三）履约能力的审查

当事人是否具备履约能力，直接关系到合同能否得到全面有效的履行，从而实现合同的目的。合同的类型不同，当事人在合同中的地位不同，履约能力的要求亦不同。如购销合同中，卖方须有供货的能力，买方须有付款的能力。总体而言，审查当事人是否有履约能力，应注意以下四个方面：

1. 财产状况审查

当事人的财产状况是其履行合同和承担违约责任的物质基础。以企业法人为例，企业法人的财产状况主要表现在注册资本、固定资产、流动资金等方面。在签订合同时，要注意审查对方当事人的注册资本数额以及其注册资本和实有资金是否与所签订的合同相适应；对固定资产的审查主要是审查其现有价值、所有权状况、有无被设立担保等方面；对流动资金的审查，应注意付款方银行存款的数量，审查其到合同履行时能否通过正常的途径筹集到款项，如银行贷款、收回债权、变卖债券股票等方式。

2. 供货能力的审查

对买卖合同中卖方及购销合同中供方都应审查其供货能力。供货能力的审查主要体现在生产能力、库存商品状况及进货渠道等方面。如果供方库存商品不足以提供合同约定的货物数额，应注意审查其可否在履行期前通过正当的进货渠道组织货源。

3. 人员、技术及设备条件的审查

对一些专业性较强的合同，如基本建设承包合同、技术转让与开发类合同等，人员素质、技术水平和设备条件是履行合同的关键因素，在签订这些合同时必须认真审查相对人是否具备相应的人员、技术条件等。

4. 履约信用的审查

市场经济中，重合同守信用是企业形象的内涵之一，企业只有严格履行合同义务，才能取信于人，树立良好的社会形象。一个企业履行合同的一贯表现，反映了该企业履约信用的高低，这是履约信用审查的重点所在。

三、合同内容的谈判磋商

（一）谈判的方法

1. 软式谈判

软式谈判也称关系型谈判，是一种为了保持同对方的某种关系所采取的退让与妥协的谈判类型。软式谈判的一般做法是：信任对方→提出建议→做出让步→达成协议→维系关系。在有长期友好关系的互信合作伙伴之间，或者在合作高于局部短期利益、今天的“失”是为了明天的“得”的情况下，软式谈判的运用是有意义的。

2. 硬式谈判

硬式谈判也称立场型谈判，是谈判者以意志力的较量为手段，很少顾及或根本不顾及对方的利益，以取得己方胜利为目的的立场坚定、主张强硬的谈判方法。硬式谈判有明显的局限性，一般应用于以下两种情况：一是一次性交往，这种谈判必然是“一锤子买卖”，也就是为取得一次胜利而拿未来的合作做赌注；二是实力相差悬殊，在这种情况下，己方处于绝对优势。

3. 原则式谈判

原则式谈判也称价值型谈判。这种谈判，最早是由美国哈佛大学谈判研究中心提出的，故又称哈佛谈判术。原则式谈判吸取了软式谈判和硬式谈判之所长而避其极端，强调公正原则和公平价值，是一种既理性又富有人情味的谈判态度与方法，是一种既关心利益也关心关系的谈判风格，在谈判活动中的应用范围很广。实践证明，这种谈判风格达成的协议，在履行过程中比较顺利，毁约、索赔的情况也比较少。运用原则式谈判要求：当事各方从大局着眼，相互尊重，平等协商；处理问题坚持公正的客观标准，提出相互受益的谈判方案；以诚相待，采取建设性态度，立足于解决问题；求同存异，争取双赢。原则式谈判法的谈判态度与方法，同现代谈判强调的实现互惠合作的宗旨相辅，因此越来越受到社会的推崇。

知识链接

原则式谈判法的三个阶段

原则式谈判法为商务谈判建立了一个可以充分借鉴的框架，在具体应用中，可以分为如下三个阶段：

1. 第一阶段：分析阶段

这一阶段是谈判人员对谈判双方的情况进行分析，达到知己知彼的阶段。此阶段的要点是：尽可能利用各种有效的途径获取信息，对信息进行组织、思考并对整体谈判形势作出判断。

(1) 关于人的因素，谈判者要考虑谈判各方都持有什么样的观点，双方对同一个问题有没有认识上的差异？有没有敌对情绪？存在什么样的交流障碍？

(2) 关于利益因素，谈判者应考虑并认知各方的利益所在，双方是否存在共同的利益？是否存在彼此矛盾但是可以兼容的利益？

(3) 关于方案因素，谈判者应审核既定的谈判方案，是否存在可供选择的谈判方案？

(4) 关于标准因素，谈判者应该认知建议作为协议基础的谈判标准，是否存在可以划分利益的公平标准？

2. 第二阶段：策划阶段

这一阶段也就是谈判者在分析谈判形势的基础上，作进一步周密策划的阶段。此阶段的要点是要求谈判人员利用创造性思维，策划如何实施谈判。谈判者要再次思考以下四个方面的原则：

(1) 关于人的问题，谈判者要对可能遇到的人的问题作出解决方案的策划，若出现了双方认识上的差异，应如何解决？若出现了双方情绪上的冲突，又如何解决？

(2) 关于利益问题，谈判者应考虑在己方的各种利益中，哪些利益是对己方非常重要的？哪些利益是对对方非常重要的？用什么样的方法可以满足双方的要求？

(3) 关于方案问题，谈判者应考虑用什么样的方法可以找出最终双方都能接受的解决方案，如何让双方摆脱僵局？

(4) 关于标准问题，谈判者应找出供最终决策的客观标准。如双方各不让步，哪些标准可以用来公平地划分利益？

3. 第三阶段：讨论阶段

这一阶段是谈判双方讨论交流阶段。此阶段的要点是要谈判各方充分交流，努力达成协议，须从以下四个原则来考虑：

（1）关于人的问题，要探讨观念的差异，让对方发泄挫折和气愤的情绪，克服交流的障碍；

（2）关于利益问题，谈判每一方都要充分了解并关注对方的利益所在，使用各种询问方式进一步证实对方的利益所在；

（3）关于方案问题，双方都应积极配合对方在互利基础上寻求谈判解决方案；

（4）关于标准因素，对于相冲突的利益，努力以客观标准划分利益，并达成协议。

（二）合同谈判实务

原则式谈判法只是解决了谈判的策略，合同谈判是一个从要约到新要约再到新要约，直至最后承诺的复杂反复的过程，在这一过程中，谈判人必须经过精心的准备，灵活运用原则式谈判法，果断、耐心，才能使合同谈判既富有成效，又满足谈判者双方的利益要求和符合法律的规定。在合同谈判过程中，应注意以下具体问题：

1. 确定明确的谈判目标

明确的谈判目标使谈判人铭记自己的利益立场，在谈判中做到正确而得当地让步和妥协，防止由于疏忽而匆忙地签订了不利己的协议。合同目标一般包括：①目标价格，即获得所需要的东西而应付的对价；②谈判极限；③为达到协议可以做哪些让步，并按先后顺序排列；④达成协议的时间限制；⑤影响谈判进行的外界因素及障碍，并打算如何来克服。

2. 选定合适的谈判代表

选择合适的谈判代表，既要考虑具体谈判的内容要求，又要考虑谈判者个人的素质，应注意以下几个方面：①具有良好的个人品质和性格；②熟悉业务知识，了解有关法律、法规和政策规定，知识面宽广；③与整个谈判策略相适应，善于外交；④思维敏捷，能言善辩，应变能力强；⑤具有所需的专门技能。

3. 制订周密的谈判计划和多个谈判方案

制订好周密的谈判计划可以使谈判者处于有利的谈判位置，在计划中确定何种事项放于首要关注的地位，何种因素应予以充分注意以及谈判步骤的先后顺序等。但“人算不如天算”，谈判进行中，也可能会有预料之外的事情发生，应灵活应对。

在制订多种可供选择的谈判方案时，应该清楚合同是由多项条款组成的，如在价款上作出让步，而在质量上要求补偿；或者在交货期限上作出让步，而在履行费用上要求补偿，这些实际上都是不同的方案。

4. 分析对方，相互交流，寻找突破

谈判中要清楚地表明己方的观点，注重倾听对方的发言，琢磨谈判对手的计划，确定对方谈判权限，积极排除交流中的障碍。

5. 改变劣势，识破圈套陷阱

改变劣势的积极做法是迫使对手处于防御地位，如可以根本忽视对方的要求，而只讲己方的强项，或是抓住对手的薄弱点出击，或是适时提出新颖建议，或给对手表露有另外的竞争者存在，制造一种己方确无劣势的幻觉等。

要提防谈判中五花八门的圈套，如以特价作诱饵，引人上钩；或馈赠礼品，施小恩惠以收买对方谈判人员；或制造假象，掩人耳目。要提防这些圈套，须保持警觉，稳住阵脚，切不可唯利是图，贪小失大。

6. 制作与谈判有关的文书

谈判过程中应及时制作相关文书，如合同意向书、谈判记录、谈判备忘录等。

四、合同主要条款的完善及协商订立中应注意的问题

（一）标的条款

合同当事人在签订合同，确定合同标的条款时，应注意以下两个问题：①要注意各种不同标的物的性质，保证合同标的物的合法性。合同标的物有流通物和限制流通物两种。对流通物，法律允许在民事主体之间自由转让，而法律对限制流通物的转让就加以限制或禁止私下相互转让。限制流通物的转让主体由法律或国家有关机关确定，非转让主体不得经营限制流通物业务。否则，不仅合同无效，还要追究当事人的违法责任。如金银制品即属限制流通物，如果自然人之间进行转让，买卖合同无效。②标的条款和标的物必须是具体的、确定的。另外，标的物有种类物与特定物之分，在合同签订后，不仅特定物不可替代，而且种类物除少数情况外，也应从大量的种类物中分离出来，让其独立化、特定化。此外，与标的物有关的数量、质量条款，也必须完整、清楚，以免出现无法确认合同标的物是什么或合同的标的物为多少的现象。

【相关案例】

某实业公司与某服装厂签订一份1 000米7030全毛雪花大衣呢的买卖合同，合同规定：全毛雪花呢规格为双幅，每米51元，价款51 000元，产品质量标准按7030型号标准，交货时间为2000年8月1日，款到交货。8月1日，服装厂付清货款，实业公司按时交货，但服装厂收货后，发现该批雪花大衣呢不是全毛的，遂要求退货，遭实业公司拒绝，后诉诸法院。经查，7030既非标准，也不是货品，7030表示的是混纺比例，即含羊毛70%，含粘胶30%，属混纺产品。

该案例中，双方当事人对合同标的物约定不明，“7030”和“全毛”不应该同时出现指合同的标的物，致使合同履行时发生纠纷。

（二）数量条款

要明确合同的标的计量单位。不同种类的合同，有不同的计量单位和计量单位的习惯及不同的计算方式。没有量的合同标的无法计算，没有使用统一规定的计量单位的合同标的同样无法计算。

【相关案例】

某竹木器厂和某机电设备厂签订竹签的购销合同，约定：机电设备厂向竹木器厂购买1 000打竹签，每根8分钱，一个月内交货，货到付款。后竹木器厂按时发货至机电设备厂，机电设备厂只接受部分货物，双方为此发生纠纷。经查，竹木器厂对外销售竹签是一打一打销售，其一打为100根，而机电设备厂理解的是12根为一打，双方未明确约定合同标的的计量单位，由此导致纠纷的产生。

合同中的数必须清楚、准确，不能使用“大约”、“左右”等概念。同一份合同中的数必须用大写和小写两种方式同时表明，两者有矛盾时，除可证明和明显笔误外，一律以大写为准。

（三）质量条款

（1）应具体、明确地规定合同标的的质量标准。当事人就质量没有约定或者约定不明确，又不能达成补充协议，按合同有关条款或者交易习惯也不能确定，但有国家标准、行业标准的，按照国家标准、行业标准履行；没有国家标准、行业标准的，按照通常标准或者符合合同目的的特定标准履行。

（2）如有标的物的样品，应及时封存样品。

（3）应明确规定对合同标的物质量的检验方法。

（四）合同价款、酬金条款

（1）应具体明确规定合同价款、酬金的多少，不能使用含糊的词语。当事人对价款、报酬没有约定或约定不明确，又不能达成补充协议，按照合同有关条款或者交易习惯也不能确定的，则按照订立合同时履行地的市场价格履行；依法应执行政府定价或者政府指导价的，按照规定履行。

（2）需明确约定价款或酬金的计算方法，合同中有单价和总价时，应把二者写明。

（3）必须遵守国家的物价政策。有些合同的价格国家有统一规定，应执行政府定价；国家规定了浮动价格及幅度的，当事人应当在浮动幅度的范围内确定合同价格。违反国家价格政策的合同价格条款则是无效的。

【相关案例】

某蔬菜公司与某菜农于2004年9月签订一份大白菜买卖合同。合同约定：菜农应于2004年12月6日前交付大白菜5 000公斤，次年1月6日前再交付大白菜5 000公斤。双方对大白菜的质量、交货方式、包装及违约责任都作出了具体约定。由于大白菜属农副产品，其生产有季节性的特点，所以在议定价格这一条款时，双方约定“暂按每公斤0.5元”。后因当年大白菜丰收，市场行情有变，菜农第一次交付大白菜时蔬菜公司赢利很少，当菜农按合同约定再行交付大白菜时，蔬菜公司提出降价，菜农拒绝了蔬菜公司的提议，要求继续按合同履行。双方为此发生争议，诉诸法院。

该案中，价格条款约定模糊是产生纠纷的主要原因。

（五）合同履行中的期限、地点和方式条款

当事人在约定合同履行期限时，应注意合同的期限应具体明确。合同不规定履行期限，无法约束合同双方；合同履行期限规定不明确，同样无法明确合同双方各自的责任。如某建筑公司与某水泥厂订立水泥购销合同，约定一年中水泥厂向建筑公司供应1 200吨水泥，每吨1 000元，分四批发运，每批300吨。该购销合同虽约定了一年的履行期限，但对于分四次发运的具体时间却并未作出明确规定，履行中易产生纠纷。

当事人在确定合同履行地点和方式时应注意两点：①应明确规定履行的具体地点。②应规定履行方式及费用负担。履行方式可以是需方自提，也可以是供方送货交付；可以是一次性交付，也可以是分期分批交付。需方自提货物，费用由需方自负，由供方送货交付的，一般要明确规定送货的费用负担，或由供方自负，或由需方负担，或双方按比例分担。

（六）违约责任条款

（1）责任条款的议定必须体现公平原则，不能只由一方承担责任或责任大小相差悬殊，否则合同会因显失公平而被撤销。

（2）议定责任条款时，应注意违约责任条款的形式要求，一方面应明确何种情况构成违约，另一方面应明确在该种情况出现时，违约方应承担何种形式的责任。

（3）违约金条款的约定不能违反有关法律规定。按《合同法》规定，违约金责任的承担以约定为前提，所以当事人若想选择在一方违约后要求其承担违约金责任，就必须在合同中明确约定。当事人约定的违约金低于造成的损失时，当事人可以请求人民法院或者仲裁机构予以增加；约定的违约金过分高于造成的损失的，当事人可以请求人民法院或者仲裁机构予以适当减少。

（4）赔偿金责任的范围要约定清楚。可约定具体的赔偿额，也可以约定损失赔偿额的计算方法。

（5）定金条款。定金是保证合同债权实现的有力手段，也是违约责任的一种形式。订立定金条款时，应注意以下问题：①定金的适用范围。有几类合同按合同自身的性质不需要或不宜采用定金的担保方式，如保险合同、借款合同、供电合同、货物运输合同等。②定金的数额约定。按《合同法》规定，定金的数额最高不得超过合同标的总额的20%。③定金与违约金不必同时在合同中约定，因为根据《合同法》规定，定金和违约金不能同时并用。

【相关案例】

某企业集团总公司与某粮油公司经协商签订大米买卖合同，约定：企业集团总公司向粮油公司订购国际二级大米，数量750吨，单价2 400元，共计价款180万元，交货时间为当年7月4日、7月14日、7月24日、8月4日、8月24日，分5批交货，每批150吨，交货地点为××火车站，货到付款。如有违约，严惩不贷。后粮油公司按合同约定交付了第一批大米，要求企业集团总公司付款，企业集团总公司则说合同中写明"货到付款"，现粮油公司只交付了150吨大米，要求付款是不适当的。双方由此发生纠纷。

该合同中，企业集团总公司与粮油公司未就货款的结算方式约定清楚，交货义务是分批履行的，则合同约定的货到付款是全部货到付款还是分批货到付款应加以明确。同时合同中的违约责任条款规定"如有违约，严惩不贷"，此种约定更加不明确，违约责任条款作为买卖合同的主要条款，应明确约定一方违约后应承担的违约金的具体比例。该合同多项条款约定不明，由此导致纠纷的产生。

（七）争议解决方式条款

合同纠纷的解决可选择诉讼或仲裁方式，由当事人双方平等协商达成共识。需要注意，合同纠纷发生后，当事人若想通过仲裁解决，就必须事先在合同中作明确约定或在纠纷发生后达成专门的仲裁协议，同时对仲裁机构也必须作明确约定。否则，当事人只能通过诉讼途径解决纠纷。

思考与练习

1. 合同签订技巧主要涉及哪几个方面？
2. 如何运用合同的签订技巧在合同谈判中进行反欺诈？

实　训

（一）

【情境设计】

S省某建筑工程公司因施工期紧迫，而未能事先与有关厂家订好供货合同，造成施工过程中水泥短缺，急需100吨水泥。该建筑工程公司同时向A市海天水泥厂和B市的丰华水泥厂发函，函件中称："如贵厂有300号矿渍水泥现货（袋装），吨价不超过1 500元，请求接到信10天内发货100吨。货到付款，运费由供货方自行承担。"A市海天水泥厂接信当天回信，表示愿以吨价1 600元发货100吨，并于第3天发货100吨至S省建筑工程公司，建筑工程公司于当天验收并接收了货物。B市丰华水泥厂接到要货的信件后，积极准备货源，于接信后第7天，将100吨袋装300号矿渍水泥装车，直接送至S省某建筑工程公司，结果遭到建筑工程公司的拒收。理由是：本建筑工程仅需要100吨水泥，至于给丰华水泥厂发函，只是进行询问协商，不具有法律约束力。丰华水泥厂不服，遂向人民法院提起了诉讼，要求依法处理。

【工作任务】

任务一：丰华水泥厂与某建筑工程公司之间是否成立合同关系？

任务二：某建筑工程公司拒收丰华水泥厂的100吨水泥是否于法有据？

任务三：水泥厂的发货行为如何定性？

任务四：海天水泥厂与建筑工程公司的合同何时成立？合同内容如何确定？

任务五：设建筑工程公司收到海天水泥厂的回信后，于次日再次去函表示愿以吨价1 550元接货，海天水泥厂收到第二份函件后即发货100吨至建筑工程公司。那么，二者之间的合同是否成立？如果成立，则何时成立？合同内容如何确定？

任务六：请用生活中的实例叙述合同的订立过程，要包括要约邀请、要约和承诺。

【训练方法】

学生自由组合，4～8人为一组，先在组内展开讨论，再与其他小组进行交流，然后小组派代表发言，最后由授课教师点评。

步骤1：各小组将本组意见写成书面材料；

步骤2：每一小组推选1～2名代表发言，并可与其他小组展开辩论。

【考核标准】

1. 能正确辨别合同订立过程中的要约邀请、要约和承诺。

2. 能正确认定合同成立的时间。

3. 能确定合同的内容。

（二）

【情境设计】

××蔬菜公司和××生产基地订立了一份蔬菜订购合同，如下：

甲方（购方）：××蔬菜公司

乙方（供方）：××蔬菜生产基地

为了促使蔬菜生产优质、高产，保证蔬菜供应，经甲、乙双方充分协商，特订立本合同，以供双方共同遵守。

第一条 蔬菜交售质量及办法

1. 蔬菜品种的等级价格，按规定执行。乙方应分等级交售，甲方抽样验级。

2. 蔬菜交售时间由甲方联络员与乙方负责人协商，提前一天安排次日应交售的品种、数量，开出蔬菜预约通知单，乙方凭条办理交售。其交售与预约量允许上下浮动20%。

第二条 在乙方按季（月）完成蔬菜交售任务情况下，乙方每交售一万斤蔬菜，甲方提供__________斤化肥指标。

第三条 甲方的权利和义务

1. 甲方对乙方交售的蔬菜必须及时验收，及时承付菜款，最迟不超过__________小时（天）。

（根据不同品种规定验收期限）

2. 甲方评定蔬菜等级要按照国家规定的质量标准，不得任意压级压价。

3. 甲方应按季（月）根据乙方交售蔬菜任务拨付给乙方化肥供应指标。

4. 甲方对乙方交售的不合规格的蔬菜，有权拒收，但必须对乙方认真说明理由。

第四条 乙方的权利和义务

1. 乙方在完成交售任务前，不得私自出售蔬菜。

2. 为确保人民身体健康，乙方必须按照蔬菜用药规定施用农药，严禁在蔬菜地使用剧毒农药。对药性、肥气未脱的蔬菜严禁出土上市。

3. 乙方交售给甲方的蔬菜，要求一级菜达到__________%，二级菜达到__________%，三级菜不多于__________%，不得交售其他等级菜。

4. 乙方必须保证按合同规定的面积和品种种植蔬菜，未完成合同规定的任务前不得种植其他农作物。

5. 乙方的蔬菜生产如受气候条件的影响，允许在减产__________%的幅度内不以违约论。

6. 乙方完成向甲方交售蔬菜的任务后，有权自行销售。

第五条 乙方违约责任

1. 乙方非因自然灾害，未完成当月合同总数量的90%者，应根据所欠蔬菜价款，比照银行拖延付款的规定，向甲方偿付违约金。

2. 乙方如在未完成交售任务前擅自出售蔬菜，每出售100斤，应向甲方偿付违约金__________元。

3. 乙方如交售使用剧毒农药喷洒以及药性、肥气未脱的蔬菜，应按每百斤__________元向甲方偿付违约金。如果因此造成人身伤亡，乙方应承担一切责任。

第六条 不可抗力

如因不可抗力的自然灾害造成蔬菜生产的损失，不以乙方违约论，甲方应据实减少乙方所承担的交售任务。

第七条 其他约定

本合同自甲、乙双方签字之日起生效，甲、乙双方任何一方不得擅自修改或解除合同，如双方代表人发生变更，不得变更合同。本合同内如有未尽事宜，必须由甲、乙双方共同协商，作出补充规定，补充规定与本合同具有同等效力。合同期满，甲、乙双方可根据对下一年蔬菜供求的预测，重新签订蔬菜订购合同。

第八条 本合同正本一式二份，甲、乙双方各执一份。

第九条 本合同有效期自__________年__________月__________日至__________年__________月__________日止。

甲　方：____________________　　乙　方：____________________

代表人：____________________　　代表人：____________________

年　月　日　　　　年　月　日

【工作任务】

结合基本原理，对该合同进行修改完善。

【考核标准】

能正确把握买卖合同成立的必备条款。

（三）

假如你是×××公司法务部的工作人员，请拟定一份公司产品的销售合同样本。

【考核标准】

合同条款必须完备、齐全，内容清晰明确。

单元二

履行合同

【知识目标】

通过本单元学习，了解合同成立与生效的区别，合同的生效要件以及欠缺生效要件的合同的效力状态；熟悉合同履行的一般原理，合同的补缺规则，履行抗辩权的含义和行使方法；掌握合同履行中的保全措施和行使条件；把握履行过程中合同的变更、转让与终止问题。

【能力目标】

通过本单元学习，能够正确判断合同是否生效以及如何按照法律规定或约定履行合同；能够在履行合同过程中正确行使抗辩权、代位权、撤销权等各项权利；能够正确理解合同变更与转让的条件和法律后果，正确判断合同终止的原因及其法律后果。

【内容结构图】

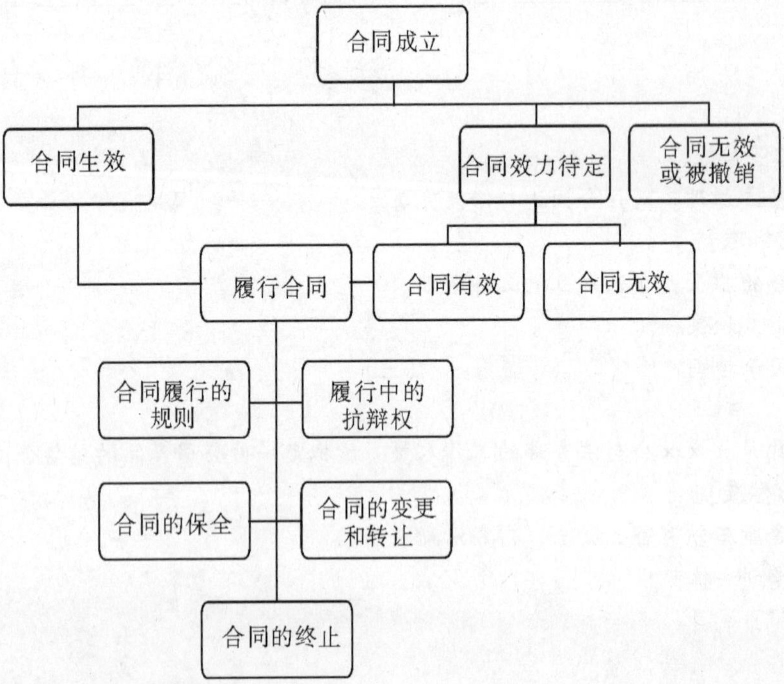

合同的履行是合同法中一个极为重要的问题。当事人之所以要订立合同，完全是为了实现合同的目的。合同权利和义务的实现，只有通过履行才能达到。所以合同的订立是前提，合同的履行是关键。因此，在合同法律制度中，围绕履行合同设计了一系列制度。

项目一　合同的效力

【引例】

原告远东有限公司（以下称远东公司）与被告青禾贸易有限责任公司（以下称青禾公司）存在长期的业务往来，截至2005年12月31日，被告青禾公司累计欠原告货款1 776 523.24元。2006年1月9日，为解决原告远东公司与被告青禾公司之间的历史欠款问题并继续发展业务，原告远东公司与被告青禾公司、被告嘉禾食品有限公司（以下称嘉禾公司，青禾公司是嘉禾公司的股东之一）分别签订了两被告为甲方、原告为乙方的“还款协议”和“担保合同”各一份，甲方法定代表人（或委托代理人）栏均有朱某（朱某系嘉禾公司法定代表人）签名并加盖两被告公司公章和青禾公司法定代表人私章。“还款协议”约定，到2007年1月9日止，被告青禾公司应归还所欠原告的货款1 776 523.24元。“担保合同”约定被告嘉禾公司对青禾公司所欠原告的货款承担连带保证责任，保证范围包括主债务、利息、违约金、赔偿金、实现债权的费用和所有其他应付费用。并且，两份合同均约定双方之间的争议在协商不成时由原告所在地法院管辖。

在原告的还款要求下，被告青禾公司以现钞和货物抵款归还了部分款项，截至2006年12月31日，被告青禾公司尚欠原告货款720 342.24元，应付利息52 039.34元。按合同规定，被告青禾公司应在2007年1月9日前还清应付原告的所有款项，但被告青禾公司未按期还款，被告嘉禾公司也未履行保证义务。故原告起诉至法院，要求被告青禾公司即时支付（货款）720 342.24元和利息52 039.34元，被告嘉禾公司负连带赔偿责任。

被告嘉禾公司辩称：担保合同的签订系朱某个人行为，事前未经董事会的决定，事后也未得到董事会的同意，违反了被告嘉禾公司的章程内容，不是企业行为，担保合同是无效的。①

本案中，担保合同的签订是否系朱某个人行为，朱某签订担保合同的行为后果应由嘉禾公司承担吗？担保合同是否有效呢？

【分析】

合同成立之后，是否就能够约束当事人，使当事人按照合同的约定履行合同的义务呢？这就涉及合同效力的问题，只有已经生效的合同，合同当事人之间的权利义务关系才能受到法律保护，当事人应当按照合同的约定履行债务，实现债权。因此，判断合同是否生效是当事人履行合同的前提，合同的订约主体、内容、形式等方面必须符合法定的生效要件，合同才能生效。

① 案例引自北大法律信息网。

本案存在两大争议焦点，均与合同是否能够生效有关：

（1）朱某未经董事会决议，代表公司签订担保合同，朱某作为公司的法定代表人，其代表行为有效吗？朱某签订担保合同的行为后果应由嘉禾公司承担吗？

（2）担保合同是否因未经被告嘉禾公司董事会或股东会决议而无效？

本案的两大争议焦点涉及两个不同的法律行为：一个是朱某的代表行为，一个是朱某代表公司与原告签订的担保合同，不能混为一谈。对于第一个争议焦点，根据我国《合同法》第50条的规定："法人或者其他组织的法定代表人、负责人超越权限订立的合同，除相对人知道或者应当知道其超越权限的以外，该代表行为有效。"原告远东公司对于被告嘉禾公司法定代表人朱某的越权行为并不存在知道或者应当知道的过错，因为目前中国大多数公司在这方面仍欠缺法律意识，交易时一般不会审查对方法定代表人的行为是否经过股东会同意，朱某的代表行为有效，属于表见代表，代表人朱某与公司之间的代表关系有效，朱某签订担保合同的行为后果应由嘉禾公司承担。

对于第二个争议焦点，被告青禾公司是被告嘉禾公司的股东，根据《中华人民共和国公司法》第16条第1款的规定："公司为公司股东或者实际控制人提供担保的，必须经股东会或者股东大会决议。"这一条款旨在保护公司内部中、小股东的利益不受控股股东的侵害，属于法律上的强制性规定。根据《合同法》第52条第（五）项的规定，违反法律、行政法规的强制性规定的合同无效。由于此案中被告嘉禾公司的法定代表人朱某签订担保合同，为青禾公司提供担保的行为未经该公司股东会的决议，因此，担保合同因违反法律的强制性规定而无效。

另外，不管合同有效还是无效，并不影响合同中独立存在的有关解决争议方法的条款的效力，合同约定双方的争议在协商不成时由原告所在地法院管辖，这一条款仍然有效。

【基本原理】

一、合同的生效

（一）合同效力的含义

合同的效力，又称合同的法律效力，是指依法成立的合同在当事人之间产生了一定的法律约束力。合同依法成立生效后，当事人依据法律和合同的规定所产生的权利义务关系受到法律保护，当事人应当按照合同的约定履行债务，实现债权。合同生效，则合同既是当事人履行债务、实现债权的依据，也是当事人就合同发生纠纷时，人民法院、仲裁机构解决当事人之间纠纷的依据。

合同的成立不等于合同生效。合同的效力是法律所赋予的，因此法律必然要对已经成立的合同进行评价，已经成立的合同符合法律规定的生效条件，才能具有法律效力。因此，判断合同是否生效，以及当合同欠缺某些生效要件时如何进行补救使之生效，或因合同违法性太强以致无法补救而无效及其后果将是本项目的重点问题。

（二）合同的成立与生效

合同的成立与生效既有联系又有区别。二者的联系：合同成立是合同生效的前提。合同只有成立后，才谈得上进一步衡量其是否有效的问题。当事人订立合同的目的，就是要使合同产生约束力，从而实现合同所约定的权利和利益。如果合同不能生效，则合同等于一纸空文，当事人也就不能实现订约目的。符合怎样的条件，合同才能生效呢？我国《合同法》第 44 条规定："依法成立的合同，自成立时生效。"也就是说，已经成立的合同必须符合法律规定的要件才能生效，合同的成立和生效是两个不同的概念，应当在法律上加以区分。二者的区别：合同的成立着眼于合同当事人表意行为的事实构成，属于事实问题；而合同的生效则着眼于法律对当事人意思表示的效力评价，属于法律问题。因此，二者的判断标准不同，构成要件不同，法律后果也不同。合同成立与否，决定着当事人承担的责任是违约责任还是缔约过失责任。认真确定合同成立与否对于正确处理合同纠纷，决定当事人应承担的责任有重要意义。

所谓合同的成立，是指当事人就合同的主要条款达成合意。所以，合意是合同的成立要件，只要双方当事人意思表示一致，合同即成立。所谓合同的生效是指依法成立的合同在当事人之间产生法律约束力，合同受到法律的保护。具备合同生效要件的合同才能发生效力。

合同的生效要件分为一般生效要件和特别生效要件。

1. 合同的一般生效要件

根据我国《民法通则》第 55 条的规定，合同的一般生效要件是：

（1）行为人具有相应的民事行为能力。合同是以当事人的意思表示为基础的，并且以产生一定的法律效果为目的，故行为人必须具备正确理解自己的行为性质和后果，独立地表达自己意思的能力，也就是说必须具备与订立某项合同相应的民事行为能力。

（2）意思表示真实。意思表示真实是指表意人的表示行为应当真实地反映其内心的效果意思。合同是当事人之间的合意，而当事人的意思表示能否产生法律效力，则取决于这种意思表示是否与行为人的真实意思相符合。

（3）不违反法律或者社会公共利益。合同不违反法律是指合同不得违反法律的强制性规定；将不违反社会公共利益作为合同的生效要件，是因为法律不可能将所有合同都规定无遗，也不可能预见到立法之后发生的新情况，设置此条款可以弥补法律规定的不足，有利于维护社会公共利益。需要注意的是，"社会公共利益"虽然是一个不确定的概念，但是，这并不意味着其内涵可以任意扩张，否则势必会限制甚至侵犯当事人的合同自由，抑制交易的正常进行。

根据我国《合同法》第 44 条的规定，一般情况下，如果当事人订立的合同，符合上述规定的条件，这些合同一旦成立便会生效。

2. 合同的特别生效要件

而对于法律、行政法规规定应当办理批准或登记等手续才能生效的合同，除了要具备合同的一般生效要件外，还需要具备特别生效要件，即需要按照法律、行政法规的规定办理批准、登记等手续，才能生效。如根据我国《担保法》第 41 条和第 42 条的规定，当事人以城市房地产或者乡（镇）、村企业的厂房等建筑物抵押的，必须经县级以上地方人民政府规定的部门办理抵押物登记后，抵押合同才生效。为鼓励交易，最高人民法院《关于适用〈中华人民共和国合同法〉若干问题的解释（一）》第 9 条还将批准登记的时间将适当予以放宽："依照合同法第 44 条第 2 款的规定，法律、行政法规规定合同应当办理批准手续，或者办理批准、登记等手续才生效，在一审法庭辩论终结前当事人仍未办理批准手续的，或者仍未办理批准、登记等手续的，人民法院应当认定该合同未生效；法律、行政法规规定合同应当办理登记手续，但未规定登记后生效的，当事人未办理登记手续不影响合同的效力，合同标的物所有权及其他物权不能转移。"

还应当注意，在特殊情况下，一些合同由于其自身的特性，其生效还需要具备特殊的要件。如实践性合同，须交付标的物，合同才能生效。又如附生效条件或生效期限的合同，自条件成就时或期限届至时生效。

> **法条链接**
>
> 《中华人民共和国合同法》
>
> 第44条　依法成立的合同，自成立时生效。法律、行政法规规定应当办理批准、登记等手续生效的，依照其规定。

（三）附条件的合同与附期限的合同

1. 附条件的合同

当事人对合同效力可以约定附条件。附条件是指当事人选定某种成就与否并不确定的将来事实，作为控制合同效力发生与消灭的附款。附生效条件的合同，自条件成就时生效。附解除条件的合同，自条件成就时失效。例如，甲、乙双方约定，当甲的女儿考上外地大学，甲的房屋就让乙进来居住（即租赁合同产生履行效力），这就是附生效条件的合同。再如，甲、乙又约定，当甲的女儿大学毕业回来，乙就从甲的房屋中搬出（即解除租赁合同），这就是附解除条件的合同。

在附条件的合同中，条件具有限制合同效力的作用。合同中所附的条件，必须符合如下要求：

（1）将来性，即条件必须是将来发生的事实，已经发生的事实不能作为条件。

（2）或然性，即条件是不确定的事实，必成的事实和根本不能发生的事实，都不能设定为条件。

（3）约定性，即条件必须是当事人基于平等自愿约定的事实，法律规定的事实不是附条件合同中的条件。

（4）合法性，即条件必须是合法的事实，必须符合法律的规定，必须符合公共道德。比如"如果你把那辆自行车偷来，我会以两倍的价格购买"这样的条件就不能成立。

当事人为自己的利益不正当地阻止条件成就的，视为条件已成就；不正当地促使条件成就的，视为条件不成就。

2. 附期限的合同

当事人对合同的效力可以约定附期限。附生效期限的合同，在期限到来之前，合同已经成立，但其效力仍然处于停止状态，合同自期限届至时生效。附终止期限的合同，在期限到来之前，合同有效，在期限到来时失效。例如，甲、乙双方4月1日签订合同，约定该合同自9月1日起生效，这是附生效期限的合同；又如，甲、乙双方4月1日签订合同，约定该合同自9月1日起终止，这是附终止期限的合同。

附条件和附期限合同的主要区别在于，作为期限的事实具有必然性，为将来确定要发生的事实；而作为条件的事实具有或然性，将来可能发生，也可能不发生。

法条链接

《中华人民共和国合同法》

第45条　当事人对合同的效力可以约定附条件。附生效条件的合同，自条件成就时生效。附解除条件的合同，自条件成就时失效。

当事人为自己的利益不正当地阻止条件成就的，视为条件已成就；不正当地促成条件成就的，视为条件不成就。

第46条　当事人对合同的效力可以约定附期限。附生效期限的合同，自期限届至时生效。附终止期限的合同，自期限届满时失效。

二、欠缺生效要件合同的效力状态

只有产生法律效力的合同，才能得以履行。如前所述，只有具备合同的生效要件，合同才能生效。

但在司法实践中，大量的合同往往欠缺部分生效要件，这些合同是否一概无效呢？我国《合同法》从充分尊重当事人的合同自由、鼓励交易、提高交易效率、维护国家利益等目的出发，对欠缺不同生效要件的合同区别对待，并不是一概认为其无效，而是规定了不同的效力状态及其救济方法。《合同法》关于欠缺生效要件的合同的效力分为三类：效力待定、无效、可变更、可撤销。它们的效力状态和法律后果都是不同的。

（一）效力待定的合同

1. 效力待定的合同的概念

效力待定的合同是指合同虽然已经成立，但因其不完全符合合同的生效要件，即合同当事人欠缺订立合同的能力或权利，以至于合同效力能否发生尚未确定，须经权利人追认才能生效的合同。效力待定的合同主要是因为合同当事人缺乏订立合同的能力、代理订立合同的资格以及财产处分能力所造成的。因此，只要弥补了合同当事人主体资格不足的缺陷，通过权利人的追认，合同仍然可以生效，经过追认而有效既有利于促成更多的交易，也有利于维护相对人的利益。由此可见，权利人的追认与否决定着效力待定合同的效力，在权利人尚未承认以前，效力待定合同虽然已经订立，但并未生效，经权利人追认后，合同才能生效。

2. 效力待定的合同的种类

根据我国《合同法》的相关规定，效力待定的合同有三种：一是限制民事行为能力人订立的与其年龄、智力、精神状况不相适应的合同；二是狭义无权代理情况下订立的合同；三是无处分权人订立的合同；四是欠缺债权人同意的债务转移合同。

（1）限制民事行为能力人订立的与其年龄、智力、精神状况不相适应的合同。根据《民法通则》的相关规定，10周岁以上不满18周岁的未成年人和不能完全辨认自己行为的精神病人，可以实施某些与其年龄、智力和精神健康状况相适应的民事行为，其他民事活动由其法定代理人代理或者征得其法定代理人同意后实施。据此，《中华人民共和国合同法》第47条规定：“限制民事行为能力人订立的合同，经法定代理人追认后，该合同有效，但纯获利益的合同或者与其年龄、智力、精神健康状况相适应而订立的合同，不必经法定代理人追认。”限制民事行为能力人可以订立纯获利益的合同，因为纯获利益的合同对于未成年人并无损害。此外，未成年人订立的根据其年龄、智力发育情况能够为该未成年人完全理解的合同，如购买零食、书籍、文具等；精神病人在其健康状况允许、并可以辨认行为后果的情况下，也可以订立某些合同。这些合同都不必经法定代理人追认即可有效。限制民事行为能力人依法不能独立订立的合同则处于效力待定状态，法律之所以如此规定，乃是考虑到限制民事行为能力人所订立的合同有可能使其利益受损，在此情况下，合同须经法定代理人追认后才有效。例如，中学生赵某，13 周岁，未经父母同意，私自拿现金 5 000 元买了一辆高级自行车，此合同与赵某的年龄智力不相适应，赵某不能自己订立，因此该合同属于效力待定合同，须经法定代理人追认后才有效。

对于需要追认的合同，相对人（即与限制民事行为能力人订立合同的人）可以催告限制民事行为能力人的法定代理人在一个月内予以追认。追认的意思表示自到达相对人时生效，合同自订立时起生效。法定代理人未作表示的，视为拒绝追认。合同被追认前，为维护善意相对人的利益，善意相对人有撤销合同的权利，撤销应当以通知的方式作出。所谓“善意”，是指相对人在订立合同时不知道，也没有义务知道与其订立合同的人欠缺相应的民事行为能力。前例中，如果赵某的父母追认赵某买自行车的行为，合同就自订立时起生效，如果赵某的父母拒绝追认，则合同不生效。在赵某的父母追认之前，卖方若属于“善意相对人”，即其并不知道赵某是未成年人，在得知赵某情况后，并不是只能被动等待对方追认，其也享有撤销合同的权利。

法条链接

《中华人民共和国合同法》

第 47 条　限制民事行为能力人订立的合同，经法定代理人追认后，该合同有效，但纯获利益的合同或者与其年龄、智力、精神健康状况相适应而订立的合同，不必经法定代理人追认。

相对人可以催告法定代理人在一个月内予以追认。法定代理人未作表示的，视为拒绝追认。合同被追认之前，善意相对人有撤销合同的权利。撤销应当以通知的方式作出。

（2）狭义无权代理情况下订立的合同。在民法上，通常将无权代理区分为两类，即狭义无权代理和表见代理。这两种代理行为中，代理人都不具有代理权，表见代理是指代理人虽无代理权，但在其实施代理行为时，善意的相对人有正当的理由相信其有代理权而与其为法律行为，则该法律行为的效果由被代理人承担。狭义无权代理是指表见代理以外的欠缺代理权的代理，包括无权代理人根本未得到授权而进行代理，超越代理权范围进行的代理以及在代理权消灭以后的代理三种情形。狭义无权代理情况下订立的合同就是指无权代理人在以上三种情形下以被代理人的名义与相对人订立的合同。

狭义无权代理情况下订立的合同，是一种效力待定的合同，而不是绝对无效的合同，因为被代理人的追认可以使无权代理行为有效。根据我国《合同法》第48条的规定，无权代理合同只有经过被代理人追认，才能对被代理人发生效力；未经被代理人追认，对被代理人不发生效力，由行为人承担责任。所谓追认，是指被代理人对无权代理行为在事后予以承认的单方意思表示，一经追认，无权代理合同自成立时起生效。追认的方式可以是明示，也可以是行为默示，最高人民法院《关于适用〈中华人民共和国合同法〉若干问题的解释（二）》第12条规定："无权代理人以被代理人的名义订立合同，被代理人已经开始履行合同义务的，视为对合同的追认。"

法律之所以规定无权代理合同可以经被代理人追认而有效，主要是因为如果被代理人事后追认该代理行为，实际上是事后补授代理权，从而可以使代理行为有效，有利于尊重当事人的意志，促进交易。如果被代理人表示拒绝追认，则无权代理合同不能对被代理人产生法律效力而由行为人承担合同责任。相对人也可以催告被代理人在一个月内予以追认，被代理人未作表示的，视为拒绝追认。同时，法律为了保护相对人的利益，合同在被追认之前，善意相对人有撤销合同的权利。所谓"善意"，是指相对人在与无权代理人订立合同时，不知道同时也没有义务知道行为人没有代理权。撤销应当以通知的方式作出。

法条链接

《中华人民共和国合同法》

第48条　行为人没有代理权、超越代理权或者代理权终止后以被代理人名义订立的合同，未经被代理人追认，对被代理人不发生效力，由行为人承担责任。

相对人可以催告被代理人在一个月内予以追认。被代理人未作表示的，视为拒绝追认。合同被追认之前，善意相对人有撤销的权利。撤销应当以通知的方式作出。

（3）无处分权人订立的合同。无处分权人订立的合同是指无处分权人与相对人订立的处分他人的财产的合同。例如，甲将其电脑借给乙使用，乙却将该电脑卖给丙，乙、丙之间的买卖电脑合同就属于此种合同。

根据我国《合同法》第51条的规定，无处分权人订立的合同经权利人追认或者无处分权人订立合同后取得处分权的，该合同有效。无处分权合同的瑕疵在于无处分权人处分他人财产，从而侵害了权利人的财产权利，若权利人对无权处分行为作出追认或无处分权人事后取得了处分权，将使合同的瑕疵消灭，合同有效。前例中如果甲追认乙、丙之间的买卖电脑合同，或乙事后取得该电脑的处分权，则合同有效。

追认可以向无处分权人表示，也可以直接向相对人表示。无处分权人与相对人订立的合同，如果未获权利人追认或者无处分权人在订立合同后也未获得处分权，那么该合同无效，相对人不能依该合同而得到标的物的所有权，如果标的物已经交付，相对人必须返还原物或赔偿损失。但若符合动产善意取得制度，则相对人可获得对标的物的所有权，原所有权人的损失由无处分权人赔偿。前例中如果甲不追认乙、丙之间的买卖电脑合同，或乙事后没有取得该电脑的处分权，则合同不生效，甲可以追回电脑，但如果丙是善意的而且支付了合理的价格，已经取得了电脑，则可依善意取得制度获得此电脑的所有权，甲无权要求丙返还原物，而只能要求乙赔偿损失。善意取得制度是法律为维护交易安全而设立的制度，主要适用于可以进行交易的动产，但依据《物权法》第106条第1款和第3款的规定，不动产物权变动也可适用善意取得制度。

法条链接

《中华人民共和国合同法》

第51条　无处分权的人处分他人财产，经权利人追认或者无处分权的人订立合同后取得处分权的，该合同有效。

《中华人民共和国物权法》

第106条　无处分权人将不动产或者动产转让给受让人的，所有权人有权追回；除法律另有规定外，符合下列情形的，受让人取得该不动产或者动产的所有权：（一）受让人受让该不动产或者动产时是善意的；（二）以合理的价格转让；（三）转让的不动产或者动产依照法律规定应当登记的已经登记，不需要登记的已经交付给受让人。受让人依照前款规定取得不动产或者动产的所有权的，原所有权人有权向无处分权人请求赔偿损失。当事人善意取得其他物权的，参照前两款规定。

（4）欠缺债权人同意的债务转移合同。我国《合同法》第84条规定："债务人将合同的义务全部或者部分转移给第三人的，应当经债权人同意。"这是因为第三人是否有履行债务的信用和能力关系到债权人的合同利益能否实现，为保障债权人的利益不受损害，第三人和债务人订立的债务转移合同，以债权人的同意作为合同生效的要件。在债权人同意之前，第三人和债务人的债务转移合同属于效力待定合同。

债权人的同意可以采取明示或默示的方式。如果债权人未明确表示同意，但其向第三人要求履行义务，可以推定债权人已经同意债务的转移。债务人或第三人为债务转移合同的效力催告债权人时，债权人逾期未答复的，应当推定为拒绝同意。

（二）无效合同

1. 无效合同的概念

无效合同是指合同虽然已经成立，但因违反法律和社会公共利益而无法律效力的合同。无效合同具有以下特点：

（1）无效合同具有违法性。所谓违法性，是指无效合同违反了法律、行政法规的强制性规定以及社会公共利益这一合同生效要件。判断合同是否违法的标准，应当以全国人大及其常委会制定的法律、国务院制定的行政法规为依据，至于行政规章和地方性法规等，它们不是判定合同效力的当然依据。

（2）无效合同自始无效。对于无效合同，当事人不能通过同意或追认使其生效，这一点与效力待定合同不同。无效合同与可撤销的合同也不同，对于可撤销合同，当事人请求撤销，人民法院或仲裁机构才予以撤销，合同在未被撤销以前仍然是有效的，当事人仍应按照合同约定履行义务，任何一方不得以合同具有可撤销因素为由拒不履行合同义务。而无效合同体现了国家对合同的干预和评价，不论当事人是否请求确认无效，人民法院和仲裁机构都可以依法主动确认其无效。

（3）无效合同的责任不限于民事责任。无效合同自始无效，当事人不得依据合同实际履行，已经履行的，应当通过返还财产、赔偿损失等方式使当事人的财产恢复到合同订立之前的状态。因为无效合同是最具违法性的合同，往往损害国家利益和社会公共利益，所以当事人除应承担民事责任以外，还可能因其违法行为而承担行政责任甚至刑事责任，如追缴当事人的非法所得、收归国有、吊销营业执照等。

2. 无效合同的种类

根据我国《合同法》和《民法通则》的相关规定，无效合同有以下几种：

（1）一方以欺诈、胁迫的手段订立的损害国家利益的合同。欺诈是指一方当事人故意实施某种欺骗他人的行为，使他人陷入错误而订立合同。《最高人民法院关于贯彻执行〈中华人民共和国民法通则〉若干问题意见（试行）》第68条规定："一方当事人故意告知对方虚假情况，或者故意隐瞒真实情况，诱使对方当事人做出错误意思表示的，可以认定为欺诈行为。"

因欺诈而成立的合同，要符合一定的条件：

① 欺诈方在主观上是故意。欺诈的故意，是指欺诈的一方明知自己告知的虚假情况会使被欺诈人陷入错误认识，而希望或放任这种结果的发生。

② 欺诈行为的客观表现是对订立合同有关的关键性事实的虚假介绍或隐瞒。

③ 被欺诈一方因对方的欺诈陷入错误，因错误而订立合同。也就是说，欺诈实际对订立合同起了作用，欺诈行为与合同订立有因果关系。

胁迫是指一方当事人采用违法手段，以现实的或将来要发生的损害相威胁，使对方产生恐惧而订立合同。例如，对对方施行暴力（殴打、拘禁等）或以将要告发对方私生活中的不轨行为、毁坏对方名誉，又或以伤害对方的亲友等迫使对方因恐惧而订立合同。

因胁迫而成立的合同要符合一定的条件：

① 胁迫人在主观上是故意。

② 胁迫行为属于违法的威胁。如果一方有合法的根据对另一方施加某种压力，则不构成胁迫。

③ 被胁迫一方因陷入恐惧而订立合同，胁迫行为与合同订立有因果关系。

我国合同法将因欺诈、胁迫的手段订立的合同分为两类：一方以欺诈、胁迫的手段订立合同，如果只是损害了对方当事人的利益，则属于可撤销的合同；一方以欺诈、胁迫手段订立合同，损害了国家利益的，则为无效合同。之所以如此区分，是出于尊重和保护当事人的意志，鼓励交易和保护国家利益的立法目的。何谓国家利益呢？目前存在以下两种观点：一是公法意义上的国家利益；一是国有企业的利益。但有人认为，国有企业虽然属于国家，但是国有企业与其他民事主体一样，在市场经济中，地位应是平等的，不应给予特殊保护。笔者同意第一种观点。

（2）恶意串通，损害国家、集体或者第三人利益。顾名思义，恶意串通，损害国家、集体或者第三人利益的合同是指双方当事人或代理人为牟取非法利益而互相串通、订立造成国家、集体或第三人利益损害的合同。行为人恶意串通是为了谋取非法利益，如在招标投标过程中，投标人之间恶意串通，以抬高或压低标价，或者投标人与招标人恶意串通以排挤其他投标人等。恶意串通成立的合同，行为人是共同的故意，即明知或应当知道某种行为将造成对国家、集体或第三人的损害，却都希望通过合同促使这种后果的发生，并且就该意思进行联络，互相配合、共同实施了该非法行为。行为人的故意，不一定都是合同当事人的故意，比如一方当事人的代理人与对方代理人串通，订立危害一方或双方被代理人利益的合同，就不是合同当事人的故意。

【相关案例】

张某委托天蓬房地产投资咨询有限公司（以下称天蓬公司）出售其所有的位于某县长征农场南坝新村2幢206室产权房屋。之后天蓬公司通知张某，董某有购买该房的意向，张某即于2006年10月20日带董某去看该出卖房屋，并言明该房屋价格为人民币72 000元。原告看完房屋后表示愿意购买，并出具购买承诺书，当时商定该房屋价格为72 000元。2006年10月28日董某与张某、天蓬公司签订该房屋的转让协议书，该协议书上的甲方（房屋转让方）署名为张某和天蓬公司职员石某，在协议书尾部落款处甲方位置盖有天蓬公司的印章。协议约定甲方将该房屋转让给董某，房款为72 000元。董某于2006年10月27日、10月30日向天蓬公司支付了全部房款 72 000元。

2006年10月30日，董某与张某在某县房屋交易中心为办理该房屋过户登记手续时，按交易中心的要求，又填写了一份该房屋的买卖合同，董某与张某、天蓬公司双方为少交税款而将购房款写为55 000元。现该房屋已办妥过户到董某名下的登记手续。董某对比两份合同，认为其中存在有差价17 000元，遂提出应当以双方于2006年10月30日签订的《某市房地产买卖合同》有效，而双方签订的2006年10月28日房屋《转让协议书》无效，张某、天蓬公司应返回董某多收取的房款17 000元。①

本案究竟应以哪一份合同为有效？原因是什么？

【分析】

董某与张某、天蓬公司之间于2006年10月28日订立的《转让协议书》是双方当事人的真实意思表示，且双方均实际履行了该协议，该房屋亦已过户至董某名下，故该协议应为合法有效。至于董某与张某、天蓬公司于2006年10月30日订立的《某市房地产买卖合同》，是为了履行董某与张某、天蓬公司之间的转让协议，办理过户手续时订立的，双方为少缴税而将房价约定为55 000元，在实际履行过程中也并非按该买卖合同的价格成交，这并非双方当事人的真实意思表示，而是双方当事人为少缴税款而互相串通订立的合同，该行为损害了国家利益，故该合同应为无效。

（3）以合法形式掩盖非法目的的合同。以合法的形式掩盖非法目的的合同是指当事人订立的合同在形式上、表面上是合法的，但缔约目的是非法的。例如，王某将要辞职，辞职前为领取住房公积金，与好友张某商议领取办法，恰逢张某有一空房，于是双方订立一份房屋租赁合同，供王某骗取住房公积金。虽然这份房屋租赁合同从内容到形式都是合法的，但实际上王某并没有租赁张某的房屋，这份合同的主要目的是供王某骗取住房公积金，这样的合同就属于以合法形式掩盖非法目的的合同。这种合同具有很大的迷惑性，需要透过现象看本质，探求当事人真实的订约目的，以判断其

① 案例引自北大法律信息网。

是否非法。

（4）损害社会公共利益的合同。许多大陆法系国家都确认了违反公序良俗或公共秩序的合同无效的原则。如《法国民法典》第6条规定：“个人不得以特别约定违反有关公共秩序和善良风俗的法律。”我国民法虽未采纳公共秩序和善良风俗的概念，但一般认为，在我国，社会公共利益被认为是社会的公共秩序和善良风俗，对于维护国家、社会利益及社会公共道德具有重要价值。损害社会公共利益的合同，即使订立时虽非故意，但合同的内容以及履行的结果将损害社会公共利益，例如赌博合同、违反人格尊严的合同、危害家庭关系的合同等，都为无效合同。

（5）违反法律、行政法规的强制性规定的合同。对于法律、行政法规的强制性规定，当事人必须遵守，如果合同当事人在订约目的、具体内容或形式上违反法律、行政法规的强制性规定，则导致合同无效。如前所述，这里的强制性规定是指全国人民代表大会及其常务委员会颁布的法律中的强制性规范、国务院颁布的行政法规中的强制性规范，不包括地方性法规和规章中的强制性规范。

（6）无民事行为能力人订立的合同。我国《合同法》对于无民事行为能力人订立的合同的效力未加以规定，但根据我国《民法通则》第58条以及《最高人民法院关于贯彻执行〈中华人民共和国民法通则〉若干问题的意见（试行）》第6条的规定，无民事行为能力人订立的合同，除了属于接受奖励、赠与、报酬等纯获利益的合同外，应为无效合同。但理论上对此颇多争议，由于现行合同法将限制民事行为能力人订立的合同确认为效力待定的合同，据此，有的学者主张将无民事行为能力人订立的合同也规定为效力待定的合同。[①] 也有人认为，应将无民事行为能力人订立的合同确定为可撤销的合同。[②]

3. 无效的免责条款

免责条款是当事人在合同中约定的免除或者限制其未来责任的条款。根据合同自由的原则，当事人可以在合同中约定免责条款。但我国《合同法》第53条规定合同中下列免责条款无效：一是造成对方人身伤害的；二是因故意或者重大过失造成对方财产损失的。

之所以如此规定，原因是人身安全是合同当事人最重要的人身权利，是法律重点保护的对象，因此不能允许合同当事人漠视对方的人身安全，以免责条款的方式免除自己的责任。至于财产权，法律不允许当事人约定免除一方故意或因重大过失而给对方造成的损失，否则会给当事人一方提供滥用基于故意和重大过失侵害他人财产权利的机会，或至少会使当事人对对方的财产抱有漠不关心的态度。

---

① 李永军．合同法原理．北京：中国人民公安大学出版社，1999．160．

② 马强．无民事行为能力人订立合同问题研究．王利明．判解研究（2006年第4辑总第30辑）．北京：人民法院出版社，2006．

法条链接

《中华人民共和国合同法》

第52条 有下列情形之一的，合同无效：（一）一方以欺诈、胁迫的手段订立合同，损害国家利益；（二）恶意串通，损害国家、集体或者第三人利益；（三）以合法形式掩盖非法目的；（四）损害社会公共利益；（五）违反法律、行政法规的强制性规定。

第53条 合同中的下列免责条款无效：（一）造成对方人身伤害的；（二）因故意或者重大过失造成对方财产损失的。

4. 无效合同的法律后果

根据我国《合同法》的相关规定，合同被撤销或被确认无效将产生如下法律后果：

（1）合同自始没有法律约束力。合同被撤销或被确认无效后，合同自成立之日起就没有法律约束力。合同无效，则法律对合同当事人之间的债权债务关系不予认可和保护，当事人不能按照合同的约定履行债务，实现债权。若当事人就无效合同发生纠纷，当事人的权利义务关系，直接依据法律规定而产生，无效合同中约定的权利义务只能作为某种证据，不能成为判决或裁决的依据。合同无效并不影响合同中独立存在的有关解决争议方法的条款的效力。合同部分无效，不影响其他部分效力的，其他部分仍然有效。如合同中关于管辖的约定不符合法律规定，或者当事人在涉外合同中选择所适用的法律违反我国的强制性规定等，这些条款无效不影响整个合同的效力，在处理时可确认该条款无效，按有关法律规定处理就行了，而不必确认整个合同无效。当然，若合同中带有根本性的条款如合同标的、合同主体等将涉及整个合同的效力，该条款的无效就会导致整个合同无效。

（2）返还财产。合同被确认无效后，因该合同取得的财产，应当予以返还。返还财产的形式可以分为单方返还和双方返还。单方返还是指只有当事人一方没有违法行为，另一方有故意违法行为，则无违法行为的一方有权请求返还财产，而另一方当事人则无权请求返还财产，其被对方当事人占有的财产应依法上缴国库。双方返还是指双方当事人都从对方接受了给付的财产，则将双方当事人的财产都返还给对方。如果双方当事人故意违法，则应将双方当事人从对方处取得的财产收归国库。不能返还或者没有必要返还的，应当折价补偿。出于保护善意第三人的目的，合同无效的法律后果难以及于善意第三人返还财产。我国台湾法学家王泽鉴举例说，A因受B欺诈，将一幅画卖给B，B又将画卖给D，那么应当怎么办？“A被欺诈而为意思表示，其撤销不得对抗善意第三人。所谓不得对抗善意第三人，系指 A与B合同虽然发生撤销之效果，但不得向善意第三人主张其意思表示因被撤销而归于无效。”[①] 也就是说，A与B的合同关系虽然因为欺诈而被撤销，但这并不影响善意第三人D与B的合同关系，因为善意第三人D不知道或不应当知道A与B的合同存在可撤销的情形，根据善意取得制度，善意第三人D仍然取得此画的所有权，不必向A返还此画，而A的损失则由B

① 王泽鉴．民法学说与判例研究（第3卷）．北京：中国政法大学出版社，1997.

来赔偿，B 负责向 A 返还此画的价款。

（3）赔偿损失。过错是确定赔偿责任的重要构成要件，如果是单方的过错，有过错的一方应当赔偿对方因此所受到的损失；双方都有过错的，则根据双方的过错程度，各自承担相应的责任。

（4）财产收归国有或返还第三人。双方当事人恶意串通，损害国家、集体利益或者第三人利益的，因此取得的财产收归国家所有或者返还给第三人。收归国有是指行政法上的没收违法所得和罚款等。如果当事人违反了刑法的规定，则应由人民法院判处没收财产、罚金等刑罚。

（三）可撤销合同

1. 可撤销合同的概念

可撤销合同是指当事人在订立合同时，因一些原因造成当事人的意思表示并非真实，法律允许意思表示不真实的合同当事人通过行使撤销权使已经生效的合同归于无效，或通过变更合同的内容，使当事人的意思表示达到真实，则合同经过变更后仍然有效。因此，可撤销合同又称为可变更、可撤销合同。所谓变更，是指当事人之间通过协商改变合同的某些内容，如适当提高标的的价格，适当减少一方承担的义务等，通过变更使当事人之间的权利义务趋于公平合理。

可撤销合同主要是由合同当事人意思表示不真实造成的，而当事人的意思表示是否真实，局外人通常很难判断，若当事人不主动提出变更或撤销合同，而自愿承担损害后果，法律也不强加干涉，法院不能主动变更或撤销合同。因此，尽管意思表示不真实也不符合合同生效要件的规定，但出于尊重当事人的合同自由原则，加之这类合同的违法性相对较小，法律把这类合同的变更、撤销权交给意思表示不真实的合同当事人，由其决定是否变更或撤销合同。

2. 可撤销合同的种类

根据《合同法》的相关规定，可撤销合同有四种：一是因重大误解订立的合同；二是显失公平的合同；三是因欺诈、胁迫订立的损害非国家利益的合同；四是乘人之危订立的合同。

（1）因重大误解订立的合同。因重大误解订立的合同，是指一方当事人因自己的过错而对合同的主要内容等产生误解，并在此情况下订立与自己的真实意思相悖的造成较大损失的合同。

构成重大误解应当符合一定的条件：

① 误解与合同订立有因果关系。合同当事人作出的意思表示必须是因为误解所造成的，即正是由于当事人的误解，才导致了订立合同，或者基于当事人的误解而设定了合同条件。如果合同并不是因误解而成立，或者合同条件不是因误解而设定，则不能按重大误解的规则处理合同。

② 误解应当是重大的。一般的误解不能使合同撤销。我国司法实践认为，只有对合同的主要内容产生误解，同时误解对当事人造成重大不利后果，才构成重大误解。《最高人民法院关于贯彻执行〈中华人民共和国民法通则〉若干问题的意见（试行）》第 71 条规定：“行为人因对行为的性质、对方当事人、标的物的品种、质量、规格和数量等的错误认识，使行为的后果与自己的意思相悖，并造成较大损失的，可以认定为重大误解。”

③ 当事人不愿承担对误解的风险。如果当事人自愿承担了误解的风险，就不能构成重大误解。比如甲方向乙方出售古玩（双方均不知其真假），如果是真的，价值10万元；如果是赝品，则一文不值，双方都明知这一点，最终以5万元的价格成交。如果是赝品，买方不得要求变更或撤销合同；如果是真品，卖方不得要求变更或撤销合同。

(2) 显失公平的合同。显失公平的合同，是指合同一方当事人在订立合同时，利用优势或者利用对方没有经验，订立了双方的权利义务明显不对等的合同。

构成显失公平的合同，要符合一定的条件：

① 客观要件。显失公平的客观要件是指合同订立时，双方的权利义务明显不对等，经济利益明显不平衡，不属于正常的交易，风险超过了法律所允许的限度，违反了平等、公平原则的要求。如果在合同订立后因为市场行情的变化等原因而导致显失公平，则不属于此种情形。

② 主观要件。主观要件是指在订立合同时，一方具有利用优势或利用对方没有经验等而与对方订立显示公平合同的故意，使对方当事人在订立合同时意思表示不充分或有瑕疵，才是显失公平的合同。此种利用他人的主观上的缺陷来订立合同表明了行为人违反了诚实信用原则的要求。

(3) 因欺诈、胁迫而订立的合同。如前所述，我国合同法将因欺诈、胁迫订立的合同分为两类，一方以欺诈、胁迫的手段订立合同，如果只是损害了对方当事人的利益，则属于可撤销的合同。例如，甲向首饰店购买钻石戒指一枚，标签标明该钻石为“天然钻石”，买回后才发现其实是人造钻石。甲在受欺诈的情况下购买了钻石戒指，有权请求人民法院或者仲裁机构变更或者撤销该合同。之所以如此，法律是要给予非国家利益受害人更多的选择机会，若甲非常喜欢此戒指，并不想退货，与首饰店商议变更合同，以合理的价格成交，也无不可；若甲要退货，即撤销与首饰店的合同，也可以。可见，法律如此规定实际上赋予合同当事人更多选择的机会，毕竟尊重当事人的合同自由是合同法的基本原则。

但若一方以欺诈、胁迫手段订立合同，损害了国家利益的，应为无效合同。

【相关案例】

夏子林诉上海徐汇区明晟商行手机“假一罚十”买卖合同案

2000年8月24日，原告在被告处购买手机1部，被告为此出具的发票联载明：“项目、货名三星A288，机号、串号1919全配，数量1，单价4 200元”。当月27日，原告将该手机送至上海市产品质量监督检验所；29日，该检验所对该手机的测试报告结果为：“IMEI号为350127893211919的手机，①外部显示屏下方显示的不是Anycall，为假。②无维修标贴。③IMEI开头六位数不是350127，为假”，该检验所为本次检验鉴定收取了检测服务费400元（含另一部手机检测服务费）。原告因之诉至法院。原告在诉讼中主张，因被告所供手机属于假货，应当依照其公示的“假一罚十”承诺退回手机货款4 200元，并支付赔偿金42 000元和手机检测服务费200元。被告则辩称，被告之“假一罚十”承诺意在推销假冒手机，并非合同意义上的承诺，而是欺诈消费者的行为，同时“假一罚十”的承诺显失公平，故该承诺不具有法律效力，本纠纷应适用《消费者权益保护法》第49条的规定予以处理，不同意原告的诉讼请求。①

本案中，被告的辩解十分诡诈，为了避免“假一罚十”的承诺成为合同内容，不惜承认自己意在欺诈；退一步说，“假一罚十”的承诺若被认为是合同内容，又动用显示公平的规则要求撤销，可谓机关算尽。那么，对原被告之间的法律关系是适用《消费者权益保护法》还是适用《合同法》来处理呢？“假一罚十”的承诺是否显失公平，而不具有法律效力呢？

【分析】

本案涉及法律适用竞合情况下当事人的选择权。所谓法律适用的竞合是指法院在处理同一起民事纠纷时，具有相同位阶的不同法律对同一现象作出不一致的处理规定。被告作为商家，向公众发出承诺，表明凡在其商店购买手机，假一罚十，所承诺的对象是不特定的，其目的在于取信消费者。我国《合同法》第15条规定：“商业广告的内容符合要约规定的，视为要约。”原告在被告处购买了一部手机，双方当事人之间成立了具有法律约束力的合同关系，“假一罚十”的承诺构成合同内容的一部分，本案可以适用《合同法》来处理。对于本案中被告的推销假冒手机的欺诈行为，《消费者权益保护法》第49条规定：“经营者提供商品或者服务有欺诈行为的，应当按照消费者的要求增加赔偿其受到的损失，增加赔偿的金额为消费者购买商品价格或者接受服务的费用的一倍。”本案纠纷产生法律适用上的竞合。审理法院认为，在法律适用竞合的情况下，当事人有权选择最有利于自己的法律来保护自身的合法权益。只要这种选择不违背法律法规的强制性规定，即在法律没有禁止性条款的情况下，人民法院无权代当事人另行选择。因此，法院没有按照类似案例的裁判，适用《消费者权益保护法》判决双倍赔偿，而强调尊重当事人的选择权。

在法律已经确定原告、被告之间的手机买卖合同成立，本案处理可以适用《合同法》，结合本案实际，即产生“假一罚十”这一合同违约条款的约定是否显失公平的问题，被告的赔偿金额是否过高而显失公平呢？法院认为，在本案中，合同双方当事人签订合同时，被告做了“假一罚十”的承诺，是被告自愿作出的，同时法律对此没有禁止性的规定，被告的承诺具有法律效力，被告应按承诺履行义务。对于价值4 200元的手机而言，42 000元的赔偿款虽然相对于《消费者权益保护法》的标准来说是加重了商家的责任，但这毕竟不是巨额赔偿，对被告来说是能够预见到并且也能承受的赔偿标准，基于社会主义市场经济亟待培育经济交往中的诚信，没有必要认定这一赔偿金额过高，不能认为其属于显失公平的合同条款。

从以上分析可见，对于合同中的欺诈行为，无论是《消费者权益保护法》还是《合同法》对此都给予惩罚，并赋予被欺诈方以充分的选择权，来维护自己的利益。

（4）乘人之危订立的合同。所谓乘人之危订立的合同是指一方当事人乘对方处于危难之际，为牟取不正当利益，迫使对方违背其真实意愿订立的合同。例如，出租车司机借抢救危重病人急需租车之机将车价提高10倍就属于乘人之危。

---

① 最高人民法院中国应用法学研究所. 人民法院案例选（2005年第1辑总第51辑）. 北京：人民法院出版社，2005

乘人之危应当符合一定的条件：

① 一方当事人陷于经济上或生活上的危难处境，如处于自然灾害之中或濒临破产的境地，迫切需要救助。“危难”除了指经济上的窘迫以外，也包括个人及其家人生命健康的危险等方面。乘人之危与胁迫的区别在于乘人之危中的危难，非对方当事人加于危难方，而是危难方业已存在的客观情况；而受胁迫方所处的危险境况则是胁迫方直接造成的。

② 行为人利用了对方当事人的危难困境，提出苛刻条件，受害人出于无奈而违背真实意愿与之订立合同，如因经济窘迫而借高利贷。因此，乘人之危行为人主观状态是故意，违背了诚实信用原则，若行为人不了解，也没有利用对方危难处境而与之订立合同，只是客观上一方当事人的危难处境促使了合同的订立，这类合同不能认定为乘人之危订立的合同。

③ 乘人之危合同的认定并不以当事人获取过分利益为条件。虽然获取过分的利益是乘人之危行为人订立合同的目的，但即使乘人之危一方没有因合同获取过分的利益，也不影响乘人之危合同的成立。

法条链接

《中华人民共和国合同法》

第54条　下列合同，当事人一方有权请求人民法院或者仲裁机构变更或者撤销：（一）因重大误解订立的；（二）在订立合同时显失公平的。

一方以欺诈、胁迫的手段或者乘人之危，使对方在违背真实意思的情况下订立的合同，受损害方有权请求人民法院或者仲裁机构变更或者撤销。

当事人请求变更的，人民法院或者仲裁机构不得撤销。

3. 可撤销合同的法律后果

对可撤销的合同，根据我国《合同法》第54条的规定，当事人可以向人民法院或仲裁机构请求变更或撤销。任何一方当事人认为合同是因重大误解订立的，或者是显失公平的，都可以向人民法院或仲裁机构提出变更或撤销的请求。而以欺诈、胁迫手段或者乘人之危订立的合同，请求变更、撤销权专属于受损害方，也就是被欺诈、被胁迫、危难被乘的当事人。当事人请求变更的合同，人民法院或者仲裁机构不得撤销。可撤销合同被撤销后自始无效，其法律后果等同于无效合同。

根据我国《合同法》第55条的规定，撤销权不能永久存续。有下列情形之一的，撤销权消灭：一是具有撤销权的当事人自知道或者应当知道撤销事由之日起一年内没有行使撤销权；二是具有撤销权的当事人知道撤销事由后明确表示或者以自己的行为放弃撤销权。如被欺诈的一方当事人在知道被欺诈的真相后，仍然表示要履行合同，这样被欺诈方就放弃了撤销权，可撤销合同则成为有效合同。

法条链接

《中华人民共和国合同法》

第55条　有下列情形之一的，撤销权消灭：（一）具有撤销权的当事人自知道或者应当知道撤销事由之日起一年内没有行使撤销权；（二）具有撤销权的当事人知道撤销事由后明确表示或者以自己的行为放弃撤销权。

第56条　无效的合同或者被撤销的合同自始没有法律约束力。合同部分无效，不影响其他部分效力的，其他部分仍然有效。

第57条　合同无效、被撤销或者终止的，不影响合同中独立存在的有关解决争议方法的条款的效力。

第58条　合同无效或者被撤销后，因该合同取得的财产，应当予以返还；不能返还或者没有必要返还的，应当折价补偿。有过错的一方应当赔偿对方因此所受到的损失，双方都有过错的，应当各自承担相应的责任。

第59条　当事人恶意串通，损害国家、集体或者第三人利益的，因此取得的财产收归国家所有或者返还集体、第三人。

思考与练习

1. 如何理解合同的成立与生效？
2. 效力待定合同有哪些？
3. 什么是表见代理？产生表见代理的原因有哪些？
4. 导致合同无效的原因有哪些？
5. 可变更、可撤销的合同有哪些？
6. 可撤销合同和无效合同的法律后果是什么？

项目二　合同的履行

【引例】

1993年1月，被告广州市羊城旅游公司在《广州日报》上刊登了新春南岳衡山四日游的广告，并在其所办的旅游刊物上称此种旅游参观的主要景点有8个：南岳太庙、磨镜台、福严寺、忠烈祠、藏经殿、南天门、祝融峰、回雁峰。同月，原告李海健等9人利用春节休假期间，各自交付旅游服务费人民币460元，参加了被告组织的南岳衡山赏雪四日游旅游团，于同月23日乘火车从广州出发赴衡山，于24日凌晨四时许到达衡山银苑宾馆。到达后，被告的导游李某（无导游证书）将原告中除李桃杏以外的男女8人混合安排在该旅馆一房间休息。在24日、25日的旅游活动中，因天下大雪，被告只安排原告9人游览了南岳太庙、福严寺、忠烈祠三个景点，其余未安排，且未在旅游出发前告诉原告9人。旅游团游览活动结束后，被告的导游未随团同行返穗，由原告9人自行返回。原告9人返穗后，认为被告违反旅游合同，并造成其经济、精神损失，曾两次到被告处要求赔偿和赔礼道歉。被告表示除赔礼道歉外，不同意赔偿。

原告9人起诉至越秀区人民法院，要求被告无偿重新安排游览未游的5个景点，否则，应返还全程旅游费；被告应登报向原告赔礼道歉，并赔偿精神损失费每人200元；赔偿重游5个景点的误工费每人800元。

被告广州市羊城旅游公司辩称：由于当时天下大雪结冰影响交通，致使原告不能按原定景点进行游览，我们已向原告赔礼道歉。我们只同意赔偿原告9人每人200元人民币，不同意原告的其他诉讼请求。①

本案中，被告的履行合同义务行为是否符合合同法的要求？

【分析】

本案原被告之间形成旅游服务合同关系。合同依法成立生效后，当事人就应当按照合同的约定和法律的规定履行合同，实现合同目的。当事人在履行合同的过程中，应当遵循合同履行的原则，合同法规定了两个履行原则，即全面履行原则和诚实信用原则。全面履行原则，又称为适当履行原则，指当事人应当按照合同约定的标的及其数量、质量，由适当的主体在适当的履行期限、履行地点、以适当的履行方式全面、正确地完成合同所约定的义务。具体到旅游合同，经营者必须依约安排好旅游的住宿、路线、景点、导游服务等各项服务工作，在任何一个环节上的不履行或不适当履行均构成全面履行原则的违反。

本案被告组织的是南岳衡山赏雪四日游，因此，活动中的天下大雪对服务活动的影响，其风险责任应在被告预料之中，且未在旅游出发前告诉原告此影响，故不能视为不可抗力，不能构成被告免责或减轻责任的理由，所以，被告不能强调天气的客观原因而减少服务，应安排8个景点而实际上只安排了3个景点。同时，被告安排的导游没有导游证，影响服务质量，导致原告未能依合同约定享受到应有的服务，因无证人员不得从事有偿的导游服务工作。另外，被告在原告到达目的地后，竟安排8名男女游客混住一个房间休息，不符合一般的、普遍接受的传统习惯做法，也属于严重的不当履行行为。综上，被告在履行合同义务时，违反了全面履行原则，构成违约。

【基本原理】

合同依法成立生效后，当事人就应当按照合同的约定和法律的规定履行合同，合同履行是合同法律效力的重要体现，是实现合同目的的重要手段。当事人在履行合同的过程中，应当遵循合同履行的原则，并符合合同履行的规则。当合同内容有漏洞时，需要对合同的漏洞进行填补，以便合同能够得以履行。同时，在双务合同履行过程中，为了确保交易安全，促使合同当事人能够公平、及时地履行合同义务，当事人还享有法律规定的抗辩权。此外，为保证合同债权人的利益与合同债权的实现，合同法还设立了合同保全制度。

一、合同履行概述

（一）合同履行的原则

合同的履行是指当事人按照合同的约定或法律的规定全面履行自己的义务。从合

① 王利明. 合同法要义与案例解析. 北京：中国人民大学出版社，2001.

同关系消灭的角度来看，债务人全面、适当地履行合同义务的行为将导致合同关系的消灭，因此，合同的履行又被称为债的清偿。合同的不履行、部分履行或者不适当履行意味着交易的失败或交易完成的不彻底，即表明当事人所要求的经济目的不能达到。因而，合同法鼓励交易、促进合同全面、彻底履行，要求当事人接受合同的约束，完成合同的义务。

合同履行的原则，是指合同当事人在履行合同过程中所应遵循的基本准则。这些原则是贯穿于合同履行全过程中的具有指导意义的行为准则，是当事人履行合同的基本依据，当事人违反这些原则，便会构成违约。诚实信用原则是整个合同法的基本原则，当然贯穿于合同履行过程之中，除此之外，全面履行原则是专属于合同履行过程中必须遵守的原则。

1. 全面履行原则

全面履行原则，又称为适当履行原则，指当事人应当按照合同约定的各个条款，全面、适当地履行自己的义务。对于合同的任何一个条款包括主体、标的、数量、质量、价款、报酬、期限、地点、方式等，当事人都应不折不扣地履行。我国《合同法》第60条确立了全面履行原则："当事人应当按照约定全面履行自己的义务。"具体而言，全面履行原则包括以下几个方面的内容：

（1）当事人必须正确地履行合同规定的内容。也就是说，合同当事人要按照合同约定的时间、地点、方式、标的、质量、数量等履行自己的义务。

（2）当事人必须全面履行合同约定的内容。也就是说，当事人要履行合同所规定的全部义务，部分履行合同的行为将构成违约。

（3）当事人一般应当亲自履行合同，另有约定的除外。

2. 诚实信用原则

诚实信用原则被称为私法活动的"帝王"规则。具体到合同履行中，诚实信用原则是指合同关系中债务人对履行合同应抱有善良愿望和真诚努力，它是对债务人履行合同的根本要求。同时，它也要求债权人应尽积极协助等义务，帮助债务人如约履行义务。

诚实信用原则在合同履行方面的主要表现是合同履行中附随义务的产生，即合同当事人除了履行合同约定的义务外，还应当履行合同虽未约定，但依诚实信用原则所产生的法定的附随义务。我国《合同法》第60条第2款规定："当事人应当遵循诚实信用原则，根据合同的性质、目的和交易习惯履行通知、协助、保密等义务。"附随义务有别于合同的主给付义务。首先，主给付义务自合同成立时即确定，并且决定着合同的性质与类型，而附随义务是由合同性质或类型决定的。其次，主给付义务的违反可能发生同时履行抗辩权，甚至可能构成根本违约，债权人可能由此获得合同解除权，而违反附随义务一般不发生这样的结果。附随义务主要有两种功能：一是辅助功能，即促进实现主给付义务，使债权人的给付利益获得最大可能的满足；二是保护功能，即维护合同当事人的人身或财产的利益。合同履行中的附随义务根据合同的性质、目的和交易习惯可分为以下几种：

第一，通知义务。比如，债务人准备履行义务前，通知债权人做好准备；债权人分立、合并的情况及住所变更的情况应及时通知债务人等。否则，根据我国《合同法》第70条之规定，债权人分立、合并或者变更住所没有通知债务人，致使履行债务发生困难的，债务人可以中止履行或者将标的物提存。

第二，协作义务。当事人在履行合同义务时，诚实信用原则要求合同当事人秉承诚实守信的态度，不仅应履行自己的义务，而且还应当协助对方履行义务。合同是双方的民事法律行为，不仅仅是债务人一方的事情，债务人履行合同义务，往往需要债权人积极配合受领给付，才能达到合同目的。所以，债务人在履行债务时，就需要债权人予以协助，创造必要条件，提供方便。如技术受让方应提供安装设备的必要物质条件以方便技术出让方履行义务。

第三，保密义务。因为合同内容往往涉及商业秘密，对于此类合同，诚实信用原则要求当事人在整个合同过程中要遵循保密义务，在合同履行的过程中自然不得例外。例如，使用他人技术秘密的一方不得向第三人泄露其所知悉的技术秘密；又如在劳动合同中，技术人员不得泄露公司的技术秘密。

第四，告知义务。债务人应向债权人告知有关其利益的重大事项。包括使用方法的告知义务、瑕疵告知义务等，如机器设备的出卖人在交付设备时，应告知对方设备装配、使用、维修以及保养的方法；出卖人或赠与人应将其出卖或赠与的物品的瑕疵，特别是隐蔽瑕疵告知买受人或受赠人。

此外，在法律和合同规定的义务内容约定不明或欠缺规定的情况下，当事人应依据诚实信用原则考虑事实状况并合理履行义务。甚至即使合同有明确的约定，但当债务人确有正当理由无法按合同约定履行而需要变更履行时，应根据诚实信用原则，只要当事人的履行不会给债权人造成损失，债权人不得无故拒绝。例如，因为特殊原因，债务人不能交付原约定的标的物，债务人提出愿交付同种类、同质量的替代物品，此种替代物品交付后也不影响债权人利益的，债权人不得无故拒绝。再如，合同规定的数量不明确，应依诚实信用原则予以确定。如在双方长期订立的包供包销合同中，双方事先并未确定具体的销售数量，而要根据供方的产量和需方的需求量予以确定，在市场供求关系发生变化后，对数量问题极易发生争议，在此情况下应依诚实信用原则予以确定。如果债务人给付数量不足，但不足额甚微，对债权人未造成明显损害，债权人不得拒绝接受并援引同时履行抗辩权的规定拒付货款。如果债务人交付的数量超过约定的数量，超额部分对债权人影响不大，则不得拒绝债务人的给付。

如果说全面履行原则旨在通过严格要求债务人全面、适当地履行合同义务，保证债权人利益的话，那么诚实信用原则则旨在不影响当事人利益的情况下，要求当事人本着互相配合、互相谅解、为对方利益考虑的态度来履行债务或接受履行，甚至允许债务人在确有正当理由的情况下作出的履行虽然不符合合同约定，但只要不损害债权人的利益，债权人也不得无故拒绝。诚实信用原则在此体现其灵活性和协调作用。当然实践中，对此原则的适用需要严格把握，以免合同当事人轻易就以此原则来逃避合同债务的全面适当履行。

（二）合同履行的规则

合同履行的规则是法律关于履行主体、履行标的、履行期限、履行地点、履行方式等方面的具体要求。当合同条款明确具体时，合同履行规则则较易确定，当事人能够全面地履行合同义务。但是如果合同条款欠缺或约定不明确，将导致合同难以履行，应该如何解决呢？此时，为保证合同当事人利益的实现，应遵循合同自由原则、诚实信用原则、公平原则等处理其履行问题。具体规则如下：

1. *履行主体*

合同履行的主体是指履行合同债务和接受履行的人。在一般情况下，合同是由当事人通过实施特定的行为来履行的，也就是由债务人向债权人履行债务，由债权人接受债务人的履行。因此，债权人和债务人都是合同履行的主体。但是，在某些情况下，合同也可以由第三人代替履行。第三人代替履行包括第三人代替债务人履行和第三人代替债权人接受履行两种情况。在第三人代替债务人履行义务时，由第三人代替债务人履行的义务必须是债务人可以不亲自履行的义务，而且是法律或当事人没有规定必须由债务人亲自履行的义务。在第三人代替债权人接受履行时，债权人指定由第三人代其接受履行的，不得因此增加债务人的履行费用。

需要注意的是，在第三人代替履行时，第三人只是履行主体，而不是合同的当事人，第三人履行合同的法律后果应由合同当事人承受。对此，《合同法》有明文规定。

法条链接

《中华人民共和国合同法》

第 64 条　当事人约定由债务人向第三人履行债务的，债务人未向第三人履行债务或者履行债务不符合约定，应当向债权人承担违约责任。

第 65 条　当事人约定由第三人向债权人履行债务的，第三人不履行债务或者履行债务不符合约定，债务人应当向债权人承担违约责任。

2. *履行标的*

履行标的是指债务人应履行义务的内容，包括交付实物、支付货币、提供劳务等。债务人应当按照合同约定的标的履行合同。

（1）债务人以实物履行合同债务的，履行标的应符合当事人约定或法律规定的规格、型号、数量、质量。

标的物的数量，应按照法定或约定的计量方法确定。凡是约定或规定有合理差额的，交付的标的物数量在规定的幅度以内，其标的即是适当的。对于履行标的，债务人原则上应全部履行，而不应部分履行。但在不损害债权人利益的情况下，也允许部分履行。我国《合同法》第 72 条规定："债权人可以拒绝债务人部分履行债务，但部分履行不损害债权人利益的除外。债务人部分履行债务给债权人增加的费用，由债务人负担。"无论是全部履行还是部分履行，如果债权人同意接受债务人以某种其他标的代替合同标的履行的，债务人也可以代替履行，即代物清偿。

标的物的质量，应按照当事人约定的质量标准履行。当事人就质量标准没有约定或者约定不明确的，根据我国《合同法》第 61、62 条的规定，当事人可以协议补充。这种补充协议和原协议一样反映了各方当事人的共同意志和愿望，所以，补充协议和原协议一样具有法律效力。当事人不能达成协议的，按照合同有关条款或者交易习惯确定。如果质量要求按照合同有关条款或者交易习惯仍不能确定，则按照国家标准、行业标准履行；没有国家标准、行业标准的，按照通常标准或者符合合同目的的特定标准履行。

（2）债务人以货币履行合同债务的，当事人应当按照合同约定的支付方法支付价款或报酬。当事人就价款或报酬没有约定或者约定不明确的，根据我国《合同法》第61、62条的规定，当事人可以协议补充。当事人不能达成协议的，按照合同有关条款或者交易习惯确定。如果按照合同有关条款或者交易习惯仍不能确定，则按照订立合同时履行地的市场价格履行；对于依法应当执行政府定价或者政府指导价的合同，按照规定履行。根据我国《合同法》第63条的规定，“执行政府定价或者政府指导价的，在合同约定的交付期限内政府价格调整时，按照交付时的价格计价。逾期交付标的物的，遇价格上涨时，按照原价格执行；价格下降时，按照新价格执行。逾期提取标的物或者逾期付款的，遇价格上涨时，按照新价格执行；价格下降时，按照原价格执行”。在交付期限内价格变动时，由于合同当事人都没有违约行为，则按交付时的价格计价。在交付期限外价格变动时的履行规则体现了惩罚违约方，保护守约方，即谁违约、谁受损，谁守约、谁受益的价值取向。

3. 履行期限

履行期限是债务人履行债务和债权人接受履行的时间。合同的履行期限应根据法律的规定与合同的约定加以确定。履行期限明确的，当事人应按确定的期限履行，一般情况下，债务人不得提前履行，但如果债务人确有正当理由需要提前履行，且提前履行也不会给债权人造成损害的，债权人依诚实信用原则不得无故拒绝。我国《合同法》第71条规定：“债权人可以拒绝债务人提前履行债务，但提前履行不损害债权人利益的除外。债务人提前履行债务给债权人增加的费用，由债务人负担。”

履行期限不明确的，根据我国《合同法》第61、62条的规定，当事人可以协议补充。当事人不能达成协议的，按照合同有关条款或者交易习惯确定。如果按照合同有关条款或者交易习惯仍不能确定，则债务人可以随时履行，债权人也可以随时要求履行，但应当给对方必要的准备时间。

4. 履行地点

履行地点是债务人履行债务和债权人接受履行的地方。履行地点有明确规定的，应按规定的地点履行。如果履行地点不明确，根据我国《合同法》第61、62条的规定，当事人可以协议补充。当事人不能达成协议的，按照合同有关条款或者交易习惯确定。如果按照合同有关条款或者交易习惯仍不能确定，则按下列标准确定：给付货币的，在接受货币一方履行；交付不动产的，在不动产所在地履行；其他标的，在履行义务一方所在地履行。

5. 履行方式

履行方式是债务人履行义务的方法。例如，标的物的交付方法、工作成果的交付方法、运输方法、价款或报酬的支付方法等。合同的履行方法由当事人约定，当事人要求一次性履行的，债务人不得分批履行；凡要求分批履行的，债务人也不得一次性履行。如果合同对履行方式没有约定或者约定不明确的，根据我国《合同法》第61、62条的规定，当事人可以协议补充。当事人不能达成协议的，按照合同有关条款或者交易习惯确定。如果按照合同有关条款或者交易习惯仍不能确定，则按照有利于实现合同目的的方式履行。

6. 履行费用

履行费用是指债务人履行合同所支出的费用。履行费用的负担由当事人在合同中约定。如果合同对履行费用没有约定或约定不明确的，根据我国《合同法》第61、62

条的规定，当事人可以协议补充。当事人不能达成协议的，按照合同有关条款或者交易习惯确定。如果按照合同有关条款或者交易习惯仍不能确定，则由履行义务的一方负担。

【相关案例】

南京丁山花园酒店有限公司与朱睿饮食服务合同纠纷案

2006 年 10 月 13 日南京丁山花园酒店有限公司（以下简称丁山花园酒店）与朱睿订立了一份婚宴服务协议，双方约定 2007 年 1 月 20 日由丁山花园酒店在其大宴会厅为朱睿提供预计 35 桌的婚宴服务，每桌中式婚宴套餐的净价为 2 288 元（不含酒水）。双方约定的婚宴菜单中，包含了“白灼基围虾”、“清蒸左口鱼”等 16 道菜（含冷盘）。

合同签订后当日，朱睿按照约定向丁山花园酒店预付了 32 000 元费用。2007 年 1 月 20 日，朱睿婚宴在酒店如期举行，婚宴用餐实际共计 41 桌。婚宴期间，双方对菜单中“白灼基围虾”所用的虾是否为“基围虾”存有争议，朱睿为此而未在婚宴结束后立即支付余款，丁山花园酒店遂向南京市鼓楼区人民法院起诉要求朱睿支付余款63 065.6 元；朱睿则以丁山花园酒店构成消费欺诈，应当按照每桌基围虾价格 285.20 元的标准双倍赔偿损失等为由提起反诉，要求丁山花园酒店赔偿其相应损失 23 386.40 元。[①]

如何确定本案中“白灼基围虾”的履行标准呢？

【分析】

本案中，“白灼基围虾”这道菜肴导致双方产生争议。原、被告在婚宴合同中未明确约定“白灼基围虾”所用的虾是何种虾，事后对此也未协议补充。根据《合同法》第 61、62 条的规定，当事人就质量等内容没有约定或约定不明确的，当事人可以协议补充；不能达成补充协议的按照合同有关条款或者交易习惯确定；仍不能确定的，按照国家标准、行业标准履行；没有国家标准、行业标准的，按照通常标准或者符合合同目的的特定标准履行。我国目前尚没有就基围虾的定义、种类等制定国家标准、行业标准，因此对“白灼基围虾”菜肴应当按照通常标准或者符合合同目的的特定标准履行。

通常来说，交易习惯、通常标准均与特定地域的民事习惯密不可分，因为这些民事习惯对于均在该地域生活的双方当事人而言，构成了交易时的重要的事实基础。本案中，在理解婚宴菜单中没有标明专业学术名称的“基围虾”的含义时，首先应当根据通常标准认定，而按照普通社会公众的普遍理解，“白灼基围虾”所用的虾是价格较为昂贵的“基围虾”，它应当有别于价格较为低廉的普通虾；其次应当参照本地餐饮行业、水产市场在本地交易习惯中所通常理解的标的物称谓认定，根据法院对南京水产品市场相关交易习惯所做的调查，水产行业在虾类交易中，沙虾与基围虾是两种不同的对虾品种，“沙虾（学名为南美白对虾）”与“基围虾（学名为日本对虾）”完全不同，其价格、口感、颜色均有很大差别，沙虾不是基围虾。根据通常理解和日常生活经验，被告在五星级酒店举办婚宴，每桌不含酒水的价格是2 288 元，所点的基围虾不

① 案例引自北大法律信息网。

会是价格比较低的南京本地所称的“沙虾（学名为南美白对虾）”，选用南京本地所称的“基围虾（学名为日本对虾）”也符合作为婚宴主菜的常理。

确定了本案中的“白灼基围虾”的通常理解和民事习惯，双方当事人的权利义务也随之明晰。原告丁山花园酒店在履行婚宴服务合同时，不按照社会公众的通常理解和水产行业中交易习惯选用“基围虾（学名为日本对虾）”，而是按照有关书籍中的理解选用“沙虾（学名为南美白对虾）”来烹制并交付“白灼基围虾”这个菜肴，属于不适当履行，构成违约。

二、双务合同中的履行抗辩权

双务合同中的履行抗辩权是双务合同当事人在履行合同义务的过程中，为保护自己债权的实现而享有的一种权利，即一方当事人在特定情况下，对抗他方要求履行的权利。设立履行抗辩权的主要目的是为了确保交易安全，促使合同当事人能够公平、及时地互相履行合同义务，实现合同利益。

双务合同中的履行抗辩权包括同时履行抗辩权、先履行抗辩权和不安抗辩权。

（一）同时履行抗辩权

1. 同时履行抗辩权的概念

根据我国《合同法》第 66 条的规定，同时履行抗辩权是指当事人互负债务，没有先后履行顺序的，应当同时履行。一方在对方履行之前有权拒绝其履行要求，一方在对方履行债务不符合约定时，有权拒绝其相应的履行要求。

2. 同时履行抗辩权的成立要件

（1）当事人须因同一双务合同而互负义务。“同一双务合同”的要求，说明同时履行抗辩权的成立与单务合同无关。

（2）当事人双方互负的债务没有先后履行顺序。没有先后履行顺序，就意味着双方应当同时履行。同时履行抗辩权旨在使双方所负的债务同时履行，以同时实现双方享有的债权。同时履行有几种情况：法定的同时履行（如《合同法》第 161、263 条等的规定）、约定的同时履行和按照交易习惯产生的同时履行。

（3）对方当事人没有履行或未按照约定履行债务。

（4）双方当事人的履行都是可能的。

3. 同时履行抗辩权的效力

同时履行抗辩权是延期的抗辩权，仅产生阻却对方请求权的效力。当对方履行合同义务时，行使抗辩权者应当恢复履行。

【相关案例】

甲学校与乙服装厂签订加工承揽合同，为学生定作校服 1 000 套。双方约定开学前 5 日钱货两清。服装厂如期完成加工任务后，甲学校以资金困难为由，请求乙服装厂提供服装，待开学后向学生收取服装费后再结清货款。服装厂拒绝了甲学校的请求，双方发生纠纷。

服装厂拒绝学校的请求，有无法律依据？

【分析】

显而易见，服装厂有权行使同时履行抗辩权，拒绝学校的请求。

（二）先履行抗辩权

1. 先履行抗辩权的概念

根据我国《合同法》第67条的规定，先履行抗辩权是指当事人互负债务，有先后履行顺序，先履行一方未履行的，后履行一方有权拒绝其履行要求；先履行一方履行债务不符合约定的，后履行一方有权拒绝其相应的履行要求。

先履行抗辩权不同于同时履行抗辩权。同时履行抗辩权是在双方当事人的债务没有先后履行顺序情况下适用的，任何一方当事人都可以享有，而先履行抗辩权则是在双方当事人的债务有先后履行顺序的情况下适用的，先履行抗辩权是后履行一方当事人所享有的权利。

2. 先履行抗辩权的成立要件

（1）当事人因同一双务合同互负债务。

（2）合同当事人的债务有先后履行顺序。

（3）先履行一方当事人未履行债务或履行债务不符合约定。

（4）先履行一方当事人的债务是可能履行的。

先履行抗辩权是由于先履行一方未履行债务或履行债务不符合约定而引起，这时先履行一方的行为属于违约，因此后履行一方有权拒绝履行，所以有人将先履行抗辩权称为先违约抗辩权。若先履行一方部分违约，后履行一方只能就其违约部分，拒绝其相应的履行要求。

3. 先履行抗辩权的效力

先履行抗辩权是延期的抗辩权，仅产生阻却对方请求权的效力。先履行抗辩权不消灭合同的效力，当先履行一方履行合同义务或采取合理的补救措施时，后履行一方应当恢复履行。

【相关案例】

某石材加工厂因产品质量不过关，连续亏损，决定贷款50万元购买新的石材加工设备。与银行签订借款合同之后，在2003年10月与某设备公司达成协议，约定购买一套石材切割、打磨设备，总价款40万元。供方须于2004年2月底交货，并负责安装调试完毕，如有迟延，支付20%的违约金。正式运转后一年内，负责免费维修。买方应在调试完毕后15日内付清全部货款。2003年12月，设备公司准备发货时，听说石材厂并未获得贷款。原来银行在审查担保人资格后认为担保人不合格，撤销了借款合同，要求石材厂重新提供担保人。设备公司在得到银行证实后，决定暂停发货，并通知石材厂提供担保。石材厂称其贷款很快会获准，要求设备公司按时发货，设备公司未同意。2004年2月中旬，石材厂与银行重新订立借款合同，获得了40万元贷款。石材厂立即通知了设备公司，设备公司随即发货，于3月底完成了安装调试，石材厂验收合格后以卖方逾期交货为由，要求支付违约金8万元，并赔偿损失2万元，因此，只付了30万元货款。设备公司多次向石材厂催要无果，诉至法院，要求对方付清全部货款及欠款部分的利息。

石材厂未完全支付货款的行为性质如何？设备公司未按时发货是否有法律依据？①

关于此案，有三种不同意见。第一种意见认为：原告设备公司违约。理由是其擅自中止合同的履行，未按合同约定期限交货和安装调试，理应向被告石材厂支付违约金和赔偿损失。第二种意见认为：原告并不违约。理由是原告未按时完成交货义务是基于被告可能无法支付货款的前提，在债权可能无法实现时，原告有权以暂不发货进行抗辩。相反，原告履约后，被告未付清全部货款，构成违约，应向原告付清其余货款及其迟延期间的利息。第三种意见认为：双方都构成违约。理由是原告未按时完成安装调试，被告也未在安装调试完毕后按时付清全部款项，应各自承担相应的责任。

到底哪一种意见正确呢？

（三）不安抗辩权

1. 不安抗辩权的概念

不安抗辩权是指应当先履行债务的当事人，当有确切证据证明对方有丧失或可能丧失履行能力的情形时，享有中止履行合同的权利。

当事人履行合同是以一定的财产或信用为基础的。在合同履行过程中，后履行一方有丧失或可能丧失履行能力的情形时，就极可能无法履行合同，因此，合同法为保护先履行一方的利益不致受损，赋予先履行一方通过行使不安抗辩权，暂时中止履行自己的义务，以保护自己，直到对方恢复履行能力或提供可靠的担保，再恢复履行。

2. 不安抗辩权的成立要件

（1）当事人因同一双务合同互负债务。

（2）合同当事人的债务有先后履行顺序。

（3）后履行一方当事人有丧失或可能丧失履行能力的情形。

根据我国《合同法》第68条的规定，后履行一方当事人丧失或可能丧失履行能力的情形主要包括：（一）经营状况严重恶化；（二）转移财产、抽逃资金，以逃避债务；（三）丧失商业信誉；（四）有丧失或者可能丧失履行债务能力的其他情形。

（4）先履行一方当事人的债务履行期限届至。

3. 不安履行抗辩权的行使

根据我国《合同法》第69条的规定，先履行一方当事人行使不安抗辩权，负有如下义务：

（1）先履行一方当事人的举证义务。先履行一方当事人行使不安抗辩权，必须有确切证据证明后履行一方当事人有丧失或可能丧失履行能力的情形，当事人没有确切证据中止履行的，应当承担违约责任。

（2）先履行一方当事人的通知义务。先履行一方当事人行使不安抗辩权中止履行的，应当及时通知对方。

4. 不安履行抗辩权的效力

根据后履行一方当事人的不同反应，行使不安抗辩权将产生两种不同的结果：先履行一方当事人行使不安抗辩权，只是暂时地中止履行自己的义务，而不是终止合同，当对方提供适当担保时，应当恢复履行。但若中止履行后，对方在合理期限内未恢复

① 吴飚，朱晓娟. 合同法原理·规则·案例. 北京：清华大学出版社，2006. 135，148.

履行能力并且未提供适当担保的，中止履行的一方可以解除合同。

【分析】

对于前述案例，结合我们所理解的不安抗辩权制度，上述三种意见中只有第二种是正确的。原告迟延履行合同并不违约，其行为符合不安抗辩权的构成要件。不安抗辩权是在合同成立以后，后履行一方当事人财产状况恶化，可能危及先履行一方当事人债权的实现时，则先履行一方当事人在对方未为对待给付或提供担保前，可以中止履行合同。此案中，被告石材厂因产品质量不过关、连续亏损，能够履行合同的基础是获得银行的贷款，原告设备公司正是基于这一信赖才与之签订了合同。按照合同约定，原告有先交货的义务，被告付款义务在后，正常情况下，原告应先履行自己的交货义务，但合同生效后，被告的银行贷款被撤销，使得被告的付款义务难以履行，如果原告按时发货安装，可能无法收回货款，影响原告债权的实现。在此情形下，原告及时中止发货，要求被告提供付款保证，正是行使法律所赋予的不安抗辩权的行为。

合同法规定当事人一方行使不安抗辩权时，必须通知对方，以免权利滥用。行使不安抗辩权后，在对方作出履行担保后，必须立即恢复合同的履行，不能够无限期中止。此案中原告正是这样做的，在行使不安抗辩权后，立即通知了被告，在被告取得贷款之后，立即发货并安装调试，并未延误，虽然履行期限不符合合同约定，但这不属于违约。而被告在验收合格后扣除部分价款不予支付却构成违约，应当如数补足并支付利息，并承担相应的违约责任。

法条链接

《中华人民共和国合同法》

第66条　当事人互负债务，没有先后履行顺序的，应当同时履行。一方在对方履行之前有权拒绝其履行要求。一方在对方履行债务不符合约定时，有权拒绝其相应的履行要求。

第67条　当事人互负债务，有先后履行顺序，先履行一方未履行的，后履行一方有权拒绝其履行要求。先履行一方履行债务不符合约定的，后履行一方有权拒绝其相应的履行要求。

第68条　应当先履行债务的当事人，有确切证据证明对方有下列情形之一的，可以中止履行：（一）经营状况严重恶化；（二）转移财产、抽逃资金，以逃避债务；（三）丧失商业信誉；（四）有丧失或者可能丧失履行债务能力的其他情形。

当事人没有确切证据中止履行的，应当承担违约责任。

第69条　当事人依照本法第六十八条的规定中止履行的，应当及时通知对方。对方提供适当担保时，应当恢复履行。中止履行后，对方在合理期限内未恢复履行能力并且未提供适当担保的，中止履行的一方可以解除合同。

思考与练习

1. 合同履行的基本要求有哪些？
2. 如何运用合同的补缺规则来填补合同的漏洞？
3. 试述不安抗辩权的成立条件。
4. 试述同时履行抗辩权和先履行抗辩权的区别。

项目三　合同的保全

【引例】

原告：李阳峰

被告：张向阳

第三人：河南省镇平县银河包装有限责任公司

河南省镇平县人民法院于 2001 年 11 月以（2001）镇民初字第 306 号民事判决书判决第三人偿付原告款 75 073.44 元，至今未付。被告在第三人处写一借条，内容："借条：今借现金三万元整（30 000 元）　张向阳 2001.7.6"。原告向第三人催款，第三人将此借条交给原告，由原告代位行使债权。

另第三人欠被告 1998 年至 2000 年 22 个月工资 8 642 元。被告于 2001 年 5 月 31 日在第三人处集资 15 042.20 元，月息 2 分，计算至 2005 年 3 月 31 日利息为 13 838.78 元，本息合计 28 880.98 元，未付。

河南省镇平县人民法院判决认为：

最高人民法院《关于适用〈中华人民共和国合同法〉若干问题的解释（一）》第 18 条规定"在代位权诉讼中，次债务人对债务人的抗辩，可以向债权人主张"，依此规定，被告可以就其对第三人的抗辩，向原告主张。因被告与第三人互负债务，被告主张抵销，第三人对被告负债数额尚大于原告代位行使债权数额，故被告的抗辩成立。原告要求行使代位权的请求不能成立，应予驳回。《合同法》第 73 条第 2 款规定"债权人行使代位权的必要费用，由债务人负担"，本案的诉讼费用 1 200 元，应由第三人负担。①

问题：本案中原告与被告本无债权债务关系，原告能否起诉被告？如何理解诉讼中当事人之间的关系？法院判决依据的是合同法中的什么制度？

【分析】

与物权相比，债权具有相对性，债权的这种相对性决定了债的效力通常只发生于特定的当事人之间。但在特殊情况下，债的效力并非只及于债的关系之内，为保障债权人的权利，法律应当确认债权可以产生对第三人的效力，即赋予债权以对外效力。债权的保全制度就是债权的对外效力的集中表现。债权的保全制度的价值是保护债权人的合法权益，防止因债务人财产的不当减少而致使债权人债权受到损害，确保债务得以清偿，责任得以承担。我国《合同法》规定了债的保全制度即债权人代位权、撤

① 案例引自北大法律信息网。

销权制度，最高人民法院《关于适用〈中华人民共和国合同法〉若干问题的解释（一）》对此作出了详尽的解释，增强了其在实践中的可操作性。债的保全制度的确立，使其与债的担保制度及违约责任制度一起，共同构成了保护债权人债权的多重机制。

本案是一起代位权纠纷。我国《合同法》第73条规定了债权人的代位权。根据该条规定，债权人的代位权是指当债务人怠于行使其对第三人享有的权利而有害于债权人的权利时，债权人为保护自己的债权，可以自己的名义代位行使债务人的权利。本案正是债权人（原告）代位行使债务人（第三人）的债权，直接向次债务人（被告）主张权利，符合代位权的特征，所以此案为代位权纠纷。

本案涉及代位权诉讼中的若干法律问题：

1．债权人行使代位权须符合哪些条件？

根据最高人民法院《关于适用〈中华人民共和国合同法〉若干问题的解释（一）》第11条规定，债权人行使代位权，“应当符合下列条件：（一）债权人对债务人的债权合法；（二）债务人怠于行使其到期债权，对债权人造成损害；（三）债务人的债权已到期；（四）债务人的债权不是专属于债务人自身的债权”。本案中原告对第三人的债权已经法院判决，应为合法。原告代位行使的债权是一笔未约定还款期限的借款，即可随时主张权利；第三人就此笔借款未向被告提起过诉讼，也未申请过仲裁，应推定其为“怠于行使债权”。借款属于一般债权，非第三人专属于自身的债权。从以上分析可看出，本案中的原告是符合行使代位权的条件的。

2．诉讼主体如何确定？

代位权诉讼因系债权人直接要求次债务人对其履行清偿义务，所以债权人作为原告，次债务人为被告就确定无疑了。那么，债务人在此诉讼中的地位呢？最高人民法院《关于适用〈中华人民共和国合同法〉若干问题的解释（一）》第16条规定：“债权人以次债务人为被告向人民法院提起代位权诉讼，未将债务人列为第三人的，人民法院可以追加债务人为第三人。”债务人应作为无独立请求权的第三人参加诉讼。因代位权诉讼是一个独立之诉，债务人不能是必要共同被告。

3．次债务人在代位权诉讼中享有哪些权利？

次债务人在此诉讼中作为当事人一方，不是消极地承担责任，他也应当享有一定的权利，如举证权，证明债务人无怠于行使债权的情况等，同时也有抗辩权。最高人民法院《关于适用〈中华人民共和国合同法〉若干问题的解释（一）》第18条规定：“在代位权诉讼中，次债务人对债务人的抗辩，可以向债权人主张。”本案中被告即是举证证明第三人与其互负债务，行使了抵销权，以其对债务人的抗辩，向债权人进行了主张，其主张的事实，作为债务人的第三人不持异议，抗辩成立，使得债权人的代位权请求遭到法院驳回。

4．债权人行使代位权的费用怎样负担？

最高人民法院《关于适用〈中华人民共和国合同法〉若干问题的解释（一）》第19条规定了债权人代位权胜诉的，诉讼费由次债务人负担。但债权人败诉的，又如何负担呢？《合同法》第73条第2款规定：“债权人行使代位权的必要费用，由债务人负担。”诉讼费应属必要的费用范围，且就本案而言，也是由于第三人的糊涂，而将与其互负债务的被告的借条交与原告进行诉讼，从而造成原告的败诉，第三人具有过错，同时应让其承担诉讼费用也于法有据。

【基本原理】

一、合同的保全

（一）合同的保全的概念

合同的保全是指法律为防止因债务人的财产不当减少或不增加而给债权人的债权带来损害，允许债权人行使撤销权或代位权，以保护其债权而设立的一种法律制度。

因为债权人债权的实现需以债务人的偿债能力为基础。如果债务人以积极或消极的方式处分自己的财产，从而减弱甚至丧失偿债能力，债权人的利益就会受损。为保证债权的顺利实现，法律允许通过债的保全制度防止债务人的财产减少，保护债权人的债权。不仅合同之债可以保全，债的保全也可以适用于侵权之债等债权。因此，合同的保全实际上是债的保全，只不过由《合同法》规定而已。

与物权相比，债权具有相对性。其权利主体和义务主体具有特定性，债的效力通常只发生在债权人与债务人之间。但在特殊情况下，债的效力并非只及于债权人与债务人之间，为保障债权人的权利，债权也具有对外效力，合同的保全制度就是债的对外效力的集中表现。合同的保全包括债权人的代位权和债权人的撤销权。

（二）合同的保全与其他债权保障形式的区别

首先，合同的保全不同于合同的担保。担保一旦成立，担保权人就可以根据法律和合同的规定占有担保人所提供的财物，或对担保的财产享有优先受偿的权利，或请求保证人承担责任，这就为债务的履行或债权的实现提供了比较现实的物质基础。而在合同的保全的情况下，债权人不像担保权人那样能够实际掌握、控制实现债权的财产，也不能对第三人享有优先受偿的权利。

其次，合同的保全不同于民事诉讼中的财产保全。所谓财产保全，是指人民法院在案件受理前或诉讼过程中，为了保证判决的执行，或避免财产遭受损失而对当事人的财产和争议的标的物采取查封、扣押、冻结等措施。而合同的保全是实体法中的制度，它是通过债权人行使代位权、撤销权而实现的。

二、代位权

（一）代位权的概念

根据我国《合同法》第73条的规定，债权人的代位权是指因债务人怠于行使其到期的债权，对债权人造成损害的，债权人可以向人民法院请求以自己的名义代位行使债务人对次债务人债权的权利。通过行使代位权，债权人可以越过原债务人，以原告名义直接起诉次债务人，直接获得清偿。因此，代位权对解决三角债、连环债，减轻当事人的诉讼负担，维护债权人的利益，维护交易安全有重要意义。

（二）代位权的构成要件

最高人民法院《关于适用〈中华人民共和国合同法〉若干问题的解释（一）》第11条规定："债权人依照合同法第七十三条的规定提起代位权诉讼，应当符合下列条件：（一）债权人对债务人的债权合法；（二）债务人怠于行使其到期债权，对债权人造成损害；（三）债务人的债权已到期；（四）债务人的债权不是专属于债务人自身的债权。"可见，代位权的行使应具备如下条件：

1. 债权人对债务人的债权合法，且必须已届清偿期

债权人对债务人的债权合法是指债权人与债务人之间必须有合法的债权债务关系存在，这是代位权存在的前提。不论债的发生原因如何，合同之债、不当得利之债、侵权之债、无因管理之债等，只要债权合法即可。同时，债权人对债务人的债权必须已届清偿期。

2. 债务人怠于行使其到期债权，对债权人造成损害

债务人怠于行使其到期债权，对债权人造成损害是导致债权人行使代位权的主要原因，如何判断债务人的行为属于此种情形呢？最高人民法院《关于适用〈中华人民共和国合同法〉若干问题的解释（一）》第13 条对此进行了解释："合同法第七十三条规定的'债务人怠于行使其到期债权，对债权人造成损害的'，是指债务人不履行其对债权人的到期债务，又不以诉讼方式或者仲裁方式向其债务人主张其享有的具有金钱给付内容的到期债权，致使债权人的到期债权未能实现。"对此，可从以下几个方面理解：

第一，债务人对次债务人的债权是以金钱为给付内容的，且此债权已到期。

第二，如何判断债务人的行为构成"怠于行使其到期债权"呢？此处提供的标准是：怠于行使是指债务人能够通过诉讼或仲裁的方式向次债务人主张权利，但却未实施。

第三，对债权人造成损害，是指由于债务人的怠于行使其到期债权的行为，致使债权人的到期债权不能实现，即两者间有因果关系。

3. 债务人的债权不是专属于债务人自身的债权

对于专属于债务人自身的债权，债权人不得行使代位权。专属于债务人自身的债权是指与债务人的身份和基本生活需要紧密相连的债权。根据最高人民法院《关于适用〈中华人民共和国合同法〉若干问题的解释（一）》第12 条的规定，这类债权主要是指"基于扶养关系、抚养关系、赡养关系、继承关系产生的给付请求权和劳动报酬、退休金、养老金、抚恤金、安置费、人寿保险、人身伤害赔偿请求权等权利"。

（三）代位权的行使

我国《合同法》第73 条规定："因债务人怠于行使其到期债权，对债权人造成损害的，债权人可以向人民法院请求以自己的名义代位行使债务人的债权，但该债权专属于债务人自身的除外。"由此可知，代位权的行使需要注意以下几个问题：

1. 代位权的行使方式

代位权的行使必须通过诉讼的方式进行，即债权人只能向人民法院提出代位权之诉。

2. 代位权诉讼的主体

关于代位权诉讼的主体，最高人民法院《关于适用〈中华人民共和国合同法〉若干问题的解释（一）》第16 条规定："债权人以次债务人为被告向人民法院提起代位权诉讼，未将债务人列为第三人的，人民法院可以追加债务人为第三人。两个或者两个以上债权人以同一次债务人为被告提起代位权诉讼的，人民法院可以合并审理。"

第一，代位权诉讼的原告只能是债权人，被告是次债务人，债务人是第三人。债务人作为第三人参加诉讼有两点好处：首先，有利于查清案件事实。债务人对次债务人的债权，只有债务人最清楚，他参加诉讼有利于及时、准确地查明案情。如果债务

人不参加诉讼，势必会影响诉讼双方当事人的利益和案件的审理，因此，债务人不是可不可以参加诉讼，而是必须参加诉讼。其次，符合诉讼经济原则。在次债务人能够证明债务人无怠于行使其到期债权情况的情形下，法院可直接判令债务人承担清偿责任。

第二，当两个或两个以上的债权人以同一次债务人为被告提起代位权诉讼的，人民法院应当合并审理。

3. 代位权的行使范围

代位权的行使范围不仅要以债权人对债务人的债权为限，而且也要以债务人对次债务人的债权为限。对此，最高人民法院《关于适用〈中华人民共和国合同法〉若干问题的解释（一）》第21条规定："在代位权诉讼中，债权人行使代位权的请求数额超过债务人所负债务额或者超过次债务人对债务人所负债务额的，对超出部分人民法院不予支持。"

4. 代位权行使的费用负担

关于行使代位权的费用问题，我国《合同法》第73条规定："债权人行使代位权的必要费用，由债务人负担。"而最高人民法院《关于适用〈中华人民共和国合同法〉若干问题的解释（一）》第19条规定："在代位权诉讼中，债权人胜诉的，诉讼费由次债务人负担，从实现的债权中优先支付。"这一解释表面上看与合同法的规定不符，诉讼费由次债务人负担，将诉讼费从实现的债权中优先支付，但实际上最终还是由债务人承担费用，只不过是间接的负担。

5. 代位权行使的效力

最高人民法院《关于适用〈中华人民共和国合同法〉若干问题的解释（一）》第20条规定："债权人向次债务人提起的代位权诉讼经人民法院审理后认定代位权成立的，由次债务人向债权人履行清偿义务，债权人与债务人、债务人与次债务人之间相应的债权债务关系即予消灭。"

三、撤销权

（一）撤销权的概念

根据我国《合同法》第74条的规定，债权人的撤销权是指因债务人实施减少其财产的行为对债权人造成损害的，债权人可以请求人民法院撤销该行为的权利。

值得注意的是，此处所规定的撤销权与可撤销合同中一方当事人所享有的撤销权（参见《合同法》第54条）是不同的，两者在性质上存在根本的区别：

首先，两者是合同法上两种不同的制度，分别属于合同效力制度与合同保全制度。可撤销合同制度设立的根本目的是贯彻意思自治原则，使撤销权人可以对意思表示不真实的合同请求撤销，从而维护合同当事人的意志自治。而合同保全制度中撤销权是为了保护债权人的利益，防止因债务人的财产不当减少对债权人造成损害，而赋予债权人的保全其债权的一种方式，它虽然在合同法中规定，但也适用于其他的债权，如侵权之债等。

其次，两者撤销的对象是不同的。可撤销合同制度中的撤销权针对的是当事人之间订立的意思表示不真实的合同，也就是说撤销权人请求撤销的是自己参与订立的合同，撤销权的行使只是在合同当事人之间发生效力。合同保全制度中撤销权主要是针对债务人与第三人之间实施有害于债权人权利的转让财产的行为，也就是说旨在撤销债务人与第三人之间的民事行为，将对第三人发生效力。

再次，从权利存续的期间来看，两种撤销权的行使都要求从撤销权人知道或应当知道撤销事由之日起一年内行使。但我国《合同法》第75条规定，合同保全的撤销权“自债务人的行为发生之日起五年内没有行使撤销权的，该撤销权消灭”。该规定不适用于可撤销合同制度中的撤销权。

（二）撤销权的构成条件

根据我国《合同法》第74条的规定：“因债务人放弃其到期债权或者无偿转让财产，对债权人造成损害的，债权人可以请求人民法院撤销债务人的行为。债务人以明显不合理的低价转让财产，对债权人造成损害，并且受让人知道该情形的，债权人也可以请求人民法院撤销债务人的行为。”可见，撤销权的行使应具备如下条件：

1. 债权人对债务人存在合法的债权

债权人对债务人的债权合法是指债权人与债务人之间必须有合法的债权债务存在，这是撤销权存在的前提。不论债的发生原因如何，合同之债、不当得利之债、侵权之债、无因管理之债等，只要债权合法即可。

2. 债务人实施了处分财产的行为，对债权人造成损害

债务人的财产是债权人债权得以实现的保证，但对于债务人处分财产的行为，债权人并非一定享有撤销权。如果债务人处分其财产的行为不会损害债权人债权的实现，债权人则无权进行干预。只有在债务人处分财产的行为使其财产减少，已经或者将要严重损害债权人的债权，从而导致债权人的债权无法实现的情况下，债权人才能行使撤销权。因此，即使债权人对债务人的债权没有到期也不影响撤销权的成立，这一点也是撤销权和代位权的不同之处。

如何判断“债务人实施了处分财产的行为，对债权人造成损害”呢？一般认为，只要债务人实施处分财产的行为，使其财产减少，已不具有足够资产清偿债权人的债务，就可以认定为对债权人造成损害。如果债务人能够举证证明其在实施该处分行为后，仍有足够的资产清偿债务，则不能认为债务人的行为有害于债权人的债权。

根据我国《合同法》第74条的规定，债务人实施了处分财产的行为，对债权人造成损害，主要有以下几种情况：

（1）债务人放弃到期债权，对债权人造成损害。债务人对他人享有的债权到期后，债务人明确表示免除其债务人的债务，可能是部分免除，也可能是全部免除。对于债务人放弃未到期的债权，对债权人将会造成损害的，债权人是否可以行使撤销权呢？最高人民法院《关于适用〈中华人民共和国合同法〉若干问题的解释（二）》第18条规定：“债务人放弃其未到期的债权或者放弃债权担保，或者恶意延长到期债权的履行期，对债权人造成损害，债权人依照合同法第七十四条的规定提起撤销权诉讼的，人民法院应当支持。”据此，不论债务人放弃的债权是否到期，甚至并没有放弃债权，只是恶意延长到期债权的履行期，只要对债权人造成损害的，债权人都可以行使撤销权。

（2）债务人无偿转让财产，对债权人造成损害。无偿转让财产，这主要是指债务人将财产赠与他人，对债权人造成损害。至于债务人无偿向他人提供劳务的行为，一般不会减少债务人的责任财产给债权人造成损害，只是债务人的财产没有增加，因此，债权人不能要求撤销。

（3）债务人以明显不合理的低价转让财产，对债权人造成损害，并且受让人知道该情形。对于如何认定“明显不合理的低价”？最高人民法院《关于适用〈中华人民共和国合同法〉若干问题的解释（二）》第19条规定：“对于合同法第七十四条规定的‘明显不合理的低价’，人民法院应当以交易当地一般经营者的判断，并参考交易当时交易地的物价部门指导价或者市场交易价，结合其他相关因素综合考虑予以确认。转让价格达不到交易时交易地的指导价或者市场交易价百分之七十的，一般可以视为明显不合理的低价。”

此外，最高人民法院《关于适用〈中华人民共和国合同法〉若干问题的解释（二）》第19条还规定：“债务人以明显不合理的高价收购他人财产，人民法院可以根据债权人的申请，参照合同法第七十四条的规定予以撤销。对转让价格高于当地指导价或者市场交易价百分之三十的，一般可以视为明显不合理的高价。”因为债务人以明显不合理的高价收购他人财产，势必造成债务人财产的减少，危害债权人的利益，允许债权人在此情形下行使撤销权，将更好地保护债权人的利益。

不同于前面两种债权人行使撤销权的情形（债务人放弃其到期债权、无偿转让财产），在债务人以明显不合理的低价转让财产或者高价收购他人财产，对债权人造成损害的情形下，还要求第三人知道该情形，也就是说第三人具有恶意，主观上有过错。之所以如此规定，主要是为了保护交易安全，保护善意第三人的利益，因为在市场经济条件下，即使债务人从事了恶意损害债权人债权的行为，但如果与其进行有偿交易的第三人在交易时主观上是善意的、无过失的，并支付了一定的对价，法律对第三人的利益也要加以保护，否则危及交易安全和秩序。而前面两种债权人行使撤销权的情形，第三人没有支付对价，第三人是无偿获得利益，因此，不以第三人有过错作为撤销的条件。

对于如何理解“第三人知道该情形”？有两种观点：一种观点认为，受让人只需要知道交易是以“明显不合理的价格”达成的，便构成恶意；另一种观点认为，第三人不仅要知道交易是以“明显不合理的价格”达成的，而且要知道此种交易对债权人造成了损害，才构成恶意。但一般认为，在实践中，要求债权人举证证明第三人在交易时知道债务人所实施的处分行为有害于债权人的债权，甚至有害于某一个特定的债权人的债权，这对债权人来说是十分困难的。因此，只要债权人能够举证证明第三人知道交易是以“明显不合理的价格”达成的，便可以认为第三人具有恶意。至于第三人是否具有故意损害债权人的意图，在认定第三人的恶意时不必考虑。

（三）撤销权的行使

1. 撤销权的行使方式

根据我国《合同法》第74条的规定，撤销权的行使必须由享有撤销权的债权人以自己的名义，向法院提起诉讼，请求人民法院撤销债务人不当处分财产的行为。

2. 撤销权诉讼的主体

关于撤销之诉的原告，很显然是享有撤销权，提起诉讼的债权人，如果债权人为多数人，可以共同行使撤销权，最高人民法院《关于适用〈中华人民共和国合同法〉若干问题的解释（一）》第25条规定：“两个或者两个以上债权人以同一债务人为被告，就同一标的提起撤销权诉讼的，人民法院可以合并审理。”

关于撤销之诉的被告和第三人，最高人民法院《关于适用〈中华人民共和国合同法〉若干问题的解释（一）》第24条规定："债权人依照合同法第七十四条的规定提起撤销权诉讼时只以债务人为被告，未将受益人或者受让人列为第三人的，人民法院可以追加该受益人或者受让人为第三人。"可见，我国的司法实践仅承认撤销诉讼的被告为债务人，受益人或者受让人只能作为诉讼中的第三人。

3. 撤销权的行使范围

根据我国《合同法》第74条的规定，撤销权的行使范围以债权人的债权为限，也就是说债权人在行使撤销权时，其请求撤销的数额须与其债权数额大致相当，对超出债权保全的必要的部分，不应发生效力。

4. 撤销权行使的费用负担

关于行使撤销权的费用问题，我国《合同法》第74条规定："债权人行使撤销权的必要费用，由债务人负担。"最高人民法院《关于适用〈中华人民共和国合同法〉若干问题的解释（一）》第26条规定："债权人行使撤销权所支付的律师代理费、差旅费等必要费用，由债务人负担；第三人有过错的，应当适当分担。"

5. 撤销权行使的效力

最高人民法院《关于适用〈中华人民共和国合同法〉若干问题的解释（一）》第25条规定："债权人依照合同法第七十四条的规定提起撤销权诉讼，请求人民法院撤销债务人放弃债权或转让财产的行为，人民法院应当就债权人主张的部分进行审理，依法撤销的，该行为自始无效。"债权人通过行使撤销权，撤销的是债务人不当处分财产的行为，撤销的效果在于债务人财产的回归，债权人并不直接获得该财产，这一点与代位权有明显不同。

6. 撤销权的除斥期间

我国《合同法》第75条规定："撤销权自债权人知道或者应当知道撤销事由之日起一年内行使。自债务人的行为发生之日起五年内没有行使撤销权的，该撤销权消灭。"需要注意的是，一年的除斥期间是自债权人知道或者应当知道撤销事由之日起计算，五年的除斥期间是自债务人的行为发生之日起计算，两者的起算时间的依据是不同的。合同法规定行使撤销权的最长时间不超过五年，目的是为了防止财产关系长期处于不稳定状态，不利于交易秩序的建立。

【相关案例】

原告：高乃飞

原告：李德惠

被告：刘彤

第三人：刘金昌（刘彤之父）

2007年，刘彤自高乃飞、李德惠之子高鹏处借款100万元。后高鹏因病去世。2008年5月21日，高乃飞、李德惠将刘彤诉至法院，要求刘彤给付该笔欠款。2008年6月26日，刘彤与第三人刘金昌签订《北京市存量房屋买卖合同》，约定刘彤以60.3万元的价格将建筑面积为93.04平方米的北京市朝阳区东三环南路54号院10号楼507号房屋出售给第三人。2008年10月13日，法院做出（2008）朝民初字第16846号民事判决书，判决刘彤给付高乃飞、李德惠借款本金100万元及利息。之后刘彤只偿还高乃飞、李德惠20万元，同时表示，出售诉争房屋所得款项并未用以清偿高乃飞、李德惠的债务，且目前无力偿还对高乃飞、李德惠所负债务。高乃飞、李德惠遂起诉，请求北京市朝阳区人民法院撤销刘彤与刘金昌于2008年6月26日签订的房屋买卖合同，判决刘彤赔偿高乃飞、李德惠为行使撤销权所支付的律师代理费3万元。[①]

问题：本案中原告是否有权要求法院撤销被告出售房屋的行为呢？

【分析】

根据我国《合同法》第74条的规定，债务人以明显不合理的低价转让财产，对债权人造成损害，并且受让人知道该情形的，债权人可以请求人民法院撤销债务人的行为。本案中，刘彤将自有房屋出售于其父，且出售价格明显低于当时的市场价格，对高乃飞、李德惠的债权利益造成实际损害，受让人是债务人之父，对此情形应是完全知道的，据此可以认定第三人具有恶意，所以，高乃飞、李德惠可以要求法院撤销该转让行为，法院应予以支持。该房屋买卖合同一经撤销，合同自始无效，被告与第三人之间应各自返还其财产，被告在接受第三人返还的财产后，应将这些财产作为其清偿债务的资产，用于清偿对原告的债务。

根据我国《合同法》的相关规定，原告行使撤销权所支付的律师代理费等必要费用应由被告刘彤负担；第三人有过错的，应当适当分担。

法条链接

《中华人民共和国合同法》

第73条　因债务人怠于行使其到期债权，对债权人造成损害的，债权人可以向人民法院请求以自己的名义代位行使债务人的债权，但该债权专属于债务人自身的除外。

代位权的行使范围以债权人的债权为限。债权人行使代位权的必要费用，由债务人负担。

第74条　因债务人放弃其到期债权或者无偿转让财产，对债权人造成损害的，债权人可以请求人民法院撤销债务人的行为。债务人以明显不合理的低价转让财产，对债权人造成损害，并且受让人知道该情形的，债权人也可以请求人民法院撤销债务人的行为。

撤销权的行使范围以债权人的债权为限。债权人行使撤销权的必要费用，由债务人负担。

第75条　撤销权自债权人知道或者应当知道撤销事由之日起一年内行使。自债务人的行为发生之日起五年内没有行使撤销权的，该撤销权消灭。

思考与练习

1. 试述合同的保全的含义和方式。
2. 什么情况下债权人可以行使代位权以及如何行使？

---

① 案例引自北大法律信息网。

3. 债权人行使代位权的法律后果是什么？
4. 什么情况下债权人可以行使撤销权以及如何行使？

项目四　合同的变更和转让

【引例】

原告：张爱芹

被告：巩义市大峪沟镇玉皇庙村民委员会

巩义市大峪沟永安煤矿（以下简称永安煤矿）系玉皇庙村委开办的集体所有制企业。张爱芹庄宅外大石墙及路面边沟等因永安煤矿造成断裂损坏，出现不同程度裂缝，如不及时维修，会中断交通。经协商，2005 年 6 月 15 日，永安煤矿和张爱芹签订了赔偿协议，协议约定：永安煤矿参照周边煤矿赔偿标准，一次性给予补偿款 10 万元，2005 年 7 月 31 日前付清；张爱芹接受赔偿后，由本人负责修复，今后大石墙、路面、边沟、地平如出现问题，责任由张爱芹承担，与煤矿没有责任；因赔偿款没有及时兑付所造成的一切后果由永安煤矿承担。协议签订后，永安煤矿没有支付张爱芹赔偿款。

2008 年 1 月 25 日，河南大峪沟煤业集团有限责任公司、巩义市大峪沟红旗煤业有限责任公司和玉皇庙村委签订收购协议一份，约定：河南大峪沟煤业集团有限责任公司和巩义市大峪沟红旗煤业有限责任公司共同出资收购玉皇庙村委所属永安煤矿；永安煤矿的债权债务全部由玉皇庙村委承担，永安煤矿未履行完毕的债务由玉皇庙村委负责偿还和处置等。上述协议签订后，玉皇庙村委于 2008 年 3 月 4 日在《郑州日报》上进行了公告。巩义市大峪沟红旗煤业有限责任公司和玉皇庙村委办理了永安煤矿的交接手续，现永安煤矿由巩义市大峪沟红旗煤业有限责任公司经营、管理。

张爱芹同意玉皇庙村委和河南大峪沟煤业集团有限责任公司、巩义市大峪沟红旗煤业有限责任公司签订的收购协议中对永安煤矿债务的约定，但玉皇庙村委没有支付张爱芹 10 万元赔偿款，引起诉讼。本案中，永安煤矿的债务能否转移给玉皇庙村委？玉皇庙村委是否应当支付张爱芹 10 万元赔偿款？[①]

【分析】

广义上合同变更包括合同主体的变更及内容的变更。合同主体的变更又称合同的转让，是指合同当事人一方将合同权利或义务让与他人，即由新的合同主体取代原合同关系的主体，包括合同债权让与、债务承担与债权债务的概括转移三种情形。

本案是一起由债务移转而引起的纠纷。原告张爱芹和永安煤矿签订的赔偿协议合法有效，永安煤矿应当支付张爱芹赔偿款。2008 年 1 月 25 日，玉皇庙村委和河南大峪沟煤业集团有限责任公司、巩义市大峪沟红旗煤业有限责任公司签订的协议中约定由玉皇庙村委承担永安煤矿的债务，对该约定张爱芹表示同意，故张爱芹、玉皇庙村委之间的债权债务关系成立。在债务移转中，受让人成为合同关系的当事人，如果他未能依照合同约定履行合同义务，债权人可直接要求其履行义务或承担违约责任，玉皇

① 案例引自北大法律信息网。

庙村委应当偿付张爱芹赔偿款10万元并支付利息损失。

【基本原理】

合同依法成立后，当事人经协商一致，可以变更合同，以满足当事人的需要。当事人可以将合同的权利全部或部分转让给第三人；经债权人同意，也可以将合同的义务全部或部分转让给第三人。无论是转让合同权利，还是转移合同义务，都必须符合法律规定的条件。

一、合同的变更

（一）合同变更的含义

合同变更，有广义和狭义之分，其含义也不同。

狭义的合同变更仅指合同内容的变更，即在合同成立以后，尚未履行或尚未完全履行之前，在合同主体不变的条件下，合同的某些条款被修改或补充。我国《合同法》第77条规定："当事人协商一致，可以变更合同。"这里所说的"变更合同"就是指狭义的合同变更。

广义的合同变更，除包括合同内容的变更外，还包括合同主体的变更，即由新的合同主体取代原合同关系的主体，但合同内容并不发生变化，这种情形常常被称为合同的转让。如果是债权人变更的，称为债权转让或债权移转；如果是债务人变更的，称为债务移转。

为方便理解，通常我们所讲的"合同变更"仅指狭义的合同变更，我们将合同主体变更则称为"合同的转让"，分别加以论述。

（二）合同变更需要注意的问题

1. 合意变更和法定变更

依发生原因的不同，合同变更分为合意变更和法定变更。

合意变更是指根据合同自由的原则，合同当事人在协商一致的情况下，可以变更合同。我国《合同法》第77条规定："当事人协商一致，可以变更合同。"合意变更必须经当事人双方协商一致，并在原合同的基础上达成新的协议，这同样要经过要约和承诺的过程。任何一方未经对方同意，无正当理由擅自变更合同内容，不仅不能对合同另一方产生约束力，反而构成违约行为。

值得注意的是，除了合意变更之外，合同的变更还可以根据法律规定而产生，即法定变更。也就是说，当合同存在法定的变更事由时，当事人一方依据法律规定享有单方变更合同的权利，如可变更可撤销合同的当事人就享有请求法院或仲裁机构变更合同内容的权利。

此外，根据最高人民法院《关于适用〈中华人民共和国合同法〉若干问题的解释（二）》第26条规定："合同成立以后客观情况发生了当事人在订立合同时无法预见的、非不可抗力造成的不属于商业风险的重大变化，继续履行合同对于当一方当事人明显不公平或者不能实现合同目的，当事人请求人民法院变更或者解除合同的，人民法院应当根据公平原则，并结合案件的实际情况确定是否变更或者解除。"在情势变更的情况下，合同当事人也享有请求法院或仲裁机构变更合同内容的权利。

在《合同法》的分则中，为了更好地实现合同目的，满足当事人的需要，在特殊情况下，也赋予合同当事人单方变更合同的权利。如我国《合同法》第308条规定：“在承运人将货物交付收货人之前，托运人可以要求承运人中止运输、返还货物、变更到达地或者将货物交给其他收货人，但应当赔偿承运人因此受到的损失。”

2. 合同变更是指合同内容的局部变化

合同变更只是对合同内容的局部修改和补充，而不是对合同内容的全部变更。一般包括标的数量的增减、改变交货地点、时间、价款或结算方式等。对于合同标的等合同主要条款的变更是否属于合同变更存在争论。一般认为，合同变更是在原合同关系的基础之上，形成新的合同关系，这种新的合同关系应当包括原合同的实质内容。如果合同变更导致原合同的实质性变化，例如合同价款的变更，使有偿合同变为无偿合同，那么就等于当事人重新订立了一个新的合同，并不属于合同的变更。

3. 合同变更须约定明确

为了减少合同当事人就合同变更产生纠纷，维护合同关系的稳定，我国《合同法》第78条规定：“当事人对合同变更的内容约定不明确的，推定为未变更。”也就是说，如果当事人对合同变更的内容约定不明确的，则合同视为未变更，当事人仍应当按原合同履行。

4. 合同变更必须遵循法定的程序和方式

我国《合同法》第77条规定：“法律、行政法规规定变更合同应当办理批准、登记等手续的，依照其规定。”对于法律、行政法规规定合同变更时应当办理批准、登记等手续的合同，当事人仅达成变更合同的协议是不够的，还必须依照法律、行政法规的规定办理批准、登记等手续，合同变更才能生效。

（三）合同变更的效力

合同变更后，当事人应当按照变更后的合同内容履行，但合同变更只对未履行部分有效，不对已经履行的部分发生效力。合同变更不影响当事人请求损害赔偿的权利，一方当事人给另一方当事人造成损害的，不得以合同已变更来推卸赔偿责任。

合同的担保作为主合同债权的从权利，具有附随性。当事人未经保证人同意而变更主合同的，势必会影响保证人的利益，尤其合同变更后加重债务人和保证人负担的，未经保证人同意，保证人不承担责任。但如果合同变更减轻债务人和保证人负担的，即使未经保证人同意，保证人仍须承担保证责任，因为这对保证人并无损害。

法条链接

《中华人民共和国合同法》

第77条　当事人协商一致，可以变更合同。法律、行政法规规定变更合同应当办理批准、登记等手续的，依照其规定。

第78条　当事人对合同变更的内容约定不明确的，推定为未变更。

二、合同的转让

（一）合同转让的含义和类型

如前所述，合同的转让是指合同主体的变更，即由新的合同主体取代原合同关系的主体，但合同内容并不发生变化。如果是债权人变更的，称为债权转让或债权移转；如果是债务人变更的，称为债务移转；如果新的当事人既承受债权，又承受债务，称为合同权利义务的概括转让。

（二）债权转让

1. 债权转让的含义

根据我国《合同法》第 79 条的规定，债权转让是指债权人通过协议将合同的权利全部或部分转让给第三人的行为。

在权利全部转让时，受让人将完全取代转让人的地位成为合同的当事人；在权利部分转让的情况下，受让人将加入到原合同关系中，与原债权人共同享有债权。

值得注意的是，合同权利的转让与物权的转让在性质上是不同的，虽然物权的转让如土地使用权的出让和转让、共有人转让共有份额等，常常通过订立合同的方式来转让，但两者转让的对象是不同的，合同权利的转让是债权的转让，受合同法的调整，而物权的转让则要受物权法的调整。

2. 债权转让的条件

根据法律的规定，债权转让须具备如下条件：

（1）须有有效的合同权利的存在。

（2）转让双方之间须达成协议。

（3）转让的合同权利须具有可让与性。对于不具有让与性的合同权利，权利人不得转让，根据我国《合同法》第 79 条的规定，下列合同权利不得转让：

一是根据合同的性质不得转让的权利，主要包括：① 合同标的与特定当事人相关的合同债权，如基于个人信任关系而订立的雇用、房屋租赁、特定演员的演出合同等；② 合同的从权利。合同的从权利不能与主权利分离而单独转让。如我国《担保法》第 50 条规定："抵押权不得与债权分离而单独转让或者作为其他债权的担保。"

二是按照当事人约定不得转让的权利。根据合同自由原则，当事人可以在订立合同时或订立合同后特别约定，禁止任何一方当事人转让合同权利，只要此约定不违反法律的禁止性规定和社会公共道德，就应当具有法律效力，任何一方不得违反约定转让合同权利。

三是法律规定禁止转让的合同权利。如我国《担保法》第 61 条规定的"最高额抵押的主合同债权不得转让"就属于法律规定禁止转让的合同权利。

（4）须通知债务人。我国《合同法》第 80 条规定："债权人转让权利的，应当通知债务人。未经通知，该转让对债务人不发生效力。债权人转让权利的通知不得撤销，但经受让人同意的除外。"这就是说，债权人转让权利的，不以债务人的同意为必要，但应当通知债务人，未经通知，该转让对债务人不发生效力。债权人转让权利的通知到达债务人以后，债权人不得撤销通知，否则，将因为债权人随意撤销通知使已经转让的权利处于不稳定状态。但如果受让人同意债权人撤销转让的通知，则权利转让将不发生效力。

（5）须依法办理相关手续。根据我国《合同法》第87条的规定，如果法律、行政法规规定转让合同权利应当办理批准、登记等手续的，债权人在转让债权时应当办理相关的手续。

3. 债权转让的效力

债权转让后，将发生如下效力：

（1）根据我国《合同法》第81条的规定，债权人转让合同权利的，从属于主债权的从权利，如抵押权、利息债权、定金债权、违约金债权等也将随主权利的移转而发生移转，但专属于债权人自身的从权利除外。

（2）债务人向受让人履行合同义务，不得再向原债权人履行。

（3）债务人所享有的对抗原债权人的抗辩权，并不因合同权利的转让而消灭。我国《合同法》第82条规定："债务人接到债权转让通知后，债务人对让与人的抗辩，可以向受让人主张。"这一规定主要是为了保护债务人的利益，使其不因合同权利的转让而受到损害。

（4）债务人的抵销权。我国《合同法》第83条规定："债务人接到债权转让通知时，债务人对让与人享有债权，并且债务人的债权先于转让的债权到期或者同时到期的，债务人可以向受让人主张抵销。"

法条链接

《中华人民共和国合同法》

第79条　债权人可以将合同的权利全部或者部分转让给第三人，但有下列情形之一的除外：（一）根据合同性质不得转让；（二）按照当事人约定不得转让；（三）依照法律规定不得转让。

第80条　债权人转让权利的，应当通知债务人。未经通知，该转让对债务人不发生效力。

债权人转让权利的通知不得撤销，但经受让人同意的除外。

第81条　债权人转让权利的，受让人取得与债权有关的从权利，但该从权利专属于债权人自身的除外。

第82条　债务人接到债权转让通知后，债务人对让与人的抗辩，可以向受让人主张。

第83条　债务人接到债权转让通知时，债务人对让与人享有债权，并且债务人的债权先于转让的债权到期或者同时到期的，债务人可以向受让人主张抵销。

（三）债务移转

1. 债务移转的含义

根据我国《合同法》第84条的规定，债务移转是指债务人征得债权人的同意后，通过协议将合同的义务全部或部分转让给第三人的行为。

债务移转包括两种情形：一是债务人将合同义务全部转移给第三人，由该第三人取代债务人的地位，成为新的债务人，这种移转称为免责的债务承担；二是债务人将合同义务部分转移给第三人，由债务人和第三人共同承担债务，原债务人并不退出合同关系，这种移转称为并存的债务承担。

值得注意的是，合同义务的移转与第三人代为履行看起来很相似，但两者在性质上是不同的：在债务移转中，第三人成为合同关系的当事人，如果他未能依照合同约定履行合同义务，债权人可直接要求其履行义务或承担违约责任；而在第三人代替履行时，若第三人未能依照合同约定履行合同义务，债权人只能向债务人请求承担责任。

2. 债务移转的条件

根据法律的规定，债务移转须具备如下条件：

（1）须有有效的合同义务存在。

（2）须就合同义务的移转达成协议。

（3）转让的合同义务须具有可让与性。

对于依据法律规定或合同约定不得移转的义务，不得移转。例如，因抚养、扶养等关系发生的债务就不得移转。

（4）须经债权人的同意。一般来说，债权转让不会给债务人造成损害，所以，债权转让无须征得债务人的同意，只需要通知债务人即可发生效力。但债务移转则有可能损害债权人的利益，因为债务人的履行能力和履行意愿都直接影响到债权人的债权能否实现，因此，债务移转必须征得债权人的同意才能发生效力。我国《合同法》第84条规定："债务人将合同的义务全部或者部分转移给第三人的，应当经债权人同意。"债权人的同意可以采取明示或默示的方式。如果债权人未明确表示同意，但他向第三人要求履行义务，可以推定债权人已经同意债务的转移。

（5）须依法办理相关手续。根据我国《合同法》第87条的规定，如果法律、行政法规规定转让合同义务应当办理批准、登记等手续的，债务人在转移债务时应当办理相关的手续。

3. 债务移转的效力

债务移转后，将发生如下效力：

（1）合同义务全部移转的，受让人将代替原债务人的地位成为合同当事人。合同义务部分移转的，原债务人和受让人各自应承担的债务应依照债务移转协议确定，如果当事人约定不明确的，则原债务人与受让人负连带责任。

（2）债务移转后，受让人可以主张原债务人对债权人的抗辩。我国《合同法》第85条规定："债务人转移义务的，新债务人可以主张原债务人对债权人的抗辩。"

（3）债务移转后，受让人应当承担与主债务有关的从债务。我国《合同法》第86条规定："债务人转移义务的，新债务人应当承担与主债务有关的从债务，但该从债务专属于原债务人自身的除外。"

（四）合同权利义务的概括转让

1. 合同权利义务的概括转让的含义

根据我国《合同法》第88条的规定，合同权利义务的概括转让是指合同一方当事人经对方同意，将自己在合同中的权利和义务一并转让给第三人。例如，在房屋租赁合同中，承租人经出租人同意，将其在合同中的权利和义务移转给第三人，由第三人取代其在合同中的地位。第三人享受承租人所享有的权利（如使用房屋），承担承租人所负的债务（如交付租金）。

合同权利义务的概括转让，可以依据当事人之间的协议而发生，也可以因法律规定而产生，在法律规定的权利义务的概括转让中，最典型、最常见的就是因企业法人或其他组织的合并、分立而发生的权利义务的概括转让。

2. 合同权利义务的概括转让的条件和效力

合同一方当事人要将权利义务概括转让与第三人，必须经另一方当事人同意，才能转让。因为转让后，第三人将完全代替原合同当事人的地位，原合同当事人退出合同关系，这关系到另一方当事人的利益。所以，合同权利义务的概括转让必须取得另一方当事人的同意。

合同权利义务的概括转让与债权转让和债务移转的不同之处在于，它不是单纯地转让债权或移转债务，而是转让合同的全部债权债务，所以，根据我国《合同法》第89条的规定，合同法关于债权转让和债务移转的规定均可对其适用。此外，合同的解除权和撤销权也将因此而转移给第三人。

3. 因合并、分立而引起的合同权利义务的概括转让

合并是指两个或两个以上的企业或其他组织合并为一个的行为。分立是指一个企业或其他组织分立为两个或两个以上的企业或组织的行为。

企业法人或其他组织合并、分立后，其合同权利义务由谁来享有和承担？我国《合同法》第90条规定："当事人订立合同后合并的，由合并后的法人或者其他组织行使合同权利，履行合同义务。当事人订立合同后分立的，除债权人和债务人另有约定的以外，由分立的法人或者其他组织对合同的权利和义务享有连带债权，承担连带债务。"

法条链接

《中华人民共和国合同法》

第84条　债务人将合同的义务全部或者部分转移给第三人的，应当经债权人同意。

第85条　债务人转移义务的，新债务人可以主张原债务人对债权人的抗辩。

第86条　债务人转移义务的，新债务人应当承担与主债务有关的从债务，但该从债务专属于原债务人自身的除外。

第87条　法律、行政法规规定转让权利或者转移义务应当办理批准、登记等手续的，依照其规定。

第88条　当事人一方经对方同意，可以将自己在合同中的权利和义务一并转让给第三人。

第89条　权利和义务一并转让的，适用本法第七十九条、第八十一条至第八十三条、第八十五条至第八十七条的规定。

第90条　当事人订立合同后合并的，由合并后的法人或者其他组织行使合同权利，履行合同义务。当事人订立合同后分立的，除债权人和债务人另有约定的以外，由分立的法人或者其他组织对合同的权利和义务享有连带债权，承担连带债务。

思考与练习

1. 合同变更须具备什么条件?
2. 试述债权转让的条件和效力。
3. 试述债务移转的条件和效力。
4. 试述企业合并、分立后,其合同权利和义务该如何处理?

项目五　合同的终止

【引例】

甲(父)与乙(子)系父子关系,两人合伙做生意,经常去北京出差。2000 年 2 月 14 日,两人在北京逛超市,正值超市开展情人节降价促卖戒指活动,乙欲为其妻子购买戒指一枚,却发现忘带钱包。甲对乙说:“我给你付钱。”并对售货小姐说:“这 5 000元由我替他付账。”售货小姐收了 5 000 元后,将戒指交付于乙。

2001 年 12 月 7 日,甲、乙因故解散合伙,经亲属调解分割合伙财产时,对于甲以前欠乙的借款 10 000 元,乙当场表示免除其父所欠这笔债务。后乙又反悔,并多次向其父索要 10 000 元欠款,甲一怒之下将乙打伤,乙为治伤花去医药费 5 000 元。甲、乙发生纠纷请村委会调解。甲提出,2000 年 2 月 14 日,乙在北京买戒指,我给他付账 5 000元,现在乙受伤医药费花去 5 000 元,两相抵销,我们互不欠账。合伙做生意我欠他 10 000 元,他已同意将此笔债务免除了。乙说,甲 2000 年 2 月 14 日替我在北京付账,纯属赠与;因合伙终止结算甲欠我 10 000 元,虽然我曾表示免除此债务,但后来我又反悔了,不同意免除。

不久,甲旧病发作去世,只有继承人乙一人。①

问题:本案中,各当事人之间的合同权利义务关系是否终止?因何原因终止?

【分析】

合同关系是一个动态的过程,因订立而产生,因履行、免除、解除等原因而消灭。本案涉及多个合同关系,这些合同关系因清偿、免除、抵销、混同等不同原因而终止。以下分别进行讨论:

(1)乙与超市之间购买戒指的买卖合同因清偿而终止。清偿,是指债务人按照合同约定向债权人履行义务,实现合同目的的行为。清偿人可以是债务人本人,在一些合同中,也可以由第三人代为清偿,当事人之间的合同权利义务关系因清偿而消灭。这是最为常见的合同终止的原因了。

本案中,乙与超市之间的买卖合同之债不属于不作为债务或不具有转让性的债务,乙应支付的购买戒指的价款完全可以由第三人清偿,甲为乙清偿债务,乙和债权人都没有异议或拒绝,因此,乙与超市之间的买卖合同因清偿而终止。

(2)甲欠乙的债务因免除而终止。

---

① 郭明瑞,张平华. 合同法学案例教程(第 2 版). 北京:知识产权出版社,2006.

免除是指债权人免除债务人的债务而使合同权利义务部分或全部终止的意思表示。我国《合同法》第105条规定："债权人免除债务人部分或者全部债务的，合同的权利义务部分或者全部终止。"依此规定，债务免除为债权人的单方行为，债权人向债务人做出免除的意思表示，即可发生免除的效力。

本案中，甲、乙解散合伙时，对于甲欠乙借款10 000元，乙当场表示免除，符合免除的条件，发生免除的效力，因此，甲、乙之间的10 000元借款合同关系因免除而终止，乙事后反悔的行为是无效的。

（3）甲打伤乙，乙花去医药费5 000元与乙欠甲的5 000元代为购买戒指的债务不能抵销。

抵销是指双方当事人互负债务时，根据法律规定或当事人约定，将互负债务互相冲抵，使双方的债务在对等的数额内消灭的行为。抵销有法定抵销和协议抵销两种。法定抵销须符合法定的条件，才可以发生。当不具备法定抵销的条件时，根据合同自由原则，法律允许当事人通过协议，抵销各自的债务。本案中，甲打伤乙，乙花去医药费5 000元，乙欠甲的5 000元代为购买戒指的债务是否可以抵销呢？很显然，他们没有达成协议抵销，只有甲主张抵销而乙不同意，在此情形下，只有看甲、乙的债务是否符合法定抵销的情形。由于甲对乙受伤应付赔偿责任的债务属于因侵害人身产生的债务，属于不能法定抵销的债务，因此，甲无权主张以其对乙所负的侵权赔偿之债与乙欠甲的5 000元代为购买戒指的债务抵销。

（4）甲乙之间的债权债务因混同而终止。

混同是指合同债权与债务同归于一人，而使合同关系消灭的事实。我国《合同法》第106条规定："债权和债务同归于一人的，合同的权利义务终止，但涉及第三人利益的除外。"

本案中，甲死亡后，只有一个继承人乙，甲的债权债务均由乙继承。在此情形下，甲对乙的债权和债务同归于乙，双方之间的债权债务关系因混同而消灭。当然，按照限定继承的原则，若被继承人的遗产不足以清偿其全部债务，则被继承人与继承人之间的债权债务不能因混同而自然消灭，否则会损害被继承人其他债权人的利益。

【基本原理】

一、合同终止概述

（一）合同终止的概念

合同终止，是指由于一定的法律事实发生，使合同的权利义务归于消灭的法律现象。

合同是有期限的民事法律关系，不可能永久存续。合同关系是一个动态的过程，因订立而产生，因履行、解除等原因而消灭。

（二）合同终止的原因

我国《合同法》第91条规定："有下列情形之一的，合同的权利义务终止：（1）债务已经按照约定履行；（2）合同解除；（3）债务相互抵销；（4）债务人依法将标的物提存；（5）债权人免除债务；（6）债权债务同归于一人；（7）法律规定或者当事人约定终止的其他情形。"

据此，合同终止的原因可以分为如下几类：

1. 基于合同目的达到而终止

合同当事人按照约定履行合同的义务，又被称为“清偿”。通过清偿、提存等，当事人订立合同的目的得以实现，合同也就终止。

2. 基于当事人的意思而终止

根据合同自由原则，合同当事人之间的权利义务关系，可依当事人一方或双方的意思而终止。如债务免除、抵销等是基于当事人一方的意思表示而终止合同，而合同的协议解除就是基于当事人双方的意思表示而终止合同。

3. 基于法律的直接规定而终止

合同虽然是当事人之间的权利义务关系，但出现法律规定的合同终止的情形时，合同也会终止。例如，合同一方或双方当事人死亡或丧失民事行为能力、法人终止、混同、合同的法定解除等。

（三）合同终止的效力

合同终止的效力表现在以下几个方面：

（1）合同当事人之间的权利义务消灭，债权人不再享有债权，债务人不再承担债务。

（2）债权的担保及其他从属的权利和义务消灭。如保证债权、担保物权等于合同终止时也随之终止。

（3）合同终止后的附随义务。合同终止后，虽然当事人之间的权利义务关系消灭，但是为了维护合同当事人的利益，根据诚实信用原则和交易习惯，我国《合同法》第92条规定：“合同的权利义务终止后，当事人应当遵循诚实信用原则，根据交易习惯履行通知、协助、保密等义务。”这里所规定当事人的通知、协助、保密等义务就是合同终止后的附随义务。例如，甲与乙签订使用其技术秘密五年的合同，合同终止后，甲除了不得使用这技术秘密外，还负有不得泄漏此技术秘密的附随义务。

（4）合同终止不影响合同中结算和清理条款的效力。

法条链接

《中华人民共和国合同法》

第91条　有下列情形之一的，合同的权利义务终止：（一）债务已经按照约定履行；（二）合同解除；（三）债务相互抵销；（四）债务人依法将标的物提存；（五）债权人免除债务；（六）债权债务同归于一人；（七）法律规定或者当事人约定终止的其他情形。

第92条　合同的权利义务终止后，当事人应当遵循诚实信用原则，根据交易习惯履行通知、协助、保密等义务。

第98条　合同的权利义务终止，不影响合同中结算和清理条款的效力。

二、合同的解除

当事人为达到某种预期目的而订立合同，当然希望合同得到全面、适当履行，但在有些情况下，由于主客观情况的变化，使合同继续履行成为不必要或不可能，让当事人双方的合同关系继续有效，不但对一方或双方当事人的利益都有影响，甚至有碍于经济的发展。针对此种情形，各国合同法一般都设置合同解除制度，允许当事人解除合同关系。但合同解除毕竟是使有效的合同失去效力，其关系到合同当事人的切身利益，因此，我国《合同法》对于合同解除的条件、程序及其法律后果作出了明确的规定。

（一）合同解除的概念和特点

合同解除是指在合同依法成立后，尚未履行或尚未全部履行前，当事人通过协商或因行使法定、约定的解除权而使合同关系归于消灭的行为。合同解除具有以下特点：

（1）合同解除以当事人之间存在有效合同为前提。对于无效合同，因其自始不发生效力，无须解除。

（2）合同解除须具备一定的条件。合同依法成立后，任何一方不得擅自解除合同，但是，在具备了一定条件的情况下，法律也允许当事人解除合同。合同解除的条件，既可以是法律规定的，也可以是当事人约定的。当然，即使没有出现法定或约定的解除合同的条件时，根据合同自由原则，当事人也可以解除合同。

（3）合同解除须有合同当事人的解除行为。解除合同的行为既可以是单方的解除行为，也可以是双方的解除行为。

（4）合同解除的法律后果是使合同关系消灭。

（二）合同解除的种类

1. 协商解除

协商解除是指在合同依法成立后，尚未履行或尚未全部履行前，当事人通过协商而解除合同。根据合同自由原则，当事人有权通过协商解除合同，他人无权干涉。我国《合同法》第 93 条规定：“当事人协商一致，可以解除合同。”

2. 约定解除权的解除

约定解除是指合同当事人在合同中预先约定一方解除合同的条件，当解除合同的条件成就时，解除权人即可行使解除权解除合同。我国《合同法》第 93 条规定：“当事人可以约定一方解除合同的条件。解除合同的条件成就时，解除权人可以解除合同。”

其实协商解除和约定解除都是在合同当事人双方协商一致的情形下解除合同，只不过约定解除是合同当事人预先约定了解除合同的条件，并将解除权交由一方行使而已。

3. 法定解除

法定解除是指在合同依法成立后，尚未履行或尚未全部履行前，当法律规定的解除合同的条件具备时，当事人可以行使解除权解除合同。

（三）法定解除的条件

法定解除的条件是法律规定的当事人解除合同的条件。我国《合同法》第 94 条对合同的法定解除条件作了明确规定：“有下列情形之一的，当事人可以解除合同：（1）因不可抗力致使不能实现合同目的；（2）在履行期限届满之前，当事人一方明确表示或者以自己的行为表明不履行主要债务；（3）当事人一方迟延履行主要债务，经催告后在合理期限内仍未履行；（4）当事人一方迟延履行债务或者有其他违约行为致使不能实现合同目的；（5）法律规定的其他情形。”

根据该条规定，解除合同的条件可以分为三类：一是因客观原因而解除合同，如不可抗力；二是因违约行为而解除合同，如预期违约、迟延履行等；三是因法律规定的其他情形而解除合同，如我国《合同法》第268条规定：“定作人可以随时解除承揽合同，造成承揽人损失的，应当赔偿损失。”具体情形如下：

（1）因不可抗力致使不能实现合同目的。不可抗力是指不能预见、不可避免并不能克服的客观现象。不可抗力事件的发生并不一定导致合同的解除，只有当不可抗力影响合同履行，致使合同目的不能实现时，当事人才可以解除合同。在因不可抗力不能实现合同目的而解除合同的情况下，当事人双方都享有解除权。

（2）在履行期限届满之前，当事人一方明确表示或者以自己的行为表明不履行主要债务，这种行为被称为预期违约。一方当事人在履行期限届满之前，无正当理由，明确表示将不履行合同主要债务的，称为明示预期违约；一方当事人在履行期限届满之前，以自己的行为表明其将不履行合同主要债务的，称为默示预期违约。如在合同履行期限届满之前，债务人将唯一的标的物卖给善意第三人，第三人取得了标的物的所有权，债务人到期不可能履行合同义务，这就构成默示预期违约。

之所以允许当事人在预期违约的情况下可以解除合同，主要是为了维护合同当事人的利益，因为在预期违约的情况下，如果要求当事人在履行期限届满后才能主张解除合同，使其继续受无利益的合同的约束，将会对其造成损失。

（3）当事人一方迟延履行主要债务，经催告后在合理期限内仍未履行。迟延履行是指当事人在合同履行期限届满后没有履行合同。此处因迟延履行而解除合同必须符合以下两项要求：

① 当事人一方迟延履行主要债务，如果当事人一方迟延履行的并不是主要债务，而是一般债务，则另一方当事人不能解除合同。

② 迟延履行方经催告在合理期限内仍未履行的，另一方当事人才可以解除合同。也就是说，当事人一方迟延履行主要债务，如果继续履行仍能实现合同目的或者债权人的履行利益仍然能够实现，另一方当事人不能径直解除合同，而应催告对方履行合同；经催告后，对方在合理的履行期限仍未履行，此时，另一方当事人才可以解除合同。

【相关案例】

2004年3月15日，某纺织厂与某服装厂签订一份布料买卖合同，双方约定：由纺织厂于4月15日前提供真丝双绉面料1 000米，服装厂先支付价款8万元，并于5月20日将货款一次性全部支付。4月15日，服装厂通知纺织厂按合同约定的时间交货，纺织厂回函言：因设备老化，按时交付有一定困难，请求暂缓履行，服装厂因为要抢在夏季到来之前上市销售该批真丝服装，没有同意纺织厂迟延履行的要求。4月25日，因纺织厂没有履行合同，服装厂致函纺织厂，要求纺织厂最迟在5月10日前履行合同，否则解除合同。5月20日，纺织厂仍未履行合同，服装厂只好从别的渠道用每米90元的价格购买了真丝双绉面料1 000米，总价款9万元，同时通知纺织厂解除合同，返还8万元货款及利息，并要求纺织厂赔偿误工损失及购买布料多支付的1万元价款。8月10日，纺织厂要求履行合同，称服装厂解除合同没有征得纺织厂的同意，因而合同没有解除，服装厂应当接受货物。在遭到拒绝后遂起诉至法院。

问题：服装厂是否有权解除合同？服装厂能否要求损害赔偿？

【分析】

本案中，服装厂有权解除合同。依照《合同法》第94条规定，当事人迟延履行主要债务，经催告后仍不履行的，当事人可以解除合同。本案中，纺织厂迟延履行主要债务，在服装厂的催告后，在合理的期限内仍未履行，因此服装厂有权解除合同。依照《合同法》第96条的规定，当事人依照法律规定解除合同的，应当通知对方，合同自通知到达对方时解除。本案中，服装厂在解除合同时通知了纺织厂，纺织厂对此没有提出异议，依照法律的规定，合同自解除的通知到达纺织厂时就已经生效，不需要纺织厂的同意。因此纺织厂的主张，法院不能支持。

服装厂可以要求损害赔偿。依据法律有关规定，解除合同与损害赔偿可以并存，当事人解除合同后如果有其他损失的仍可以要求赔偿损失。

（4）当事人一方迟延履行债务或者有其他违约行为致使不能实现合同目的。和前述因迟延履行而解除合同的情况不同，在某些合同中，合同的履行期限对于合同目的的实现和当事人的利益至关重要，在此情况下，如果当事人一方迟延履行合同致使不能实现合同目的的，另一方当事人无须催告，即可有权解除合同。除了迟延履行外，其他违约行为如部分履行或瑕疵履行等，只要是这种违约行为造成严重后果，导致合同目的无法实现，另一方当事人有权解除合同。合同法理论上将这些导致合同目的无法实现的违约行为称为根本违约，以此作为法定解除合同的条件，目的是防止合同当事人动辄以对方违约为由，滥用法定解除权解除合同。

（5）法律规定的其他情形。除上述解除合同的条件外，有法律规定的其他解除合同的情形时，当事人也可以解除合同，如我国《合同法》分则中就对一些具体的合同规定了解除的条件。这里“法律规定的其他解除合同的情形”不仅指《合同法》的规定，还包括其他法律的相关规定。

【相关案例】

原告（被上诉人）：厦门卓业科技有限公司（简称卓业公司）

被告（上诉人）：厦门翥远贸易发展有限公司（简称翥远公司）

2003年7月15日，卓业公司与翥远公司签订一份《福建省总经销协议》，约定：（1）翥远公司授权卓业公司在福建省市场销售翥远公司提供的USB语音转接盒，代理价每台650元。（2）翥远公司负责提供合格优质的产品，并按产品服务保证卡的内容提供完善售后服务。（3）翥远公司保证产品能正常使用，若出现政府明文禁止使用该产品或因翥远公司原因致无法正常使用而造成该产品滞销，翥远公司应无条件收回由于以上原因造成的滞销产品，并按原价退还卓业公司已支付的全部货款。（4）卓业公司不得对该产品进行仿制和改造，一经发现，卓业公司向翥远公司赔偿由此造成的损失等。合同签订后，卓业公司向翥远公司购进USB语音转接盒并支付了相应的货款。2004年6月30日，在销售产品过程中，因该产品无标准生产厂家、地址，被厦门市产品质量监督管理局查处，责令应予2004年7月5日前补齐标识后方可销售。卓业公司据此通知蓊远公司，卓业公司认为，蓊远公司未能提供完整资料致不能合法销售而诉至法院，请求对剩余的82台按进价退货款53 300元。蓊远公司则认为其已补齐资料送交卓业公司而被拒收。

本案一审法院福建省厦门市思明区人民法院认为，卓业公司与蓊远公司签订的福建省总经销协议，虽名为经销协议，但约定的是买与卖的权利义务关系，实为买卖合同，该合同内容合法，当事人意思表示真实，为有效合同。合同约定蓊远公司负责提供合格优质的产品，但在实际履行过程中，蓊远公司所供的产品实际上由于无标准生产厂家、地址，被有关部门认定不合格而责令待改正后再销售。可见蓊远公司履行合同不符合合同约定；卓业公司据此提出退货款的请求，依照《合同法》第107条之规定，判决蓊远公司应于本判决书生效之日起十日内与卓业公司办理退货（蓊远公司供给的USB语音转接盒82台），同时偿还卓业公司货款53 300元并偿付利息。

一审判决后，蓊远公司不服，向厦门市中级人民法院提起上诉。厦门市中级人民法院经审理认为，蓊远公司与卓业公司签订的总经销协议，系双方当事人的真实意思表示，内容合法，应受法律保护。现卓业公司要求退货，实际上是一种要求解除合同的请求。合同的解除必须具备法律规定的条件。蓊远公司提供给卓业公司的USB语音转接盒，被质量监督管理部门要求整改均不构成合同约定的解除条件或法律规定的解除条件。《福建省总经销协议》第三条第六款约定，蓊远公司保证产品能正常使用，若出现政府明文禁止使用该产品或因蓊远公司原因致无法正常使用而造成该产品滞销，蓊远公司应无条件收回由于以上原因造成的滞销产品，并按原价退还卓业公司已支付的全部货款。本案的USB语音转接盒，虽然被质量监督管理部门要求整改，但不属于合同约定的政府明文禁止使用该产品或因蓊远公司原因致无法正常使用而造成该产品滞销的情形。因此卓业公司要求解除合同，不符合合同约定的情形。根据《合同法》第94条第1款第（四）项规定的精神，在债务人根本违约的情况下，当事人订立合同时所期望的经济利益已无法实现，即出现了致使不能实现合同目的其他违约行为，债权人方可以解除合同，而本案USB语音转接盒的包装如果进行整改，完全可以继续销售，也能实现当时订立合同的目的。也就是说蓊远公司提供的USB语音转接盒的标注上存在问题，属于一般瑕疵履行，可以通过整改来予以补救，不属于根本违约，不构成解除合同的法律条件。因此，卓业公司诉求退货，没有合同依据和法律依据，不予支持。①

【分析】

本案系解除买卖合同纠纷，基于同样的事实，在一审和二审两级法院却得出截然不同的判决结果，有必要加以理论和法律上的分析。卓业公司起诉要求退货，实际上是一种要求解除合同的请求。合同一旦生效，即具有法律约束力，非依法律规定，当事人不得随意解除合同。我国法律规定的合同解除条件主要有约定解除和法定解除。

本案争议的焦点是本案蓊远公司提供给卓业公司的USB语音转接盒，被质量监督管理部门要求整改是否构成合同约定的解除条件或法律约定的解除条件？（1）本案的USB语音转接盒，虽然被质量监督管理部门要求整改，但不属于合同约定的政府明文禁止使用该产品或因蓊远公司原因致无法正常使用而造成该产品滞销的情形，不符合

① 案例引自北大法律信息网。

合同约定的解除条件。（2）根据《合同法》第 94 条第 1 款第（四）项规定的精神，只有在债务人根本违约的情况下，当事人订立合同时所期望的经济利益已无法实现，即出现了致使不能实现合同目的其他违约行为，债权人方可以解除合同，而本案 USB 语音转接盒的包装如果进行整改，完全可以继续销售，实现订立合同的目的。也就是说蓄远公司提供的 USB 语音转接盒的标注上存在问题，属于一般瑕疵履行，可以通过整改来予以补救，不属于根本违约，不构成解除合同的法定条件。所以卓业公司要求解除合同，没有合同依据和法律依据。二审法院的判决是正确的。

（四）合同解除的程序

在协商解除合同的情况下，协商解除合同的程序必须遵循订立合同的程序，即必须经过要约和承诺两个阶段。也就是说，当事人双方必须对解除合同的各种事项达成意思表示一致，合同才能解除。

在约定解除权和法定解除合同的情况下，当约定的或法定的合同解除条件出现时，当事人一方或双方可以行使合同的解除权，解除合同。解除权人在行使解除权时，只要将解除合同的意思表示通知对方，即可产生解除的效力，无须对方作出答复，更无须对方同意。因此，我国《合同法》第 96 条规定："合同自通知到达对方时解除。"通知可以采取书面形式、口头形式或其他形式。对于法律规定或当事人约定采取书面形式的合同，当事人在解除合同时，也应当采取书面通知的方式。

合同解除权的行使应当在确定期间或合理期限内进行，否则，解除权即消灭。因此，我国《合同法》第 95 条规定："法律规定或者当事人约定解除权行使期限，期限届满当事人不行使的，该权利消灭。法律没有规定或者当事人没有约定解除权行使期限，经对方催告后在合理期限内不行使的，该权利消灭。"

在当事人一方行使合同解除权时，如果对方有异议的，可以请求人民法院或仲裁机构确认解除合同的效力。

（五）合同解除的效力

1. 合同尚未履行的，终止履行

合同解除的直接法律后果是使合同关系消灭，合同中尚未履行部分的权利义务，不再履行。

2. 合同解除的溯及力

合同解除后，对于解除以前的债权债务关系如何处理，这就涉及合同解除是否具有溯及力的问题。如果合同解除具有溯及力，则对合同解除前已经履行的部分，就要发生恢复原状的法律后果即恢复到合同订立之前的状态；如果合同解除不具有溯及力，则合同解除前已经履行的部分仍然有效，无须恢复到合同订立之前的状态。我国《合同法》第 97 条对合同解除的溯及力作了较为灵活的规定："合同解除后，尚未履行的，终止履行；已经履行的，根据履行情况和合同性质，当事人可以要求恢复原状、采取其他补救措施，并有权要求赔偿损失。"根据这一规定，合同解除是否具有溯及力，取决于当事人的意志和合同的履行情况和合同性质。也就是说：

如果根据履行情况和合同性质能够恢复原状的，当事人可以要求恢复原状。

如果根据履行情况没有必要恢复原状的，当事人可以不要求恢复原状。比如在以货易货合同中，一方交付货物以后，另一方不交付货物，对于已经交付的货物，已经履行的一方不必要求对方一定要返还原物，只要追索货款、要求对方赔偿相应损失即可。

如果根据合同性质不可能恢复原状的，当事人不能要求恢复原状。比如，对于以使用标的物为内容的合同，当事人一方使用的标的物，经过一定期限后，很难就已经使用和收益的部分恢复原状；或在劳务合同中，劳务本身就是一种无形的资产且与人身密切相关，很难恢复原状。

3. 合同解除与损害赔偿责任

根据我国《合同法》第97条的规定，合同解除不影响当事人要求赔偿损失的权利。在合同解除时，是否产生损害赔偿责任，应根据不同的解除合同的情形而定。如果合同是因违约而解除的，则违约一方当事人应承担赔偿非违约方因合同解除而受到的损失；如果合同因不可抗力而解除，则双方都不承担合同解除的责任；如果是协商解除的，如何赔偿损失自然也由双方当事人协商确定。

法条链接

《中华人民共和国合同法》

第94条　有下列情形之一的，当事人可以解除合同：（一）因不可抗力致使不能实现合同目的；（二）在履行期限届满之前，当事人一方明确表示或者以自己的行为表明不履行主要债务；（三）当事人一方迟延履行主要债务，经催告后在合理期限内仍未履行；（四）当事人一方迟延履行债务或者有其他违约行为致使不能实现合同目的；（五）法律规定的其他情形。

第96条　当事人一方依照本法第九十三条第二款、第九十四条的规定主张解除合同的，应当通知对方。合同自通知到达对方时解除。对方有异议的，可以请求人民法院或者仲裁机构确认解除合同的效力。

法律、行政法规规定解除合同应当办理批准、登记等手续的，依照其规定。

第97条　合同解除后，尚未履行的，终止履行；已经履行的，根据履行情况和合同性质，当事人可以要求恢复原状、采取其他补救措施，并有权要求赔偿损失。

三、抵销

（一）抵销的概念和分类

抵销是指双方当事人互负债务时，根据法律的规定或当事人约定，将互负债务互相冲抵，使双方的债务在对等的数额内消灭的行为。

抵销有法定抵销和协议抵销两种。根据我国《合同法》第99条的规定，法定抵销是指当事人互负到期的债务，该债务的标的物种类、品质相同的，任何一方可以将自己的债务与对方的债务抵销的行为。根据我国《合同法》第100条的规定，协议抵销是指当事人互负债务，经双方协商一致，将各自的债务抵销。

（二）法定抵销

1. 法定抵销的条件

（1）须双方互负到期债务。抵销以双方互负债务、互享债权为前提。如果债务尚未到期，债权人无法强求对方提前履行，同理只有已到期债务，才可以抵销。

（2）须债务的标的物种类、品质相同。如果标的物的种类、品质不同，说明合同履行的目的、要求不同，也难以确定抵销的数额。据此，法定抵销适用于金钱之债及同种类之债，但不要求其价值、数额完全相等。

（3）当事人所负的债务均为可抵销的债务。法定抵销中，只有法律允许抵销的债务，才可以抵销。依照法律规定或合同性质不得抵销的债务，不得抵销。例如，提供劳务的债务，因侵害人身产生的债务等不得抵销，否则将损害合同当事人的利益。

（4）须将抵销的意思表示通知对方。我国《合同法》第 99 条规定："当事人主张抵销的，应当通知对方。通知自到达对方时生效。"可见，法定抵销依当事人一方的意思表示即可发生效力，无须对方同意。任何一方当事人主张抵销，须将抵销的意思表示通知对方，至于通知的形式，法律没有规定，可以采取口头、书面形式或其他形式。

（5）抵销不得附条件或附期限。根据我国《合同法》第 99 条的规定，抵销不得附条件或者附期限。否则，抵销的效力会处于不确定状态，不能达到立法效果。

2. 法定抵销的效力

抵销使双方互负的债务在抵销的数额内消灭，双方债务数额相等时，双方的全部债务消灭。双方债务数额不等的，债务数额大的一方就余额部分仍负清偿责任。已抵销的债务不再发生利息债务、不再发生迟延履行责任。

（三）协议抵销

协议抵销又称为合意抵销，是双方当事人协商一致将彼此互负的债务抵销。法定抵销须符合法定的条件，才可以发生。当不具备法定抵销的条件时，根据合同自由原则，法律允许当事人通过协议，抵销各自的债务。我国《合同法》第 100 条规定："当事人互负债务，标的物种类、品质不相同的，经双方协商一致，也可以抵销。"协议抵销和法定抵销的效力基本相同。

法条链接

《中华人民共和国合同法》

第 99 条　当事人互负到期债务，该债务的标的物种类、品质相同的，任何一方可以将自己的债务与对方的债务抵销，但依照法律规定或者按照合同性质不得抵销的除外。当事人主张抵销的，应当通知对方。通知自到达对方时生效。抵销不得附条件或者附期限。

第 100 条　当事人互负债务，标的物种类、品质不相同的，经双方协商一致，也可以抵销。

四、提存

（一）提存的概念

提存是债务人在无法履行或难以履行债务的情况下，将标的物交由提存机关保存，以消灭合同中权利义务的行为。

在合同的履行中，当事人应坚持协作履行原则，债权人应对债务人的履行予以协助，如果债权人不协助履行甚至对债务人的履行拒不接受或者债务人无法找到债权人，这样，债务人就不能清偿债务，不能尽早从此合同中解脱出来。为了保护债务人，同时也兼顾债权人的利益，法律设立了提存制度。通过提存，债务人的债务即消灭，合同关系终止。

（二）提存的条件

根据我国《合同法》和《提存公证规则》的有关规定，提存须具备以下条件：

1. 提存主体合格

提存涉及三个方面的当事人：提存人、提存机关和提存受领人。一般情况下，提存人为债务人，但不以债务人为限，凡债务的清偿人均可以为提存人，如代为清偿的第三人等。提存机关是法律规定的有权接受提存物并保管的机关，在我国，提存机关是公证机关。提存受领人是债权人，也可以是债权人的继承人、代理人等。

2. 提存的债务须已届履行期

债务人只有在合同已届履行期时，才能向提存机关提存合同的标的物。在合同未届履行期时，债务人不得提存，因为这无异于提前履行合同，而且提存后，债权人将承担标的物的风险以及提存费用的负担，这对债权人是不公平的。

3. 有合法的提存原因

提存必须存在合法的原因，不能任意为之，否则会损害债权人的利益。债务人只有在无法向债权人清偿时，才可以将标的物提存。根据我国《合同法》第 101 条的规定，有下列情况之一，难以履行债务的，债务人可以依法办理提存：

（1）债权人无正当理由拒绝受领标的物。

（2）债权人下落不明。债权人下落不明包括债权人地址不清、失踪等。在债权人失踪的情况下，如果债权人被法院确定了财产代管人，则债务人应向财产代管人履行债务，不能提存。

（3）债权人死亡未确定继承人或者丧失民事行为能力未确定监护人。

（4）法律规定的其他情形。如《合同法》第 70 条规定："债权人分立、合并或者变更住所没有通知债务人，致使履行债务发生困难的，债务人可以中止履行或者将标的物提存。"

4. 合同标的物须符合提存要求

提存的标的物可以是货币、有价证券票据、货物等，动产和不动产均可提存。除不适于提存或者提存费用过高的以外，提存的标的物应与合同约定的标的物相符。不适于提存的标的物主要是指易腐易烂易燃易爆、保管费用过高的物品等，对于此类标的物，我国《合同法》第 101 条规定："标的物不适于提存或者提存费用过高的，债务人依法可以拍卖或者变卖标的物，提存所得的价款。"

（三）提存的效力

1. 债务人与债权人之间的效力

标的物提存后，债务人与债权人之间的债权债务关系消灭，债务人不再负清偿责任。标的物提存后，所有权转移给债权人。我国《合同法》第 103 条规定："标的物提存后，毁损、灭失的风险由债权人承担。提存期间，标的物的孳息归债权人所有。提存费用由债权人负担。"

提存后，提存人应当将提存的事实及时通知债权人，我国《合同法》第 103 条规定："标的物提存后，除债权人下落不明的以外，债务人应当及时通知债权人或者债权人的继承人、监护人。"

2. 提存人与提存机关之间的效力

提存后，提存机关有保管提存物的义务，《提存公证规则》第19条规定："公证处有保管提存标的物的权利和义务。公证处应当采取适当的方法妥善保管提存标的，以防毁损、变质或灭失。"

提存后，提存人有无取回提存物的权利呢?《提存公证规则》第20条规定："提存人可以凭人民法院生效的判决、裁定或提存之债已经清偿的公证证明取回提存物。提存受领人以书面形式向公证处表示抛弃提存受领权的，提存人得取回提存物。提存人取回提存物的，视为未提存。因此产生的费用由提存人承担。提存人未支付提存费用前，公证处有权留置价值相当的提存标的。"

3. 债权人与提存机关之间的效力

提存后，债权人有权请求提存机关交付提存物。我国《合同法》第104条规定："债权人可以随时领取提存物，但债权人对债务人负有到期债务的，在债权人未履行债务或者提供担保之前，提存部门根据债务人的要求应当拒绝其领取提存物。债权人领取提存物的权利，自提存之日起五年内不行使而消灭，提存物扣除提存费用后归国家所有。"

法条链接

《中华人民共和国合同法》

第101条有下列情形之一，难以履行债务的，债务人可以将标的物提存：

（一）债权人无正当理由拒绝受领；

（二）债权人下落不明；

（三）债权人死亡未确定继承人或者丧失民事行为能力未确定监护人；

（四）法律规定的其他情形。

标的物不适于提存或者提存费用过高的，债务人依法可以拍卖或者变卖标的物，提存所得的价款。

第102条　标的物提存后，除债权人下落不明的以外，债务人应当及时通知债权人或者债权人的继承人、监护人。

第103条　标的物提存后，毁损、灭失的风险由债权人承担。提存期间，标的物的孳息归债权人所有。提存费用由债权人负担。

第104条　债权人可以随时领取提存物，但债权人对债务人负有到期债务的，在债权人未履行债务或者提供担保之前，提存部门根据债务人的要求应当拒绝其领取提存物。债权人领取提存物的权利，自提存之日起五年内不行使而消灭，提存物扣除提存费用后归国家所有。

五、免除与混同

（一）免除

1. 免除的概念

免除是指债权人免除债务人的债务而使合同权利义务部分或全部终止的意思表示。

我国《合同法》第105条规定："债权人免除债务人部分或者全部债务的，合同的权利义务部分或者全部终止。"据此可知，免除的意思表示是合同债权人的单方意思表示，即债权人单方免除债务人的债务，无须经债务人同意。

2. 免除的条件

（1）免除的意思表示应当由债权人向债务人或其代理人作出，向第三人作出的，不产生免除的效力。

（2）免除不得损害第三人利益。对于法律禁止免除的债权，债权人的免除行为无效，如债权人被他人申请宣告破产时，不得免除其债务人的债权。

3. 免除的效力

债权人免除债务人部分债务的，合同权利义务部分终止。债权人免除债务人全部债务的，合同权利义务全部终止。主债务因免除而消灭的，从债务也随之消灭，债权人仅免除从债务的，主债务并不消灭。

（二）混同

1. 混同的概念与原因

混同是指合同债权与债务同归于一人，而使合同关系消灭的事实。我国《合同法》第106条规定："债权和债务同归于一人的，合同的权利义务终止，但涉及第三人利益的除外。"

发生混同的原因分为两种：

（1）概括承受，它是发生混同主要的原因，即合同一方当事人概括承受他方当事人的权利与义务。例如，两个企业因合并，两者间原来的合同关系即因混同而消灭。

（2）特定承受，即因债权转让或债务转移而使债权债务归于一人。

2. 混同的效力

混同导致合同关系绝对消灭，主债和从债均消灭。但当混同涉及第三人利益时，为保护第三人的利益，虽债权人和债务人发生混同，合同也不消灭。比如，债权人将债权质押给第三人时，所涉合同不因混同而消灭。

法条链接

《中华人民共和国合同法》

第105条　债权人免除债务人部分或者全部债务的，合同的权利义务部分或者全部终止。

第106条　债权和债务同归于一人的，合同的权利义务终止，但涉及第三人利益的除外。

思考与练习

1. 合同权利义务的终止有哪些？
2. 合同法定解除的条件有哪些？
3. 法定抵销的条件有哪些??
4. 提存的注意事项有哪些？
5. 合同解除的法律后果有哪些？

实　训

（一）

【情境设计】

2004年11月12日，A市软轴机具厂（以下简称A厂）与B市建筑装修机具厂（以下简称B厂）签订了一份购销合同。合同规定：B厂在2005年度供应A厂托人式震动器电机（以下简称电机）600台，单价192元。之后，因原材料涨价，B厂先后两次与A厂协商提高电机价格，双方于2005年7月15日第二次在A市达成了协议：B厂自8月至12月供给A厂电机400台，单价提高到219元；交货期限为同年8月15日前交40台，8月31日前交40台，9月至12月每月交80台，总价款87 600元；交货方式，凭B厂的交货电报，A厂在接到交货电报之日起3日内办好信汇手续，B厂代办托运；如任何一方违约须承担10%的违约金。协议生效后，B厂于8月28日交货40台，A厂已付款；同年9月份B厂未交货，A厂遂派人去B厂催货，B厂答复要到10月15日有货，并给A厂厂长写信，提出"下个月按省物价局所定价格办理"。同年10月14日，A厂再次派人到B厂催货时，B厂提出，因原材料价格上涨，每台电机价格涨到330元，不能再按原定价格供货。A厂因生产急需，只好同意按330元提货，但B厂又提出只能在同年10月26日交货，经A厂与B厂协商由A厂给付赶工费200元，A厂才得以在同年10月18日提走电机40台。提货后，A厂以B厂没按期交货为由，拒付货款，并于到货后次日向B厂发电，要求B厂继续履行合同，赔偿损失后再付款。后经A、B两厂多次协商，仍未达成一致意见。

A厂诉诸A市中级人民法院，要求B厂履行7月15日双方签订的协议，并给付违约金和赔偿金；B厂则辩称：我方交货40台以后，就预料到电机材料价格要上涨，所以我们暂时不交货，可A厂于10月18日提货后不付款，应当承担违约责任，因为A厂再提这批货时也同意按每台330元结算。

【工作任务】

任务一：A厂和B厂先后签订的三份协议效力如何？第三份协议能否认定为乘人之危？

任务二：B厂的行为构成了迟延履行，该迟延履行是否可免责？

任务三：A厂在接受交付后，是否有权拒绝付款？

【训练方法】

学生自由组合，4～8 人为一组，先在组内开展讨论，再与其他小组进行交流，然后由小组派代表发言，最后由授课教师点评。

步骤 1：各小组将本组意见写成书面材料；

步骤 2：每一小组推选 1～2 名代表发言，并可与其他小组展开辩论。

【考核标准】

1. 能正确认定合同的效力。

2. 能正确辨析合同履行中的违约行为。

（二）

【情境设计】

甲公司和乙政府办公室签订了 1 份租赁合同，约定甲购买电梯设备并将该电梯租给乙使用，乙按月支付租赁费。该融资租赁合同签订后并未实际履行。此后，乙向甲出具 1 份委托书，载明："我区政府向贵公司借贷人民币 500 万元，现委托贵公司将款项（人民币 500 万元整）转入我区政府下属丙公司的账户。"甲公司遂将用途为贷款的 485 万元划入丙公司的账户。丙公司收款后，分两次以租赁费名义向甲公司付款 65 万元。次年，甲向丙催收租金，丙未能给付。三年后，甲向乙催收租金。乙在催收通知书"承租单位"栏盖章确认并承诺保证还款，但未实际还款。甲遂起诉要求乙与丙偿还借款。

对于本案法律关系及实际还款主体的确定，存在三种意见：一种意见认为：甲、乙、丙在借款关系中构成隐名代理。甲已选定了向被代理人丙主张权利，就不能再向代理人乙主张权利。丙应当承担还款责任；第二种意见认为：乙向甲借款，丙实际使用借款，乙与丙是实际的共同借款人。借款合同无效，乙与丙应当共同返还借款；第三种意见认为：甲、乙之间约定甲转款给丙的合同，实质上是向第三人履行债务的合同。该合同无效但已实际履行，应当由实际取得借款的丙承担返还责任。

【工作任务】

任务一：争议的三种意见，哪种是正确的？为什么？

任务二：如何处理本案的纠纷？

【考核标准】

能正确认定当事人彼此之间的合同关系存在与否，并确定正确的合同履行主体。

单元三

解决合同纠纷

【知识目标】

通过本单元学习，认识缔约过失责任与违约责任的概念、归责原则；掌握和解、调解、仲裁、诉讼等处理合同纠纷的一般方法与途径。

【能力目标】

通过本单元学习，能够正确判断在实践中发生的合同纠纷，当事人是承担缔约过失责任还是违约责任，进而确定承担责任的具体形式；能够准确判断合同纠纷的类型，确定处理合同纠纷的正确途径和合理做法。

【内容结构图】

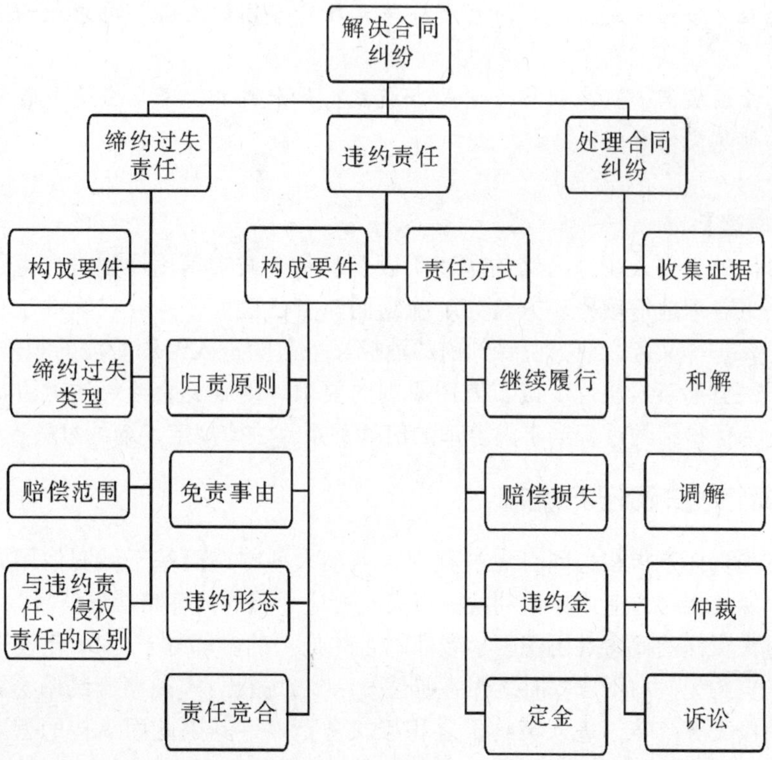

项目一　缔约过失责任

【引例】

某家具公司与某村经济发展公司（以下简称发展公司）达成如下意向：由发展公司按家具公司的要求，新建一座厂房以出租给家具公司。此后，发展公司着手设计厂房，并将设计图纸交由家具公司审阅修改，最终的施工设计图经家具公司最后确认后，发展公司开始按图施工。在双方审查确认图纸期间，家具公司于2004年5月15日向发展公司发出一份“厂房租赁合同”文本，写明待建厂房的具体位置、长度、宽度及内部结构，同时，写明该厂房出租给家具公司，租期2年，自2004年11月1日起至2006年11月1日止，2年租金300 000元，写明了租金给付期限和给付方式等内容。双方未在该合同文本上签字盖章。此后，双方又相互传递了数份略有改动但主要内容大致相同的厂房租赁合同文本。厂房施工期间，家具公司法定代表人数次前往施工现场，了解施工进度。2004年10月25日，发展公司按图施工完毕，但家具公司改变主意，不想租赁该厂房，遂临时要求发展公司改动厂房库门，而发展公司拒绝，最终双方均未在租赁合同文本上签字盖章。此后，发展公司认为新厂房是应家具公司要求而建，发展公司很难在短时间内找到有相同需求的新的租客，是家具公司的原因造成其不能获得本可得到的两年租金，起诉要求家具公司赔偿其两年的租金损失300 000元。家具公司则认为双方合同未成立，其对发展公司无履行合同的义务，要求驳回发展公司的诉讼请求。

问题：上述案例，厂房租赁合同是否成立？如未成立，家具公司是否应该向发展公司承担赔偿损失的责任？

【基本原理】

缔结合同的当事人在进入缔约磋商阶段后，基于诚实信用原则，产生了特定的信赖关系，一方合理地信赖另一方是为了缔约而与自己磋商，并会在缔约过程中善尽保密、通知、保护等义务，双方由缔约前的消极义务范畴进入缔约阶段的积极义务范畴。此时，如果一方当事人违背了诚实信用原则的要求，则难免会给缔约对方造成信赖利益的损失，为保护缔约过程当事人合理的信赖关系，法律规定了缔约过失责任。

一、缔约过失责任的概念

缔约过失责任是指在合同订立过程中，当事人一方违反基于诚实信用原则而负有的义务，给缔约相对方造成信赖利益的损失时所应承担的损害赔偿责任。

缔约过失责任的概念是由德国学者耶林首先提出的。耶林于1861年发表了《缔约上过失——契约无效与不成立时之损害赔偿》一文，指出：“从事契约缔结之人，是从契约外之消极义务范畴，进入契约上之积极义务范畴，其因此而承担的首要义务，系于缔约时善尽必要之注意。法律所保护的，并非仅是一个业已存在之契约关系，正在发展中的契约关系亦应包括在内，否则契约交易将暴露在外，不受保护，缔约一方当事人不免成为他方疏忽或不注意之牺牲品。契约之缔结产生一种履行义务，若此种效力因法律上之障碍被排除，则会产生一种损害赔偿义务。因此所谓契约无效者，仅指不发生履行效力，非谓不发生任何效力。简单言之，当事人因自己过失致契约不成立，或无效者，对信其契约为有效成立之相对人，应赔偿因此项信赖所生之损害。”①此后，缔约过失责任被各国民事立法广泛采纳，成为一种特殊的民事责任制度。我国也在《合同法》中规定了缔约过失责任。

缔约过失责任是一种独立的、与违约责任和侵权责任并列的责任形态。在缔约磋商阶段，缔约当事人如果作出诸如恶意磋商等缔约过失行为，此时，合同尚未成立，当事人之间不存在合同义务，不能适用违约责任；缔约过失行为侵害的是对方当事人的信赖利益而不是其固有的人身、财产等绝对性的权利，不能适用侵权责任。此种情形下，缔约过失责任应时而生。缔约过失责任保护了违约责任和侵权责任所无法保护的信赖利益，填补了违约责任和侵权责任的空隙，因此，缔约过失责任制度有其独立的价值。

二、缔约过失责任的构成要件

具备下列要件，方可认定构成缔约过失责任：

1. 缔约的一方当事人违反了依诚实信用原则所应负的义务

依诚实信用原则的要求，缔约当事人在缔结合同的过程中应向对方负有告知、说明、协作、照顾、忠实、保密、保护等义务，合同法理论上称之为先合同义务。先合同义务是一种法定义务，是法律为维护交易安全和保护缔约当事人各方的利益而赋予当事人的义务，先合同义务无须当事人约定设立，也不允许当事人约定排除。先合同义务的内涵和外延均具有不确定性，其范围不宜由法律严格限定，而是随着社会实际的发展而不断扩展。学者认为，目前先合同义务的范围主要包括：无正当理由不得撤销要约的义务；标的物使用方法的告知义务；合同订立前重要事项的告知义务；协作和照顾的义务；忠实义务；保密义务；不得滥用谈判自由的义务等。②

知识链接

先合同义务是指合同成立之前，为缔约而磋商的当事人依据诚实信用原则所负有的忠实、照顾、告知、保密等义务。

合同义务是指合同当事人依照合同的约定所负有的义务。

后合同义务是指合同关系消灭后，当事人依诚实信用原则所负有的某种作为或不作为义务，以维护给付效果，或协助对方处理合同终了善后事务。

2. 缔约过失行为发生于缔结合同的过程

缔约过失责任是违反先合同义务的责任，因此，它只能发生在缔结合同的过程中，而不能发生在合同有效成立之后，如果合同已经成立并生效，当事人之间产生了合同

① 王泽鉴．民法学说与判例研究（第1册）．北京：中国政法大学出版社，1998．88～89
② 王利明．合同法新问题研究．北京：中国社会科学出版社，2003．118

义务，任何一方违反合同义务，应承担的是违约责任而非缔约过失责任。即使是在附条件的合同中，在条件成就前，一方恶意阻碍或延缓条件的成就，也因合同已经成立而按违约责任处理。所以，只有在合同尚未有效成立，或者虽然成立但被确认无效或被撤销时，才适用缔约过失责任。

原则上，应当以要约生效之时作为缔结合同过程的起点，因为要约生效后，受要约人获得了承诺的权利，产生了合理的信赖利益，理应得到缔约过失责任的保护。在要约未生效前，当事人还谈不上就缔约进行磋商，即使收到要约邀请，也应明白要约邀请不具备法律约束力，不应产生信赖，不能适用缔约过失责任。

3. 缔约过失行为造成了对方信赖利益的损失

缔约过失责任是为保护缔约当事人的信赖利益、弥补其信赖利益损失而设立的法律责任，填补信赖利益损失是缔约过失责任的价值所在，当事人如无信赖利益损失，即使缔约失败也仅是一拍两散，无须承担缔约过失责任。因此，一方当事人受有信赖利益的损失，并且此种损失与对方的缔约过失行为有直接的因果关系，是缔约过失责任的构成要件。即使一方当事人有违反先合同义务的行为，但另一方未受有损失的，也不发生缔约过失责任。

缔约过失责任中的损失主要是指一方当事人因信赖合同的成立和有效，但由于合同最终不成立和无效而遭受的信赖利益损失，如订立合同的费用、准备履行的费用等。信赖利益应当是基于合理的信赖而产生的利益，即根据客观事实，一方当事人的行为已使另一方当事人有足够的理由相信合同能够成立和生效，建立在此种合理的、可信赖的基础之上的利益才受法律保护。判断此种信赖是否合理，应该以一个善意第三人在同样情况下的思维判断为标准。如果一方当事人的信赖欠缺合理性，即使信赖已经产生，并在此信赖基础上支付了大量的费用或丧失了巨大的机会利益，该损失也不应由对方当事人赔偿。

知识链接

信赖利益是指由于合同一方当事人先前的予信行为（一方当事人针对另一方当事人作出的某种将导致该相对人产生合理的信赖的行为）导致对方当事人产生合理的信赖，因法律承认并保护这一信赖而获得的有利状态。

信赖利益损失是指合同一方当事人因信赖合同的成立和有效，但由于合同不成立或无效的结果所蒙受的不利益。

对信赖利益的侵害并不表现为相对人对信赖人的利益的直接侵害，而是信赖人自己因为信赖而使自己的利益状态发生改变的行为，但是由于该行为没有得到其赋予信赖的相对人恰当的尊重而变得毫无意义，或对自己的财产状态产生消极的影响。

4. 违反先合同义务的一方当事人有过错

缔约过失责任是一种过错责任。违反先合同义务的一方当事人主观上有过错是其承担缔约过失责任的主观要件。如果缔约过程中发生的损失是受害人、不可抗力等原因造成的，则违反先合同义务的一方也不承担缔约过失责任。

缔约过失责任中的“过失”的含义应理解为“过错”，它并非专指“过失”这种主观状态，而应采取举轻明重的解释方法，既然在“过失”的情形之下都要承担责任，在“故意”这种更严重的过错情形之下更要承担责任。当然，行为人在行为时的主观状态往往需要通过其客观表现来予以分析确定，所以，也有学者认为缔约过失责任中的“过失”是一种客观过失，即依据行为人的行为是否违反了某种行为标准而确定其是否具有过失。① 不论行为人主观上是故意还是过失，只要其实施了违反先合同义务的行为，就构成缔约过失，无须考量行为人实际的心理状态。

前述引例，发展公司与家具公司仅相互传递厂房租赁合同文本，并未签字盖章，双方仍处缔约磋商阶段，合同尚未成立，家具公司无须负违约责任。但家具公司在缔约磋商过程中的行为已经足以使发展公司相信合同必将成立生效，家具公司故意找借口拒绝缔约，无正当理由而撤销要约，其行为违背诚实信用的原则，违反了先合同义务，造成了发展公司的信赖利益损失，构成缔约过失责任，家具公司应当赔偿发展公司的损失。

三、缔约过失责任的类型

我国《合同法》第 42 条、第 43 条规定了缔约过失责任的主要类型，同时，该法第 58 条对合同无效或被撤销后的缔约过失责任也作出了规定。根据这些规定，缔约过失责任可以有以下类型：

1. 假借订立合同，恶意进行磋商

指当事人根本没有订约的目的，缔约磋商只是假象，仅仅是假借订立合同而损害对方当事人或他人的利益。这是滥用缔约自由的典型表现。例如，甲和乙均是剧院音响设备生产商，甲知悉乙正与丙剧院洽谈音响设备购买安装事宜，遂假装成大客户向乙洽谈订货，使乙放弃与丙订约机会并着手准备为甲生产音响设备的材料，甲乘机与丙达成交易，并随即终止与乙的磋商。甲对由此而给乙造成的损失应当承担缔约过失责任。

这种缔约过失责任的构成要求恶意磋商的一方当事人主观上具有恶意。恶意包含两方面内容：一是恶意磋商人主观上根本无缔约意图；二是恶意磋商人具有损害对方当事人或他人的利益的目的。在缔约阶段，双方的磋商行为不具有任何法律约束力，任何一方终止磋商不需要说明理由，因此，主张追究对方缔约过失责任的当事人应对对方具有主观恶意承担绝对的举证责任，如果不能举出充足证据证明对方的主观恶意，就应承担举证不能的不利后果。

2. 故意隐瞒与订立合同有关的重要事实或者提供虚假情况

这是《合同法》第 42 条第二项所作出的规定，是指当事人违反如实告知义务，实施欺诈行为而使相对人受到损失。在缔约过程中，当事人必须依据诚实信用原则，履行重要事实的告知义务，主要包括：财产状况和履约能力的告知义务、瑕疵告知义务、性能和使用方法的告知义务等。如果一方当事人故意隐瞒与订立合同有关的重要事实或者提供虚假情况，并且使对方因此而陷入错误认识，作出错误的意思表示，则构成欺诈，因此给对方造成损失的，应承担赔偿责任。

---

① 王利明. 民法. 北京：中国人民大学出版社，2005. 479

3. 泄露或者不正当使用在订立合同中知悉的商业秘密，给对方造成损失

当事人在缔约磋商过程中，可能会知悉对方当事人的商业秘密，依据诚实信用原则，无论合同成立与否，知悉商业秘密的当事人均应负保密义务，不能向外泄露或作不正当使用，违反该保密义务而给对方造成损失者则应承担缔约过失责任。

只有发生在缔约阶段的违反保密义务的行为才能导致缔约过失责任的适用。如果泄密或不正当使用对方商业秘密行为发生在合同有效成立之后，则构成违约，当事人应承担的是违约责任而非缔约过失责任；如果泄密或不正当使用对方商业秘密行为发生在合同终止之后，当事人违反的是后合同义务，所造成的损失并非对方当事人的信赖利益损失，也不适用缔约过失责任。

缔约过程中泄露或者不正当使用对方商业秘密的行为包括：将商业秘密透露给他人；未经权利人授权而使用其商业秘密；非法允许他人使用商业秘密或将商业秘密转让给他人等。无论泄露或者不正当使用对方商业秘密的当事人是否因此而获得利益，只要其实施了上述泄露或者不正当使用对方商业秘密的行为，并且给对方当事人造成了损失，就应承担缔约过失责任。

知识链接

商业秘密是指不为公众所知悉、能为权利人带来经济利益、具有实用性并经权利人采取保密措施的技术信息和经营信息。

4. 其他违背诚实信用原则的行为

由于当事人依据诚实信用原则所负有的先合同义务的外延具有不确定性和无限延伸性，所以，立法不可能罗列所有缔约过失责任的情形。因此，《合同法》第42条第（三）项以“其他违背诚实信用原则的行为”作为兜底条款总括规定了其他的缔约过失责任情形。实践中，其他违背诚实信用原则而应承担缔约过失责任的情形主要包括：

（1）要约人违反有效要约。根据《合同法》的规定，并非所有的要约都是可以撤销的要约，具有法定情形的要约为不可撤销的要约。如果要约人坚持撤销不可撤销的要约，则受要约人可以选择仍然作出承诺主张合同成立，也可以接受要约被违法撤销的后果并主张要约人承担缔约过失责任。

（2）违反订约意向书、备忘录等初步协议而拒绝缔约。此时合同未成立，给相对人造成的信赖利益损失应按缔约过失责任处理。

（3）合同无效或被撤销时的缔约过失责任。根据《合同法》第58的规定，合同无效或者被撤销后，有过错的一方应当赔偿对方因此所受到的损失，双方都有过错的，应当各自承担相应的责任。导致合同无效或被撤销的事由发生在缔约阶段，合同无效或被撤销是当事人在缔约阶段的过错所致，所以，合同无效或被撤销后，有过错的当事人应当按照缔约过失责任承担赔偿责任。

法条链接

《中华人民共和国合同法》

第58条　合同无效或者被撤销后，因该合同取得的财产，应当予以返还；不能返还或者没有必要返还的，应当折价补偿。有过错的一方应当赔偿对方因此所受到的损失，双方都有过错的，应当各自承担相应的责任。

（4）依照法律、行政法规的规定经批准或者登记才能生效的合同成立后，有义务办理申请批准或者申请登记等手续的一方当事人未按照法律规定或者合同约定办理申请批准或者未申请登记的，应当承担缔约过失责任。相对人可以依法院判决，自己办理有关手续，对方当事人对由此产生的费用和给相对人造成的实际损失，应当承担损害赔偿责任。

（5）效力待定合同未获追认权人追认，致使相对人利益受到损害，有过错的当事人应当按照缔约过失责任承担赔偿责任。

（6）赠与合同中的缔约过失责任。赠与合同为诺成性合同，但《合同法》第186条规定除社会公益、道德义务性质的赠与合同和经过公证的赠与合同外，赠与人在赠与财产的权利转移之前可以撤销赠与。赠与人撤销赠与不属于违约行为，不负违约责任，但如果受赠人基于对赠与合同有效的信赖而已经作出接受赠与的相应准备，撤销赠与使其蒙受损失，则赠与人应当对其承担缔约过失责任。例如，甲公司向乡村小学教师王某提出以公司的名义向其捐赠5万元建设新住房，王某同意接受该赠与，双方就具体建设计划和工程进度作了详细约定。此后，王某向银行贷款作为前期投入，将自己原有的房屋拆除，准备在原址建房。但到了约定的支付捐款时间，甲公司拒绝支付捐款。王某因此无房可住、无力还贷、也无力再自行投资将房子建起。此种情形，甲公司应当承担缔约过失责任，赔偿王某的信赖利益损失。

（7）无权代理情况下的缔约过失责任。《合同法》第48条规定："行为人没有代理权、超越代理权或者代理权终止后以被代理人名义订立的合同，未经被代理人追认，对被代理人不发生效力，由行为人承担责任。"行为人无权代理，损害了相对人的信赖利益，应当承担缔约过失责任。

法条链接

《中华人民共和国合同法》

第42条　当事人在订立合同过程中有下列情形之一，给对方造成损失的，应当承担损害赔偿责任：（一）假借订立合同，恶意进行磋商；（二）故意隐瞒与订立合同有关的重要事实或者提供虚假情况；（三）有其他违背诚实信用原则的行为。

第43条　当事人在订立合同过程中知悉的商业秘密，无论合同是否成立，不得泄露或者不正当地使用。泄露或者不正当地使用该商业秘密给对方造成损失的，应当承担损害赔偿责任。

四、缔约过失责任的赔偿范围

缔约过失造成的是对方当事人的信赖利益损失，缔约过失责任的承担方式即赔偿损失。

缔约过失责任的赔偿范围应当限于信赖利益损失。信赖利益损失可以分为直接损失和间接损失。

（一）直接损失

直接损失是指当事人因为信赖合同的成立和生效所实际支出的各种费用，主要包括：①因信赖对方要约的有效而与对方联系、赴实地考察以及检查标的物所支出的合理费用；②因信赖对方将要缔约，为缔约做各种准备所支出的合理费用；③为谈判所支出的劳务；④为支出上述费用所损失的利益。[①] 直接损失应当由缔约过失的行为人承担赔偿责任。

（二）间接损失

间接损失是指缔约一方因另一方的过错导致合同不能成立，从而丧失商机，亦即丧失与他人的缔约机会等导致的损失。例如，甲在乙、丙两个供货人中选择了与乙缔约，但由于乙的过错导致合同最终不能成立生效，甲只能转而与丙缔约以取得货物，此时货物已比甲最初可选与丙缔约时上涨，甲不得不接受此价格，前后两个价格之间的差价即是由于乙的缔约过失而给甲造成的间接损失。间接损失是否应予赔偿，存在不同的观点。一种观点认为：间接损失的机会利益并不具有确定性，其能否实现很难确定，对机会利益损失的举证也存在困难，将间接损失列入缔约过失责任的赔偿范围会使责任难以确定，也过分加重缔约过失方的责任。另一种观点与此相反，认为既然间接损失也是由缔约过失行为造成，就应该与直接损失一样得到赔偿，将间接损失排除在缔约过失责任的赔偿范围之外不符合公平正义的法律价值要求，不能实现缔约过失责任制度的遏制缔约欺诈、促进诚信缔约的目的，甚至会使缔约过失责任制度形同虚设。因此，间接损失应当属于缔约过失责任的赔偿范围。不能因为机会损失难以确定就不对机会损失进行赔偿，是否存在机会损失应当由受害人举证，受害人如果不能举证，自应由其承担举证不能的不利后果。当然，只有与缔约过失行为有直接因果关系的间接损失才能够得到赔偿。在司法实践中，间接损失具有自由裁量的性质，在确定是否应该赔偿间接损失时，缔约过失责任的宗旨和制度价值、缔约过失行为人主观过错的严重程度以及间接损失的可确定程度都应该列入考量的范围。

对于信赖利益的赔偿应以不超过履行利益为限。因为履行利益是合同目的完全实现时可以获得的利益，是缔约双方追求的最高目标，而就信赖利益而言，当事人仅能信赖合同能够得以成立生效，不能信赖合同必定可以得到履行。所以，信赖利益的赔偿范围应当小于履行利益。如果实际的信赖利益损失超过了履行利益损失，则此信赖不具有合理性，不应得到赔偿。

（三）缔约过失责任与维持利益损失

缔约过失责任只保护信赖利益，不保护维持利益，缔约过失责任的赔偿范围不包

---

① 王利明．合同法新问题研究．北京：中国社会科学出版社，2003．154

括维持利益的损失。

缔约过失行为不仅会导致信赖利益的损失，有时也会侵害人身及财产权益。如出卖人在交付货物时，不慎将货物掉下来砸伤买受人，合同也因此不能成立，出卖人违反了保护顾客安全的先合同义务，造成买受人的信赖利益损失，同时也造成了买受人的身体健康权等维持利益的损失。此种情形，缔约过失责任仅限于对合同不成立而导致买受人信赖利益的损失进行赔偿，买受人的人身、财产损害应当提起侵权之诉，依据侵权责任制度得到赔偿。这是因为缔约过失责任制度是为了弥补违约责任、侵权责任的不足而创设，在适用违约责任、侵权责任已能对当事人提供充足的保护的场合，自然没有适用缔约过失责任的必要。更何况，适用侵权责任可以使受害人得到全部的赔偿，包括精神损害赔偿，而缔约过失责任仅赔偿信赖利益损失。

知识链接

履行利益是指法律行为（合同）有效成立，债务履行而使债权人得到的利益。

维持利益，也称固有利益，指公民享有的生命和身体健康权以及所有权不受他人侵害的权利。维持利益是侵权法所保护的利益。

五、缔约过失责任与违约责任、侵权责任的区别

1. 缔约过失责任与违约责任的区别

（1）责任产生的前提不同。违约责任产生的前提是合同的有效成立，而缔约过失责任往往是基于合同不成立或合同无效而产生。

（2）责任侵害的对象不同。违约责任侵害的是合同义务，而缔约过失责任侵害的是先合同义务。

（3）责任性质不同。违约责任由当事人约定，是一种约定责任；而缔约过失责任基于法律的直接规定而产生，属于法定责任。

（4）责任承担方式不同。违约责任的承担方式有违约金、赔偿损失等，而缔约过失责任的承担方式仅为赔偿损失。

（5）赔偿范围不同。违约责任保护的是履行利益，赔偿的结果是使当事人达到合同完全履行时的状态；而缔约过失责任保护的是信赖利益，赔偿的结果是使当事人达到合同或其他某些缔约行为未曾发生时的利益状态。

2. 缔约过失责任与侵权责任的区别

（1）责任产生的前提不同。缔约过失责任存在于缔约过程，以当事人之间存在缔约过程的特殊信赖关系为前提；而侵权责任存在于一切社会交往之中，不要求当事人之间有任何特殊关系。

（2）责任承担方式不同。缔约过失责任的承担方式仅为赔偿损失，侵权责任的承担方式包括赔偿损失、停止侵害、排除妨碍等。

（3）保护的利益不同。缔约过失责任保护的是信赖利益，侵权责任保护的是维持利益。

缔约过失责任是为弥补违约责任和侵权责任的不足而创设，其赔偿范围也不完全等同于违约责任和侵权责任的赔偿范围，出于对自身利益的考虑，受害人应当首先选择提出合同上的请求权或侵权上的请求权，主张追究对方的违约责任或侵权责任，只有在违约责任和侵权责任不能成立或不利于更充分地保护受害人利益时，才应当主张缔约过失责任。

思考与练习

1. 缔约过失责任的构成要件是什么？

2. 案例分析：

2004 年 10 月，甲单位与乙公司签订了一份《房地产转让合同》，约定：甲单位以 700 万元的价格转让其位于滨江路 23 号的一栋办公大楼的所有权给乙公司；乙公司在 2005 年年底前付清所有款项，如逾期付款，甲单位有权将办公大楼收回。合同签订后，甲单位依约向乙公司交付了办公大楼，乙公司遂将办公大楼出租给丙公司，至 2005 年底，乙公司共向甲单位支付了购房款 650 万元。2006 年 5 月，甲单位以乙公司拖欠购房款，没有履行合同的主要义务构成严重违约为由诉至法院，请求判令解除合同并由乙公司承担违约责任。法院审理后，认为涉案合同属无效合同，依法向双方进行了释明。甲单位变更其诉讼请求为：收回办公大楼的使用权；乙公司将从丙公司收取的全部租金退回甲公司。乙公司提起反诉，请求判令甲单位赔偿因合同无效给其造成的丧失房屋涨价利益的损失 500 万元并承担全部诉讼费用。经查，甲单位转让的办公大楼所涉土地使用权为划拨性质；双方签订的房地产转让合同未报有批准权的人民政府审批；经鉴定，在案件起诉之日，涉案房产的市值为 1 200 万元。

问题：(1) 本案何方对合同无效负有责任？(2) 甲单位的诉讼请求应否得到支持？(3) 乙公司要求赔偿的 500 万元损失属于何种损失？是否应该得到赔偿？

项目二　违约责任

【引例】

2007 年 2 月 8 日，甲方因出口业务的需要与乙方签订购货合同订购钥匙扣，合同约定：乙方出售给甲方钥匙扣 255 万只，每只 2.5 元，总计 637.5 万元，分批交货；商品质量标准：符合生产前甲乙双方确认样品标准，并且以甲方的外贸客户收到产品后对产品进行的检验为最终检验。甲方对产品质量的异议期限为其外贸客户收到产品后 3 个月期限届满止；交货方式及运费承担：汽车运到指定仓库，运费乙方承担；违约条款：(1) 如果乙方未交货或未按期交货，甲方有权解除合同或要求乙方继续履行，乙方应赔偿因此给甲方造成的损失。(2) 如果乙方货物质量不合格甲方有权退货，乙方应承担因退货而造成的全部损失。(3) 如果发生货物数量、包装等与合同不符，均由乙方承担因此给甲方造成的损失。关于交货期，双方约定：2007 年 4 月 3 日交 100 万只，4 月 17 日交 50 万只，4 月 30 日交 50 万只，5 月 10 日交 55 万只。合同签订后，乙方于 2007 年 4 月 4 日交运 20 万只，4 月 18 日交运 33.4 万只，4 月 29 日分别交运

28.36 万只和25.04 万只，共计106.8 万只。货物送达甲方的外贸客户后，客户对货物进行了检测，检测结果显示该批货物存在严重的质量问题和安全隐患，为不合格产品，不能提供给消费者。甲方将乙方诉至法院，请求判令乙方赔偿因其逾期交货和所交货物质量不合格给甲方造成的损失。

问题：上述案例，乙方没有按照合同约定期限交货、所交付的货物质量不符合合同约定，乙方的行为在合同法上构成何种行为？乙方应该承担何种法律责任？

【基本原理】

合同目的的实现有赖于当事人全面、适当地履行合同义务，任何一方当事人不履行合同义务或不适当履行合同义务，则应承担违约责任。前述引例，乙方没有按照合同约定期限交货，所交付的货物质量不符合合同约定的质量状况，乙方的行为在合同法上构成违约行为，属于迟延履行和不适当履行合同的违约行为，依照《合同法》的规定，乙方应当承担违约责任，赔偿因其违约而给甲方造成的全部损失。正是由于违约责任制度的存在，才能有效地督促合同当事人履行合同义务，也才能使合同债权人在合同债务人不履行合同义务或不适当履行合同义务之时，依法得到补救。有了违约责任制度，才能保证合同权利义务不至于落空，违约责任制度对合同当事人约定的权利义务的实现提供着切实的保障，这种保障对违约方是一种抑制或制裁，对非违约方则是救济或保护。大陆法系国家的合同法站在“制裁”的角度，称这种保障为“违约责任”；英美法系国家的合同法站在“保护”的角度，将这种保障称为“违约救济”。

一、违约责任的概念与特征

（一）违约责任的概念

违约责任是指合同当事人不履行合同义务或者履行合同义务不符合约定而应承担的法律后果。

> **法条链接**
>
> 《中华人民共和国合同法》
>
> 第107条　当事人一方不履行合同义务或者履行合同义务不符合约定的，应当承担继续履行、采取补救措施或者赔偿损失等违约责任。

生效合同在当事人之间形成合同义务，这些合同义务包括：

（1）主合同义务，又称主给付义务，是指合同关系所固有、必备并能决定当事人之间合同关系类型的基本义务。如买卖合同出卖人的交付标的物并转移标的物所有权的义务、买受人支付价款的义务即属主合同义务。

> **法条链接**
>
> 《中华人民共和国合同法》
>
> 第135条　出卖人应当履行向买受人交付标的物或者交付提取标的物的单证，并转移标的物所有权的义务。
>
> 第159条　买受人应当按照约定的数额支付价款。

（2）从合同义务，又称从给付义务，是指主合同义务之外，债权人可以独立诉请履行，以完全满足给付上利益的义务。如出卖人按照约定或者交易习惯向买受人交付提取标的物单证以外的有关单证和资料的义务。

法条链接

《中华人民共和国合同法》

第136条　出卖人应当按照约定或者交易习惯向买受人交付提取标的物单证以外的有关单证和资料。

（3）附随义务，是指依照诚实信用原则的要求，合同债务人为维护对方当事人的利益所负有的合同义务。如《合同法》第60条规定的“当事人应当遵循诚实信用原则，根据合同的性质、目的和交易习惯履行通知、协助、保密等义务”，即为附随义务。附随义务并非由当事人约定产生，而是随着合同关系的发展而不断形成。学者认为，附随义务的内容主要包括注意义务、告知义务、照顾义务、说明义务、保密义务。附随义务的功能有二：一是辅助功能，即促进实现主给付义务，使债权人的给付利益获得最大可能的满足；二是保护功能，即维护对方的人身或财产的利益。附随义务不同于由当事人自始约定的主合同义务，也不同于从合同义务，它与从合同义务的主要区别在于从合同义务债权人可以独立诉请履行，而附随义务债权人不可以独立诉请履行。例如，卖方出售由某工艺大师设计的限量版陶瓷花瓶给买方，卖方交付花瓶并移转所有权给买方，是卖方的主合同义务；提供花瓶的设计者证书给买方，是卖方的从合同义务；妥善包装花瓶使携带安全并告知注意事项，是卖方的附随义务。

法条链接

《中华人民共和国合同法》

第60条　当事人应当按照约定全面履行自己的义务。

当事人应当遵循诚实信用原则，根据合同的性质、目的和交易习惯履行通知、协助、保密等义务。

（4）不真正义务，又称间接义务，是指合同债权人对自己利益的维护照顾义务。不真正义务的主要特征在于权利人通常不得请求履行，违反它也不发生损害赔偿责任，仅使负担此义务者遭受权利减损或丧失的不利益。如合同当事人一方违约后，对方应当采取适当措施防止损失的扩大，没有采取适当措施致使损失扩大的，不得就扩大的损失要求赔偿。合同债权人采取措施防止损失扩大的义务即是不真正义务。

法条链接

《中华人民共和国合同法》

第 119 条　当事人一方违约后，对方应当采取适当措施防止损失的扩大；没有采取适当措施致使损失扩大的，不得就扩大的损失要求赔偿。

违约责任与合同义务有着极为密切的关系：合同义务是违约责任发生的前提，违约责任则是合同义务不履行的后果。《合同法》第 107 条规定："当事人一方不履行合同义务或者履行合同义务不符合约定的，应当承担继续履行、采取补救措施或者赔偿损失等违约责任。"可见，一旦合同债务人不履行合同义务，则合同义务在性质上就转化为一种责任，这种责任包含了国家的强制性。换句话说，违约责任的实现不依赖合同债务人的自愿履行，不以违约当事人的意志为转移，不论违约方是否愿意，均不影响责任的构成。合同当事人违反主合同义务、从合同义务或附随义务且无免责事由时，均应承担违约责任。但是，合同债权人违反不真正义务，由债权人（义务人）自行承担不利的法律后果，无须向对方承担违约责任。

（二）违约责任的特征

违约责任是民事责任的一种，作为一种民事责任，违约责任与行政责任、刑事责任有明显的区别，某一违约行为人可能在承担违约责任的同时，还须依法承担行政责任或刑事责任，这并不矛盾，因为违约责任、行政责任、刑事责任是性质各不相同的法律责任，互不混同或包含。与其他民事责任相比较，违约责任具有下列特征：

（1）违约责任是合同当事人不履行合同义务所产生的责任。这是违约责任区别于其他民事责任的主要特征。首先，违约责任以合法有效的合同关系的存在为前提。有约才有违约，如果当事人之间的合同尚未成立，或合同虽成立但尚未生效，或合同权利义务已经终止，均不可能发生违约，也无从发生违约责任。其次，违约责任以当事人违约为要件。有效合同约定的义务与法律规定的义务一样，合同当事人必须履行，否则，就会产生违约责任。如果当事人不存在不履行合同义务或者履行合同义务不符合约定的违约情形，违约责任也无从发生。例如，甲模特与乙公司订立合同，约定甲模特为乙公司生产的产品拍摄平面广告，该广告的使用期为两年。使用期限届满之后，甲模特发现乙公司仍然在销售附有其肖像的产品，遂起诉追究乙公司的违约责任，要求乙公司向其支付违约金。法院认为乙公司的行为不构成违约，不应承担违约责任。因为甲、乙双方的合同关系在该广告物使用期满之时即已终止，甲所诉的乙的行为不是发生在合同履行过程，此时甲、乙之间已无合同上的权利义务，故乙的行为不属于违约，当然不应承担违约责任。

知识链接

民事责任是指民事主体在民事活动中，因实施违法行为而依照民法应当承担的民事法律后果或者基于法律特别规定而应承担的民事法律后果。

（2）违约责任具有相对性。合同关系具有相对性，合同当事人不得为他人设定合同义务，他人当然也就没有违约的可能性。合同关系的相对性决定了违约责任的相对性：违约责任仅在合同当事人之间产生，违约当事人因其违约应向对方当事人承担违约责任，而不对合同以外的第三人承担违约责任；合同关系以外的人，即使是履行辅助人，也不对合同当事人负违约责任。例如，甲与乙是买卖合同关系，甲违反合同约定向乙交付了质量有缺陷的产品，该产品造成了合同以外的第三人丙的损害，甲应该向丙承担侵权责任，而非违约责任。

法条链接

《中华人民共和国合同法》

第64条　当事人约定由债务人向第三人履行债务的，债务人未向第三人履行债务或者履行债务不符合约定，应当向债权人承担违约责任。

第65条　当事人约定由第三人向债权人履行债务的，第三人不履行债务或者履行债务不符合约定，债务人应当向债权人承担违约责任。

（3）违约责任具有任意性。合同法是典型的任意性法律，按照私法自治的基本原则，必须尊重合同当事人自己的选择。合同当事人可以在法律许可的范围内事先对违约责任作出约定，包括约定违约责任的承担方式、违约金数额或比例、损害赔偿额的计算方法、免责条款等。允许当事人对违约责任作出约定，有利于合同纠纷的及时解决，也有助于限制当事人未来可能承担的风险。必须注意的是，违约责任的任意性决不意味着法律对当事人毫无限制，为保障公平合理，法律对当事人约定的过高或过低的违约金或者赔偿金，都可进行干预，由法官根据当事人的请求视具体情况降低或提高。

（4）违约责任具有补偿性。法律设立违约责任的重要目的之一是弥补或补偿因违约方的违约行为而给对方当事人所造成的损害后果，补偿对方当事人的损失，因此违约责任具有补偿性。违约责任的补偿性是平等、等价有偿原则的体现，违约方要以向守约方支付违约金、赔偿金等方式使守约方的实际损失得到全部补偿或部分补偿，同时，守约方也不能因违约方承担违约责任而获得额外的利益。所以，约定的违约金不能过高，约定的违约金过分高于造成的损失的，当事人可以请求人民法院或者仲裁机构予以适当减少。作为违约责任主要形式的损害赔偿应当主要用于补偿守约方的损失，而不是对违约方的惩罚。当然，主张违约责任具有补偿性并不否定违约责任具有强制性，违约责任强迫违约当事人承担不利的法律后果，这本身就体现了对违约方的制裁。

（5）违约责任是一种财产责任。合同关系是财产关系而非人身关系，合同的内容通常具有财产价值，违约责任作为合同债务的转化形式，通常也就表现为财产责任，以支付违约金、赔偿金等为主要责任形式，区别于其他民事责任的赔礼道歉、恢复名誉等具有人身责任性质的责任形式。

二、违约责任的归责原则

违约责任的归责原则是指确定违约行为人的民事责任的法律原则。

违约责任采取何种归责原则，由合同法加以规定。《合同法》第107条规定：“当事人一方不履行合同义务或者履行合同义务不符合约定的，应当承担继续履行、采取补救措施或者赔偿损失等违约责任。”由此可知，守约方追究违约方的违约责任时，只需证明违约方的行为违约，无须证明违约方主观上有过错，违约方也不能通过证明自己主观上无过错而免除责任。很明显，我国《合同法》对违约责任的归责原则采取的是严格责任归责原则。以严格责任归责原则作为违约责任的一般归责原则，体现了违约责任的宗旨在于弥补受害人的损失，合理分配合同风险，而非惩罚违约人的过错，不以善恶决定违约责任的有无。与过错责任归责原则相比较，采取严格责任归责原则，更能促使当事人认真履行合同义务，更有利于保护守约方的合法权益。

法条链接

《中华人民共和国合同法》

第 107 条　当事人一方不履行合同义务或者履行合同义务不符合约定的，应当承担继续履行、采取补救措施或者赔偿损失等违约责任。

但是，将严格责任原则作为违约责任的一般归责原则并不排除过错责任归责原则在违约责任中的适用，过错责任归责原则亦散见于《合同法》分则之中，对于特定合同，区分善恶而决定违约责任的有无仍然有其合理性，应采取过错责任归责原则。如《合同法》第 189 条规定：“因赠与人故意或者重大过失致使赠与的财产毁损、灭失的，赠与人应当承担损害赔偿责任。”第 406 条规定：“有偿的委托合同，因受托人的过错给委托人造成损失的，委托人可以要求赔偿损失。无偿的委托合同，因受托人的故意或者重大过失给委托人造成损失的，委托人可以要求赔偿损失。”第 303 条规定：“在运输过程中旅客自带物品毁损、灭失，承运人有过错的，应当承担损害赔偿责任。”等等。这些规定，有的是按照违约方的过错的有无来确定违约责任构成与否，有过错才构成责任；有的则是按照违约方过错的程度来确定违约责任是否构成，只有在违约方有故意或重大过失时，才承担违约责任。

在违约责任制度中，严格责任归责原则与过错责任归责原则两者的关系是一般归责原则与特殊归责原则的关系，除非法律明确规定采取过错责任归责原则，否则应当采取严格责任归责原则。

三、违约责任的构成要件

违约责任的构成要件，是指当事人应具备哪些条件才应当承担违约责任。

在采取严格责任归责原则的情况下，违约责任的构成要件有：第一，当事人存在违约行为；第二，不存在法定或约定的免责事由。

但对于不同的责任承担方式而言，其所要求的条件也各不相同。如损害赔偿责任形式，其条件包括：当事人存在违约行为、不存在法定或约定的免责事由，对方当事人有财产损害的事实、违约行为与损害事实之间存在因果关系。而违约金责任形式的承担则不要求具备损害事实这一条件，仅要求当事人有违约行为，并且不存在法定或约定的免责事由，即只要有违约事实，违约当事人就应当承担违约责任，而不管守约方是否因其违约而遭受损失。

四、违约责任的免责事由

《合同法》虽然将严格责任归责原则作为违约责任的一般归责原则，但是，并不意味着违约方在任何情况下均应对其违约行为承担法律责任，在具备免责事由的情形之下，当事人即使有违约行为，也无须承担违约责任。

知识链接

合同法上免责与抗辩的不同：

免责，即免除责任，是指在合同履行过程虽然债务人有违约行为，但在具备免责事由之时免除债务人的违约责任。

合同履行中的抗辩指在合同履行过程中对抗他人行使权利，即“对抗”、“反对”，阻止他人行使权利，但他人的权利并不因此而消灭。合同履行过程中的抗辩通常是延期性的抗辩，仅仅能使对方的请求权在一定时期内不能行使。

违约责任的免责事由是免除债务人的违约责任的事由，在合同履行过程中，因出现了免责事由而导致合同不履行，债务人将被免除违约责任。违约责任的免责事由包括法定的免责事由和约定的免责事由。《合同法》规定的免责事由主要是不可抗力和债权人的过错；由于合同是当事人双方合意的结果，应当充分尊重当事人的意志，《合同法》也允许当事人通过事先的约定来排除或限制违约责任，即约定免责条款。

1. 不可抗力

不可抗力，是指不能预见、不能避免并不能克服的客观情况。不可抗力的特征是：第一，不可抗力仅指客观情况，是当事人行为之外的客观情况，是当事人无法左右的、非人为的。因此，因第三人行为导致违约的，由于第三人的行为不属于不可抗力，故不能作为免除责任的事由。第二，不可抗力具有不可预见性，即合同当事人以现有的技术水平、经验无法预知。不可预见性要求的是在当事人缔约之时不可预见，而不考虑缔约之后能否预见，并且，要以一般人的预见能力作为判断的标准。第三，不可抗力具有不可避免和不可克服性。不可避免，是指不可抗力及其损害后果的发生具有必然性，而且当事人虽尽最大努力仍无法避免；不可克服，是指不可抗力及其损害后果发生后，当事人虽尽最大努力仍不能克服，因而无法履行或者无法适当履行合同义务。

不可抗力的影响大小、范围各异，故免除违约责任的范围应有所不同。换言之，部分或者全部免责受限于不可抗力对当事人履行合同义务的影响程度，应根据具体情况确定是否免除违约责任，是全部免除还是仅免除部分责任。而且，不可抗力作为免责事由必须以其发生于合同履行期间为条件，如果一方当事人迟延履行后，发生不可抗力致其履行不能，迟延履行当事人不得以不可抗力作为免责事由，否则就无异于鼓励当事人怠于履行合同义务。例如，卖方在合同约定的履行期限之内没有履行交货义务，而是将货物储存于自己的仓库，交货期已过，卖方意欲履行，但天降百年不遇的大雨，导致山洪暴发，冲毁卖方的仓库和准备用于履行合同的货物，此时，卖方不得主张不可抗力免责，而必须承担违约责任。

法条链接

《中华人民共和国合同法》

第 117 条　因不可抗力不能履行合同的，根据不可抗力的影响，部分或者全部免除责任，但法律另有规定的除外。当事人迟延履行后发生不可抗力的，不能免除责任。

本法所称不可抗力，是指不能预见、不能避免并不能克服的客观情况。

不可抗力包括以下几种情形：

（1）自然灾害。自然灾害是典型的不可抗力，尽管随着科学技术的进步，人类对自然灾害的预测能力不断提高，但是，自然灾害仍然是独立于人的意志以外的事件，人类仍然不能完全预见并克服它。因此，因为发生自然灾害而导致合同不能履行的，应免除债务人的违约责任。自然灾害包括地震、水灾、风灾、旱灾等天灾。

（2）政府行为。指当事人订立合同之后，因政府颁发新的政策、法律和行政措施而导致合同不能履行的情形。

（3）社会异常事件。社会异常事件指合同履行期间社会上出现的偶发事件，并且这些事件导致了合同不能履行，如战争、罢工、骚乱等。社会异常现象虽然是人为的事件，但是对于合同当事人来说，它仍然属于当事人在订约时无法预见并且也无法克服的事件。构成不可抗力的社会异常事件通常要求是社会整体的异常事件，而不是局部的小型事件。实践中，当事人可以订立不可抗力条款以明确不可抗力的范围，具体列举各种不可抗力，以避免争议。

但是，学理上认为，金钱债务一般不适用不可抗力，即不能因不可抗力而免除金钱债务不履行的责任，不可抗力只可能导致金钱债务的延期履行、分期履行。例如，甲向乙租赁机械设备一套，租赁期间因有骚乱事件发生，致使甲无法将机械设备用于施工获利。租金缴付期限届至，乙向甲催收租金，甲以不可抗力为由主张免责。甲的主张无理，因租金属于金钱债务，且骚乱并未影响租赁合同的履行。

发生不可抗力事件导致合同不能履行的，债务人主张不可抗力免责还应该具备程序要件，即债务人必须履行不可抗力的通知程序。当债务人遭遇不可抗力时，必须将遭遇不可抗力的事实及时通知对方，以减轻可能给对方造成的损失，并应提供相关部门的有效证明文件，方可得以免责。如果债务人怠于通知债权人，或者未能有效证明不可抗力，将影响其责任的免除。

法条链接

《中华人民共和国合同法》

第 118 条　当事人一方因不可抗力不能履行合同的，应当及时通知对方，以减轻可能给对方造成的损失，并应当在合理期限内提供证明。

2. 受害人（债权人）过错

受害人（债权人）过错，是指受害人对违约行为或者违约损害后果的发生或者扩大存在过错。受害人的过错导致债务人不能履行合同的，债务人不承担违约责任，即债务人可以将受害人的过错作为违约责任的免责事由。将受害人的过错作为免责事由体现了法律对当事人过错的谴责和非难。违约责任虽然实行严格责任，但是受害人的过错可以成为违约方全部或者部分免除责任的条件。如在约定检验期间的买卖合同中，买受人就标的物数量或者质量不符合约定的情形怠于通知出卖人，出卖人不承担违约责任。再如运输合同中由于收货人的过错造成货物损毁、灭失的，承运人不承担损害赔偿责任。

法条链接

《中华人民共和国合同法》

第 311 条　承运人对运输过程中货物的毁损、灭失承担损害赔偿责任，但承运人证明货物的毁损、灭失是因不可抗力、货物本身的自然性质或者合理损耗以及托运人、收货人的过错造成的，不承担损害赔偿责任。

3. 免责条款

免责条款，是指合同当事人约定的排除或者限制其将来可能发生的违约责任的条款。民事主体可以依法放弃自己的民事权利，免除相对人的民事义务、民事责任，基于合同自由原则，合同当事人可以在合同中约定免责条款。在合同履行过程中，如果出现免责条款规定的情形，即使合同债务人有违约行为，也不承担违约责任。当事人约定免责条款，可以预先控制风险，避免争议。但是，当事人关于免责条款的约定不能违反诚实信用原则，不能侵犯当事人在合同以外的权利。因此，下列两种免责条款无效：

（1）造成对方人身伤害的免责条款。

（2）因故意或者重大过失造成对方财产损失的免责条款。

因为这两种行为有社会危害性，都可以构成侵权行为，是法律所禁止的行为，不能通过合同约定而免责，违约方对此两种行为造成的损害仍应当承担赔偿责任。

法条链接

《中华人民共和国合同法》

第 53 条　合同中的下列免责条款无效：

（一）造成对方人身伤害的；

（二）因故意或者重大过失造成对方财产损失的。

五、双方违约和为第三人的行为负责

1. 双方违约

双方违约是指双方当事人都违反了其依照合同所负有的义务。例如，买卖合同的卖方交付的货物质量有瑕疵，而买方的付款方式也不符合合同的约定，买卖双方都构成违约。双方违约不同于双务合同履行中的行使抗辩权的行为，实践中应将两者严格区别。双方违约的构成要件包括：①双方违约存在于双务合同的履行过程，单务合同不可能出现双方违约；②双方当事人都违背了各自的合同义务；③双方当事人不履行或不适当履行合同均无正当理由。而双务合同履行中的行使抗辩权的行为是具备正当理由、行使法定权利的合法行为。例如，买卖合同的卖方交付的货物有严重质量瑕疵，买方因此而拒付货款，此为正当行使抗辩权的行为，不属于双方违约。

对于双方违约行为，应由双方当事人各自承担相应的责任。

法条链接

《中华人民共和国合同法》

第120条　当事人双方都违反合同的，应当各自承担相应的责任。

2. 为第三人的行为负责

在合同履行过程中，可能发生因第三人的原因而导致债务人无法履行债务的情形，如由于第三人的侵权行为使标的物损毁或灭失，导致卖方无法向买方交付标的物，或由于第三人不交货的违约行为导致卖方无货可交。此时，基于合同相对性规则，仍然应该由合同债务人向债权人承担违约责任，即债务人应该为第三人的行为向债权人负责。债务人向债权人承担违约责任后，有权向第三人追偿。

法条链接

《中华人民共和国合同法》

第121条　当事人一方因第三人的原因造成违约的，应当向对方承担违约责任。当事人一方和第三人之间的纠纷，依照法律规定或者按照约定解决。

六、违约行为的形态及其法律救济

（一）违约行为的概念和特征

违约行为是指合同当事人无正当理由违反合同义务的行为。我国《合同法》以“当事人一方不履行合同义务或者履行合同义务不符合约定”来表述违约行为的概念。

违约行为以当事人之间存在合法有效的合同关系为前提，如果当事人之间的合同尚未成立或尚未生效，合同被解除或被宣告无效，均不发生违约行为。违约行为具有如下特征：

(1) 违约行为的主体是合同关系中的当事人，即主体具有特定性。这是由合同的相对性决定的，依据合同相对性原则，只有合同当事人才有权向对方提出履行合同义务的请求，或者承担义务。所以，只有合同当事人才有可能构成违约，即使因为第三人的行为而造成债务人不能履行合同，第三人也不能成为违约行为主体。

违约行为的主体并不限于一方当事人，在双方违约的情形下，双方当事人都是违约行为的主体。

(2) 违约行为是违反了合同义务的行为。合同义务主要是约定的义务，即当事人协商确定的并为法律所认可且予以保护的义务，也包括法律为维护公共秩序和交易安全而为当事人设定的法定义务。无论是对约定义务的违反，还是对法定义务的违反，均可能构成违约行为。任何违反合同义务的行为都可归结为违约，由此看来，违约的含义相当宽泛，它包含了当事人对各种法定的、约定的以及依诚实信用原则所产生的合同义务的违反。违约并不等同于不履行合同，不履行合同只是违约的一种形式，违约行为可以被称为不履行合同债务的行为，但不应该简单地称之为不履行合同的行为，应该认识到两者的区别。

(3) 违约行为的后果是导致了对合同债权的侵害。合同债权是相对权，其核心内容是请求权，请求合同债务人履行合同义务以使债权人的合同债权得到满足。因此，合同债权人要实现合同债权，有赖于合同债务人适当履行其合同义务，合同债务人对合同义务的违反必然会导致合同债权人的合同债权不能实现。所以，任何违约行为的后果都是导致了对合同债权的侵害。

但是，我们说违约行为的后果是导致了对合同债权的侵害，并不意味着违约本身就是一种损害。换言之，侵害债权与损害后果是两个不同的概念。侵害债权是对违约这种行为性质的概括，而损害事实是由于违约而造成的后果。① 例如，在商品房价格快速下跌之时，房屋买卖合同的卖方不履行交付房屋的义务，实际上并未给买方造成损失，但卖方的行为仍然侵害了买方的合同债权，仍构成违约。又如，卖方多交付货物，买方并无损失，但卖方仍然是违反了合同义务，侵害了买方的合同债权。

(4) 违约行为是无正当理由而不履行或不适当履行合同义务的行为。并非所有的不履行或不适当履行合同义务的行为都构成违约，如果当事人有正当理由而不履行合同，则不构成违约。例如，在有先后履行顺序的双务合同中，如果应当先履行的一方当事人未履行义务或者履行义务不符合约定，那么，后履行一方当事人就有权拒绝先履行一方当事人的履行请求或者拒绝其相应的履行请求。此时，后履行的一方当事人是具备合法抗辩事由而正当行使先履行抗辩权，其拒绝履行不构成违约。在合同法中，不履行但不构成违约的正当理由包括：当事人合法行使抗辩权、当事人具有法定或约定的免责事由、不履行是由于对方的原因造成。只有无正当理由而不履行或不适当履行合同义务的行为才可能构成违约。

（二）违约行为的形态

违约行为的形态又称违约形态，是根据违约行为违反义务的性质和特点而对违约行为所作的分类。违约行为是对合同义务的违反，而合同义务多种多样，性质各不相同，导致对这些义务违反的形态也各不相同，从而形成不同的违约行为的形态。如对

---

① 王利明. 违约责任论. 北京：中国政法大学出版社，2003. 102

"按期履行合同"的义务的违反，构成了"迟延履行"这一违约行为的形态；对"按合同规定的质量要求交付标的物"的义务的违反，构成了"不适当履行"这一违约行为的形态。对于不同的违约形态，法律规定了不同的救济措施，所以，明确违约行为的形态，有利于当事人在对方违约之时寻求适当的法律救济方式以维护自己的利益，也有利于司法机关根据不同的违约形态而确定违约当事人所应负的法律责任。

我国《合同法》规定了多种违约形态，从总体上说，可以根据违约时合同履行期是否届至，将违约形态分为预期违约和实际违约两大类型。而实际违约又可分为不履行（包括履行不能和拒绝履行）、不适当履行；而不适当履行又可分为迟延履行、质量有瑕疵的履行、不完全履行（包括部分履行、履行地点不当的履行和履行方法不当的履行）。图示如下：

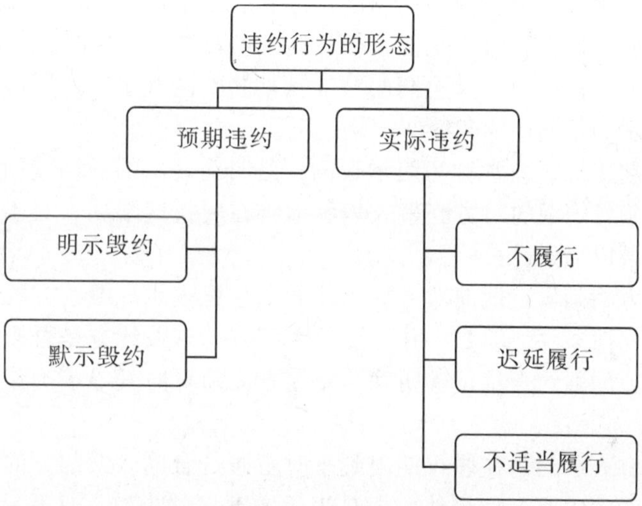

1. 预期违约

预期违约，也称为先期违约，是指在合同履行期限到来之前，当事人一方无正当理由而明确表示或者以自己的行为表明将不履行合同义务。

> **法条链接**
>
> 《中华人民共和国合同法》
>
> 第108条　当事人一方明确表示或者以自己的行为表明不履行合同义务的，对方可以在履行期限届满之前要求其承担违约责任。

预期违约具有如下特点：

（1）预期违约行为表现为未来将不履行合同义务。由于合同履行期限尚未到来，当事人还不需实际履行合同义务，此时一方当事人的违约只是表现为在履行期到来时将不履行合同义务，而不是已经没有履行合同义务，即不是像实际违约那样表现为现实的违反合同义务，所以，预期违约也被人称为"可能违约"。合同履行期限只是合同债务人必须实际为履行行为的期限，而不是合同债务发生期限，尽管合同履行期限尚未到来，由于合同已经生效，债务人已经负担了履行义务，此时，合同债务人的预期违约行为也属于对合同义务的违反，因此，预期违约也属于违约。

（2）预期违约侵害的是期待的债权而不是现实的债权。在履行期限到来之前，债权人不得请求债务人提前履行合同义务，债权人享有的仅是一种期待债权而非现实债权。但是，即使债权人不得请求债务人提前履行义务，他仍然享有一种期待权利，期待在履行期限到来之时他的权利得以实现，这种期待的权利也是不可侵害的。预期违约侵害了债权人的期待债权，则应承担违约责任。

（3）预期违约一般造成的是当事人的信赖利益的损失。预期违约往往尚未造成实际损失，而只是造成当事人信赖利益的损失，如因信赖对方履行而支付一定的准备履行的费用等。因此，在损害赔偿的范围上，预期违约与实际违约是不同的。

预期违约制度原是英美法独有的制度，该制度对于督促当事人履行合同、减少由于实际违约而造成的损害、保护受害人利益具有重要作用，我国《合同法》也明确采纳了预期违约制度。根据我国《合同法》对预期违约的规定，预期违约可以分为明示的预期违约和默示的预期违约两种。

①明示的预期违约，通常称为明示毁约，是明确表示的预期违约，即一方当事人无正当理由，明确肯定地向对方当事人表示他将在履行期限到来时不履行合同。构成明示毁约必须具备以下条件：

第一，毁约方明确肯定地向对方提出违约的意思表示。毁约方的违约意图必须十分明确，不附加任何条件。但是，并不要求受害方催告毁约方是否撤回毁约的意思表示，即只要毁约方的毁约表示足够明确，受害方无须再向其寻求确认即可认定其明示毁约。

第二，毁约方表示的是在履行期限到来时不履行合同。毁约方的意思表示必须明确包含了将要毁约的内容，如果他仅仅是表示缺乏支付能力，或表示其经济困难，而没有表示其不履行合同，则不构成明示毁约。

第三，提出毁约的一方无任何不履行合同的正当理由。如果当事人有不履行合同的正当理由，则不构成违约。这些不履行合同的正当理由通常包括：合同未成立；合同具有无效因素而应被宣告无效；合同是可撤销合同而应被撤销；债务人享有法定解除权而主张解除合同；债务人享有抗辩权；因不可抗力而导致合同不能履行等。在实践中，毁约方提出毁约通常会辅以种种理由或借口，如棉花买卖合同的卖方在棉区普遍因遭天灾而出现棉花失收、棉花价格走高之时，即使其棉花并没有受灾，但仍谎称天灾导致其不能履行合同，此时，应查清事实，准确分析当事人是否具备不履行合同的正当理由，是否构成违约。

第四，毁约方的毁约行为将导致合同的主要义务不能履行。毁约方明确表示其将不履行合同的主要义务，从而使对方当事人追求的合同的根本目的难以实现，才能构成明示毁约。如果当事人仅表示拒绝履行合同的部分内容，并且不妨碍债权人所追求的合同根本目的的实现，如仅仅表示违反合同的附随义务或从合同义务，则不构成预期违约。这是因为如果不区分拒绝履行的程度，一概认定为预期违约，任由债权人在发生拒绝履行之时均可主张解除合同，则对债务人过于苛刻，也不利于维护交易稳定。

②默示的预期违约，也称为默示毁约，是以行为表明的预期违约，即在履行期到

来之前，一方当事人以自己的行为表明其将在履行期到来之后不履行合同。构成默示毁约必须具备以下条件：

第一，一方当事人以自己的行为表明其将在履行期到来之后不会或不能履行合同。这些行为通常包括：经营状况严重恶化；转移财产、抽逃资金，以逃避债务；丧失商业信誉等。

第二，另一方当事人有确切的证据证明对方在履行期到来之后不会或不能履行合同。由主张对方构成默示毁约的当事人负举证责任，如果其只是预见或推测对方在履行期到来之后将不履行合同，则不能认定对方构成默示毁约。

知识链接

有学者认为，我国《合同法》是在不安抗辩权制度的基础之上规定的默示毁约，根据《合同法》第68条、第69条的规定，确定对方是否构成默示毁约，必须以一方行使不安抗辩权为前提，即当后履行一方当事人出现可能将不履行合同的情形时，负有先履行义务的另一方当事人应先行使不安抗辩权，暂时中止履行合同，并应当及时通知对方，对方在合理的期限内未恢复履行能力并且未提供适当担保的，才构成默示毁约。①

法条链接

《中华人民共和国合同法》

第68条　应当先履行债务的当事人，有确切证据证明对方有下列情形之一的，可以中止履行：（一）经营状况严重恶化；（二）转移财产、抽逃资金，以逃避债务；（三）丧失商业信誉；（四）有丧失或者可能丧失履行债务能力的其他情形。

当事人没有确切证据中止履行的，应当承担违约责任。

第69条　当事人依照本法第68条的规定中止履行的，应当及时通知对方。对方提供适当担保时，应当恢复履行。中止履行后，对方在合理期限内未恢复履行能力并且未提供适当担保的，中止履行的一方可以解除合同。

不安抗辩权制度和预期违约制度这两项制度，均为我国合同法所采纳，根据《合同法》第94条和第108条的规定，确定默示毁约并非必须履行《合同法》第69条所规定的程序，并非必须以一方行使不安抗辩权为前提，只要一方当事人以自己的行为表明其将在履行期到来之后不履行主要债务，对方也有确切的证据足以证明，则可认定一方当事人构成默示毁约，对方当事人主张解除合同、追究责任的预期违约法律救济的请求即应该得到支持。

---

① 王利明．合同法研究（第2卷）．北京：中国人民大学出版社，2003．510～512

法条链接

《中华人民共和国合同法》

第94条　有下列情形之一的，当事人可以解除合同：（一）因不可抗力致使不能实现合同目的；（二）在履行期限届满之前，当事人一方明确表示或者以自己的行为表明不履行主要债务；（三）当事人一方迟延履行主要债务，经催告后在合理期限内仍未履行；（四）当事人一方迟延履行债务或者有其他违约行为致使不能实现合同目的；（五）法律规定的其他情形。

2. 实际违约

实际违约是指履行期限到来之后，当事人不履行合同义务或履行合同义务不符合约定。根据《合同法》第107条关于"当事人一方不履行合同义务或者履行合同义务不符合约定……"的规定，实际违约行为有以下几种类型：

（1）不履行。不履行指合同履行期限届满时，当事人完全不履行合同义务。不履行又可分为履行不能和拒绝履行。履行不能是指在合同有效的情况下债务人客观上已经没有履行能力；拒绝履行是指履行期届满时，债务人无正当理由表示不履行合同义务的行为。构成拒绝履行必须具备以下要件：第一，必须有合法的合同债务存在。如果是对方误认为有而实际并不存在的债务，或者合同被确认为无效或被撤销，债务人在对方提出履行请求时予以拒绝，就不构成拒绝履行。第二，必须有拒绝履行的意思表示，明示或默示均可。第三，拒绝履行的意思表示必须在履行期到来后作出。如果是在履行期到来前作出，就是预期违约。第四，拒绝履行必须无正当理由。如果合同债务人因行使同时履行抗辩权，或因债务未到期、合同规定的条件尚未成就等而拒绝履行，则是有正当理由，不构成拒绝履行。在学理上，通常认为，一方严重违反合同而使另一方订约目的不能实现，或者造成期待利益的重大损失，此种根本违约行为也等同于拒绝履行行为。

不履行通常是对合同义务的全面违反，是性质和后果最为严重的一种违约行为。

（2）迟延履行。迟延履行是指合同当事人的履行违反了履行期限的规定。迟延履行包括债务人迟延履行和债权人受领迟延两种情形。

债务人迟延履行是指债务人无正当理由，在合同规定的履行期限到来时，能够履行而不按期履行合同债务。合同中未约定履行期限的，在债权人提出履行催告后仍未履行债务，也构成迟延履行。债务人迟延履行的构成要件包括：第一，必须有有效的合同债务存在。第二，必须是债务人违反了履行期限的规定。履行期限是判断是否迟延的标准，债务人超过了履行期限履行债务的，就是迟延履行。第三，履行必须是可能的。否则，就是履行不能，没有产生迟延履行的可能。第四，履行期限届满，债务人没有履行债务。如果履行了部分债务，可能构成部分履行、部分迟延。第五，债务人迟延履行没有正当理由。

债权人受领迟延是指因债权人的原因而导致债务人不能按期履行或债权人未能及时受领债务人的履行。根据《合同法》第143条、第146条等条款的规定，及时受领履行乃是债权人应负的法定义务，债权人受领迟延也属于违约行为。债权人受领迟延的构成要件包括：第一，必须有有效的合同债务存在。第二，债务人已按期作出了履行且履行适当。第三，债权人未按期接受履行。第四，债权人迟延受领没有正当理由。

法条链接

《中华人民共和国合同法》

第 143 条　因买受人的原因致使标的物不能按照约定的期限交付的，买受人应当自违反约定之日起承担标的物毁损、灭失的风险。

第 146 条　出卖人按照约定或者依照本法第一百四十一条第二款第二项的规定将标的物置于交付地点，买受人违反约定没有收取的，标的物毁损、灭失的风险自违反约定之日起由买受人承担。

（3）不适当履行。广义的不适当履行是指债务人虽有履行，但所作的履行在标的、数量、质量、履行地点、履行方式等方面不符合合同的约定。如债务人交错标的物、合同约定分批交货但债务人一次性交货、交货数量不足等。狭义的不适当履行仅指债务人虽有履行，但交付的标的物不符合合同规定的质量要求，甚至因交付的产品有缺陷而造成他人人身、财产的损害。狭义的不适当履行又分瑕疵给付和加害给付，前者指履行不符合约定的数量、质量、地点、方式等要求，后者指不适当履行行为造成债权人履行利益以外的其他损失。加害给付会造成违约责任和侵权责任的竞合，受害的合同当事人可依法选择要求加害人承担违约责任或承担侵权责任。

（三）各种违约形态的法律救济

《合同法》对各种违约形态规定了各不相同的多种法律救济方式。

1. 预期违约的法律救济

预期违约是一种可选择的违约救济手段，当一方当事人出现预期违约时，合同债权人可以根据《合同法》第 69 条、第 94 条的规定主张解除合同。同时，根据《合同法》第 108 条的规定，合同债权人有权在履行期限尚未到来时要求预期违约方承担违约责任，其责任形式包括违约定金、违约金和赔偿损失；合同债权人也可以坚持合同的效力，等待合同履行期的到来，要求债务人继续履行合同，或在债务人的违约行为由预期违约转化为实际违约时，依照实际违约请求其承担违约责任。只不过，在确定预期违约的损害赔偿范围及数额时，应有别于实际违约，应当以预期违约之时的损害来确定，而不能以履行期到来后的标准来确定；否则，等于将债务履行期限提前，从而加重了预期违约方的责任。

如果当事人选择主张预期违约，追究对方预期违约的违约责任，此主张只能在合同约定的履行期限届满之前提出，否则，对方履行期限届满，不再构成预期违约。例如，原告与被告订立了一份为期 45 天的租船合同，规定原告应按约定将船开到某港口为被告装货。船抵达后，被告因货源不足而拒绝提供货物装船，同时被告建议原告离开港口。由于当时装船期限尚未届满，所以原告拒绝接受被告的建议而仍然留在港口要求被告履行合同。结果在装船期届满前，港口所在地爆发战争，合同因而无法履行。船主以被告违约未将货物装船为由诉请赔偿。法院认为，在因战争而使合同无法履行前被告并未违约，即使被告的行为构成预期违约，原告没有视此为预期违约而解除合同并立即行使诉权：相反，他作了另外的选择，坚持保持合同的效力，使战争爆发前合同仍然为有效，从而丧失了主张追究对方预期违约责任的机会。合同系因不可抗力的战争而不能履行，被告无须承担违约责任。

2. 实际违约的法律救济

不同的实际违约形态，其可以选择的法律救济方法也多种多样。对于履行不能，债权人可以主张解除合同，并可以主张除继续履行以外的其他违约责任形式。对于拒绝履行，债权人可以坚持合同效力要求债务人继续履行，也可以主张解除合同并要求债务人承担继续履行以外的违约责任。对于债务人迟延履行，如果迟延履行导致不能实现合同目的，或迟延履行主要债务经催告后在合理期限内仍未履行，债权人可以主张解除合同，并可要求债务人承担继续履行以外的其他违约责任。如果迟延履行不符合解除合同的法定条件，债权人可以主张继续履行，并可以主张违约金或赔偿损失。对于债权人受领迟延，债务人可以依法将标的物提存，也可以要求债权人受领标的并支付违约金、赔偿损失。对于不适当履行，如果是履行的数量、方式等不适当，导致不能实现合同目的，债权人可以主张解除合同并要求债务人承担继续履行以外的违约责任；不符合解除合同条件的，债权人可以主张继续履行或违约金、赔偿损失等。对于违反质量要求的不适当履行，属于瑕疵给付的，债权人可以依法选择修理、更换、退货、支付违约金和赔偿损失等多种责任形式；属于加害给付的，合同债权人可以选用瑕疵给付的救济方法，也可以受害人的身份提起侵权之诉。

七、承担违约责任的方式

根据《合同法》的规定，承担违约责任的方式有继续履行、赔偿损失、违约金、定金等多种，各种违约责任的承担方式的适用条件各不相同。

（一）继续履行

1. 继续履行的概念和特点

继续履行又叫实际履行、强制实际履行、依约履行，是指当事人一方不履行合同义务或者履行合同义务不符合约定时，另一方当事人可以要求其在合同履行期限届满后按照原合同的约定继续履行合同义务。

继续履行是违约责任的承担方式，它与一般的履行合同义务行为在性质上完全不同。虽然，从表面上看，继续履行也是在继续履行原合同规定的义务，但是，一般的履行合同义务行为是当事人主动地按照合同的规定履行合同义务，履行过程并没有借助于司法的强制；而继续履行尽管未增加债务人的负担，但它是通过法律规定的强制手段，迫使债务人履行其债务，带有对债务人惩戒的性质。此时，不论债务人是否愿意，合同义务的履行是借助国家的强制力实现的，债务人承担的不仅是对对方当事人的责任，更是对国家的责任。因此，继续履行在性质上属于违约责任形式，而不是单纯的义务履行。

> **知识链接**
>
> 继续履行与强制执行的区别：
>
> 强制执行是指负有义务的一方当事人不自动履行生效的法律文书所确定的义务，人民法院根据另一方当事人的申请和依据职权强制其履行义务。强制执行是民事诉讼法上的概念，是强制执行民事判决和裁定的措施；而继续履行是民法上的概念，是民法上违反合同的一种补救措施。

继续履行是有效实现当事人缔约目的的违约责任的承担方式，所以，我国《合同法》将其规定为第一位的违约责任承担方式，《合同法》第107条规定："当事人一方不履行合同义务或者履行合同义务不符合约定的，应当承担继续履行……违约责任。"此规定明确了继续履行在合同法中的地位和功能。

归纳起来，继续履行具有如下特点：

（1）继续履行是违约后守约方可以选择的补救方法。继续履行必须以当事人违约为前提，没有违约就不发生继续履行的违约救济。继续履行虽然是《合同法》所规定的首要的违约责任承担方式，但它是可以由守约方选择的补救方法，在一方当事人违约后，守约方有权要求违约方继续履行合同义务，也有权要求其承担支付违约金、赔偿损失等责任，是否请求继续履行是守约方的权利。

（2）继续履行的内容是强制违约方继续依照合同规定作出履行。在学理上，通常也将修理、重做、更换作为继续履行的具体形式，因为采取这些补救措施也是使违约方继续履行。

（3）继续履行适用于各种违约的情形。继续履行适用于一切生效合同没有实际履行或者没有完全履行的场合，不论违约行为的具体形态如何，如不履行、迟延履行、不适当履行，只要该合同能够履行且合同也有继续履行的必要。但是，如果不适当履行是履行不符合合同约定的履行期限或履行方式（如买卖合同约定卖方以铁路运输方式送货，但卖方实际是以公路运输方式送货），则不适用继续履行。

（4）继续履行可以与违约金、赔偿损失、定金罚则并用，但不能与解除合同并用。因为解除合同导致合同关系不复存在，债权人与债务人的合同权利义务消失，债务人也不再负有履行义务，因此解除合同与继续履行是完全对立的补救方法，两者不能并用，主张继续履行就不能请求解除合同，主张解除合同就不能请求继续履行。

2. 继续履行的构成要件

要求债务人继续履行必须符合以下要件：

（1）须存在违约行为。继续履行是违约责任的承担方式，以发生违约行为为前提，当事人违反合同义务才要承担责任，如果合同尚处于义务履行阶段，就谈不上作为违约责任的继续履行。

（2）须守约方请求违约方继续履行。继续履行是一种可以由当事人选择的违约救济方式，选择权归守约方享有，如果守约方不提出继续履行的请求，或者直接提出解除合同，则裁判机构不能依职权作出继续履行的决定。

（3）须债务人能够继续履行。继续履行必须以合同能够实际履行为前提条件，如果合同存在法律上或事实上不能履行之情形，则只能在继续履行之外寻求其他救济方式。

3. 不适用继续履行的情形

继续履行可以分为金钱债务违约的继续履行和非金钱债务违约的继续履行两类。

金钱债务又叫货币债务。当事人未履行金钱债务的违约行为，即未支付价款或报酬的行为，包括完全未支付价款或报酬和不完全支付价款或报酬两方面。金钱债务不存在不能履行的问题，金钱债务必须实际履行，除非债权人明确同意，否则不能以实物或劳务替代金钱债务的履行，并且，对于金钱债务，债务人不存在任何免责事由。《合同法》第109条规定："当事人一方未支付价款或者报酬的，对方可以要求其支付价款或者报酬。"这里既包括了完全不履行，也包括了不完全履行，即无论是完全不履行，还是不完全履行，违约方都应承担支付相应价款或报酬的义务，守约方都有要求违约方支付相应价款或报酬的权利。所以，对于金钱债务的违约都能适用继续履行。

法条链接

《中华人民共和国合同法》

第109条　当事人一方未支付价款或者报酬的，对方可以要求其支付价款或者报酬。

非金钱债务如提供货物、提供劳务、完成工作等，其债务标的往往具有特定性和不可替代性。当事人未履行非金钱债务的违约行为，包括不履行非金钱债务和履行非金钱债务不符合约定，通常守约方都可以请求违约方继续履行。但是，非金钱债务的继续履行也要受到一定的限制。非金钱债务的违约有下列情形之一的，权利人不能再向债务人提出继续履行的请求：

（1）法律上或者事实上不能履行。

法律上不能履行是指如果按照合同的约定履行将会违反法律的规定。法律上不能履行的情形很多，例如：①合同标的物为禁止流通物。当买卖合同订立后，由于法律的变化而导致合同的标的物成为禁止流通物，该合同如果继续履行会违反法律的禁止性规定。②债务人破产。在债务人破产之时，同一顺序的债权人必须平等受偿，此时如果强制破产的债务人继续履行某合同，无异于赋予该合同债权人具有优先于其他债权人受偿的权利，与破产法平等受偿的规定相违背，对其他债权人不公平，所以不能继续履行，只能采取赔偿损失等责任承担方式，与同一顺序的债权人平等受偿。③特定的标的物已经被他人善意取得。在买卖合同的卖方一物二卖的情形，如果标的物已经被他人善意取得，强制出卖人继续履行将违反善意取得制度，侵犯第三人的合法权益。出现法律上不能履行的情形，不得适用继续履行，只能采取赔偿损失等其他责任形式。

事实上不能履行是指标的已经客观不能履行和永久不能履行。如果债务人不愿尽力履行或合同仅是暂时不能履行，均不属于事实上的不能履行。事实上不能履行的情形有：①特定的合同标的物灭失。如买卖合同的标的物是一幅独一无二的名画，该画在交付之前被火烧毁，则构成事实上不能履行。②债务人实际已经丧失履行能力。如建设工程施工合同的承包人丧失了相应的建筑施工资质。如果违约方事实上已经不能履行，强制违约方履行义务也是不可能的，应转化为赔偿损失等其他责任形式。

（2）债务的标的不适于强制履行或者履行费用过高。

所谓债务的标的不适于强制履行，是指债务的性质不适宜直接强制履行。这主要是指基于人身信任关系所订立的合同，如委托合同、技术开发合同等，以及提供劳务的合同，如雇佣合同等。对于这些具有人身性质的合同，其标的本身具有不得强制履行的性质，不能强制违约方继续履行，如果采取继续履行的方式，强制债务人履行合同，将构成对违约方的人身限制，这与宪法和法律关于公民的人身自由不受侵犯的规定相违背，将侵犯债务人的人身权利和人身自由。所以，对于此类合同，只能以请求支付违约金或赔偿损失的方法代替继续履行。

适用继续履行的违约救济方法不仅要考虑违约方能否继续履行，还要考虑继续履行在经济上的合理性，即是否会造成经济上的损失和浪费。因为违约责任注重的是寻求在当事人违约之时的合理的解决方法，以维护守约方的利益，减轻损失，而不是注重惩罚或非难违约方。如果继续履行的费用过高，会在经济上导致不合理，非违约方继续履行的请求也不能得到支持。例如，对于一份运输合同，如果运输过程发生事故导致货物沉没，承运人虽然可以将货物打捞起来继续履行合同义务，但是如果打捞费用过高，超出了货物本身的价值，则不应该采取继续履行的方式，而应该以赔偿损失等方式替代，用金钱补偿的办法使债权人的利益得到满足。

（3）债权人在合理期限内未要求继续履行。

根据《合同法》第110条的规定，债权人必须在合理期限内提出继续履行的要求，否则将丧失继续履行的请求权。法律规定债权人必须在合理期限内提出继续履行的要求，目的在于督促权利人及时行使权利，使当事人的利益状态及时得到稳定。至于何为合理期限，法律没有明文规定，实践中可以根据标的物的性质和商业习惯而定。对于标的物是季节性商品的，债权人应在一个较短时间内及时提出请求，对于标的物是非季节性商品的，债权人可在一个稍长时间内及时提出请求，但不能违反法律规定的期限。例如，买卖双方订立荔枝购销合同，约定交货期为六月份，但卖方违约没有交货，买方直到十月份荔枝收获季节已过才要求卖方继续履行交货义务，则应认定买方未在合理期限内要求继续履行合同。一般认为，在一方当事人违约后，如果非违约方曾经对违约方提出了赔偿损失或支付违约金的要求但并未要求继续履行，则可视为非违约方已经超过了提出继续履行请求的合理期限，不得再提出继续履行的要求。

法条链接

《中华人民共和国合同法》

第110条　当事人一方不履行非金钱债务或者履行非金钱债务不符合约定的，对方可以要求履行，但有下列情形之一的除外：

（一）法律上或者事实上不能履行；

（二）债务的标的不适于强制履行或者履行费用过高；

（三）债权人在合理期限内未要求履行。

除了法律规定的不适用继续履行的情形，如果当事人在订立合同之时已经明确约定出现违约情形不适用继续履行，只要该约定不违反法律和社会公共利益，则应当认定约定有效，在一方违约之时，对方不得请求违约方继续履行。

（二）赔偿损失

1. 赔偿损失的概念和特点

赔偿损失，也称损害赔偿，是指合同当事人由于不履行合同义务或者履行合同义务不符合约定，给对方造成财产上的损失时，由违约方赔偿对方所蒙受的财产损失的一种违约责任形式。我国合同法上的赔偿损失是指金钱赔偿。

赔偿损失是违约责任中的一种重要的、普遍适用的违约责任形式。《合同法》第112条规定了赔偿损失适用的场合，即："当事人一方不履行合同义务或者履行合同义务不符合约定的，在履行义务或者采取补救措施后，对方还有其他损失的。"可见，在一切造成损失的违约情形中，都可以适用赔偿损失责任。

赔偿损失具有下列特征：

（1）赔偿损失是合同债务人违反合同义务所产生的责任。违约赔偿损失的前提是当事人之间存在有效的合同关系，并且违约方违反了合同约定的义务。虽然同为金钱赔偿，但违约赔偿损失与缔约过失责任中的赔偿损失不同，违约赔偿损失是合同债务人违反合同义务所产生的责任，以合同有效存在为前提；而缔约过失责任中的赔偿损失是在缔约过程中，缔约当事人违反先合同义务而给缔约相对方造成信赖利益的损失时所应承担的损害赔偿责任，其前提是合同不成立或合同无效。违约赔偿损失与侵权责任中的损害赔偿也不同，违约赔偿损失是违约责任的承担方式，是合同债务人违反合同义务所产生的责任；而侵权责任中的损害赔偿是承担侵权责任的方式，是行为人侵犯他人合法权益而应该承担的法定赔偿责任。

（2）赔偿损失具有补偿性而不具有惩罚性。违约赔偿损失是强制违约方给非违约方所受损失的一种补偿，是为了填补或弥补债权人因债务人违约所造成的损失，而不是为了惩罚违约方的违约行为。在一般情况下，赔偿损失的范围以违约所造成的实际损失为计算标准，与违约方的过错程度无关。赔偿损失具有补偿性而不具备惩罚性是等价交换原则的体现，根据等价交换的原则，任何民事主体造成他人损害都必须以等量的财产予以补偿，债务人违约造成债权人损害，必须赔偿债权人因此而受到的全部损失。但是，债权人不应该因对方违约而得到超额的利益。赔偿损失的补偿性特征使赔偿损失责任与定金责任、违约金责任等违约责任形式有所区别，定金责任和违约金责任均具有惩罚性。

但是，赔偿损失的补偿性也有例外。《合同法》第113条第2款的规定："经营者对消费者提供商品或者服务有欺诈行为的，依照《中华人民共和国消费者权益保护法》的规定承担损害赔偿责任。"《中华人民共和国消费者权益保护法》第49条规定："经营者提供商品或者服务有欺诈行为的，应当按照消费者的要求增加赔偿其受到的损失，增加赔偿的金额为消费者购买商品的价款或者接受服务的费用的一倍。"《消费者权益保护法》作出的这一"双倍赔偿"的规定已经超出了受害人的损失，显然对于经营者具有惩罚性，属于惩罚性的赔偿金，其目的在于充分保护消费者的利益，遏制经营者的消费欺诈行为，是合同法中赔偿损失的补偿性的例外情形，并非赔偿损失的一般特性。

（3）赔偿损失具有一定上程度的任意性。在不违反法律的强制性规范的前提下，合同当事人可以对双方的债权、债务进行自由设定和处分，当然也可以对违约的赔偿损失问题作出事先的约定和安排。《合同法》允许合同当事人事先对违约赔偿损失的计算方法予以约定，或者直接约定违约方付给非违约方一定数额的金钱，体现了合同自由的原则。

（4）赔偿损失以赔偿非违约方受到的全部损失为原则。合同当事人一方违约，对方会遭到财产损失和可得利益的损失，这些损失都应当得到补偿。只有赔偿全部损失，才能使守约方在经济上得到相当于合同得以履行情况下的同等收益，才能督促当事人积极履行合同，也才符合法律设置违约责任制度的目的。

2. 赔偿损失的构成要件

承担赔偿损失的违约责任方式，必须具备下列要件：

（1）须有违约行为的存在。可以适用赔偿损失责任形式的违约行为包括履行不能、拒绝履行、不适当履行、迟延履行以及迟延受领等各种形态。

（2）须债权人受有损失。赔偿损失是对债权人所受损失的填补或弥补，所以，债权人受有损失的事实是赔偿损失这一责任形式得以适用的必备要件。债权人的损失既包括直接损失，也包括间接损失，直接损失是指债权人的既有财产或既存利益因为债务人的违约行为而减少；间接损失也叫可得利益的损失，是指债权人本来可以得到的利益因为债务人的违约行为而不能得到。债权人受有损失，要求债权人受有能够计算为一定数额的、金钱的、确定的损失，而不是臆想的、假定的或不能确定的损失。

（3）须违约行为与损失的发生有因果关系。违约行为与损失的发生有因果关系这一要件要求违约行为与损失结果相互联系，损失后果是由违约行为所造成，而不是其他原因所造成。违约方仅对由于自己的违约行为所造成的损失承担赔偿责任，只有确定了引起损失后果的真正原因，才能判定是否应该由违约方承担赔偿损失责任，才能判定损失赔偿的范围，在双方违约的情况下，才能确定双方各自应承担的责任范围。

3. 赔偿损失与其他责任形式的关系

（1）赔偿损失与继续履行的关系。继续履行是实现合同目的的一种有效方式，而赔偿损失则不能使合同目的的实现，只是为当事人因此而遭受的损失提供补偿，两种责任形式各有其制度价值。对于受害人来说，如果赔偿损失可以有效地维护其利益，他可以放弃继续履行而主张赔偿损失。在继续履行仍不足以弥补债权人的损失的情况下，赔偿损失与继续履行两种违约责任方式也可以并用。这是因为，从赔偿损失的功能来看，赔偿损失可以分为迟延赔偿和填补赔偿，迟延赔偿产生于迟延履行的场合，要求债务人赔偿因迟延履行而给债权人造成的损失，是与本来的给付一并请求的损害赔偿，是本来的给付的扩张；填补赔偿是代替本来给付的损害赔偿，对于履行不能这样的确定的违约情形，以填补赔偿代替本来的给付。既然如此，迟延赔偿就可以与继续履行这一责任承担方式并用，而填补赔偿不再与继续履行并用。即对于迟延履行的违约行为，违约方的继续履行，不妨碍守约方要求其再承担损害赔偿责任，当发生迟延履行的一时违约的情形，债权人可以要求债务人继续履行合同，同时要求违约方赔偿因迟延履行给自己造成的损失；当发生履行不能的确定违约情形，债权人可以要求债务人赔偿损失以填补其因不能履行而遭受的全部损失，但不能再要求债务人继续履行。

（2）损害赔偿与修理、重作、更换的关系。在瑕疵履行的情况下，如果瑕疵可以补正，债权人有权要求债务人修补瑕疵，并由债务人承担修补费用。《合同法》规定的修理、重作、更换等违约责任方式实际上是对瑕疵履行的补正。根据《合同法》第112条的规定，债务人修理、重作、更换后，债权人仍有损失的，违约方还应承担损害赔偿责任。所以，损害赔偿与修理、重作、更换可以并用。

法条链接

《中华人民共和国合同法》

第112条　当事人一方不履行合同义务或者履行合同义务不符合约定的，在履行义务或者采取补救措施后，对方还有其他损失的，应当赔偿损失。

4. 赔偿损失的范围

对于违约赔偿损失的范围，合同法采取了完全赔偿原则。所谓完全赔偿原则，是指违约方应赔偿因其违约而给债权人造成的全部损失。《合同法》第113条第1款的规定："当事人一方不履行合同义务或者履行合同义务不符合约定，给对方造成损失的，损失赔偿额应当相当于因违约所造成的损失，包括合同履行后可以获得的利益……"这表明《合同法》采纳了完全赔偿原则。完全赔偿原则要以赔偿损失来弥补债权人遭受的全部损失，旨在通过赔偿使受害人处于如同合同得以依约履行的利益状态。这是对受害人利益实行全面的、充分保护的有效措施。从公平和等价交换的原则看，由于违约方违约而使受害人遭受损害，违约方也应以自己的财产赔偿全部损失。当然，这种赔偿应限制在法律规定的合理范围内。

根据完全赔偿原则，违约方应当赔偿受害人的实际损失和可得利益的损失。

（1）实际损失。实际损失是指违约所导致的受害人现有财产的减少。实际损失是现存利益的损失，可以说是"看得见，摸得着"的损失，一般来说，对于实际损失不会产生争议。例如，甲与乙订立买卖100吨大米的合同，乙是买方，后乙又与丙订立买卖合同将该100吨大米转售给丙，并约定了逾期交货的违约金。甲、乙之间买卖合同的履行期届至，甲经催告而未能交货，导致乙也不能履行对丙的交货义务，乙依照约定向丙支付了违约金。此时，甲未能交货而导致乙向丙支付的违约金即属于甲违约给乙造成的实际损失，应由甲向乙赔偿。

（2）可得利益损失。可得利益是指受害人在合同如果得以正常履行时可以实现和取得的财产利益。可得利益虽然是一种必须通过合同的实际履行才能实现的利益，但合同当事人订立合同后，就有权期待合同得以履行，有权期待其合同权利得以实现，如果合同得以履行，当事人的可得利益就会实际获得。所以，可得利益损失与实际损失一样，都是由于违约而造成的损失，理当由违约方赔偿。通常，可得利益损失表现为守约方的利润的损失，如上例大米买卖合同的卖方甲违约，导致买方乙未能实现转售该批大米给丙而获得两个合同之间的差价，买方乙在甲、乙的买卖合同得以适当履行时原本可以得到的将合同项下货物转卖而获取的利润丧失，此损失为其可得利益损失。

可得利益是未来的利益，具有一定的确定性，但又不可能完全确定，在实践中应该谨慎认定。可得利益必须具有一定的现实性，也就是说，这种利益已经具备实现的条件，只要合同得以适当履行，这种利益就会实现，债务人适当履行合同是守约方获得该可得利益的充分必要条件，万事俱备，只欠东风；同时，可得利益必须是双方当事人订约时可预见和应当预见的利益，对于违约方来说，对方的可得利益损失应当是违约方在订约时可以合理预见的损失，任何不能预见的未来利益都不是可得利益。

实践中，对可得利益损失的赔偿应该从严掌握，在确定可得利益赔偿时，受害人必须证明其遭受的可得利益损失确实是由违约方的违约行为所造成，并且必须证明这些利益的损失是违约方在缔约之时能够合理预见的。否则，不构成可得利益损失，不能得到赔偿。例如，买卖合同的卖方迟延交货一个月，买方提出如果合同得以正常履行，其可将合同标的物加工后销售，每天可以获利 1 万元，而卖方迟延交货导致其无法将标的物作为原材料投入生产并销售获利，卖方逾期交货一个月使其遭受了 30 万元的可得利益损失。但是，买方所主张的可得利益能否实现，除了原材料供应因素，还要受诸如生产过程是否顺利、销售能否实现等因素的影响，不能简单地认定买方有 30 万元的可得利益损失，否则，买方是乘机将其生产、销售产品的过程能否顺利实现的风险转嫁给了违约的卖方，对违约方不公平。

法条链接

《中华人民共和国合同法》

第 113 条　当事人一方不履行合同义务或者履行合同义务不符合约定，给对方造成损失的，损失赔偿额应当相当于因违约所造成的损失，包括合同履行后可以获得的利益，但不得超过违反合同一方订立合同时预见到或者应当预见到的因违反合同可能造成的损失。

经营者对消费者提供商品或者服务有欺诈行为的，依照《中华人民共和国消费者权益保护法》的规定承担损害赔偿责任。

5. 约定赔偿损失

约定赔偿是由当事人事先约定的损失赔偿，指当事人在缔约时即在合同中约定一方违约时应向守约方支付一定数额的金钱，或者约定因违约产生的损失赔偿额的计算方法。《合同法》第 114 条第 1 款规定了当事人可以约定赔偿损失，“当事人可以约定一方违约时应当根据违约情况向对方支付一定数额的违约金，也可以约定因违约产生的损失赔偿额的计算方法。”约定赔偿损失便于确定损失赔偿数额，有利于减少解决纠纷的成本，也使当事人可以在违约之前就预见到违约将会带来的后果，有利于合同当事人合理控制合同风险。

约定赔偿损失与直接由法律规定的法定赔偿损失相比较，两者有其共同之处，也有不同。相同的是两者都是为了弥补因违约而造成的对受害人的损失，都必须以违约和损害的发生为前提。不同之处在于：法定赔偿损失适用完全赔偿原则，要求赔偿额与损失额一致，受害人主张法定赔偿损失，必须证明损失的存在和损失的范围、数额；而约定赔偿损失由当事人事先约定赔偿数额、损失赔偿数额的计算方法，守约方则无须证明损失的具体范围。例如，买卖合同约定在卖方交付的标的物出现瑕疵时，每件标的物不论瑕疵大小均按统一数额赔偿，如果卖方出现约定的违约情形，买方只须证明瑕疵标的物的数量就可以依照约定计算出赔偿损失的数额，无须逐件判定瑕疵标的物的具体损失额。基于合同自由原则，在约定赔偿损失和法定赔偿损失的关系上，约定赔偿损失优先于法定赔偿损失适用。

6. 赔偿损失的限制

由违约造成的损失，有时原因与结果的链环一环扣一环，就会像滚雪球一样越滚越大，这就出现一个问题：究竟需要赔偿多大范围内的损失？对此，需要采取某种措施或标准，将因果关系的链环拦腰斩断，在一定范围以内给予赔偿，在范围之外过分远隔的损害，则不给予赔偿。[①] 这就是对赔偿损失的限制。实践中应当适用的限制赔偿损失范围的规则包括合理预见规则、减轻损失规则、过失相抵规则和损益相抵规则。

（1）合理预见规则。合理预见规则，又叫可预见性规则，该规则限制违约方只对订立合同时能够合理预见的损失进行赔偿，赔偿损失不得超过违反合同一方订立合同时预见到或者应当预见到的因违反合同可能给对方造成的损失。完全赔偿原则是对非违约方的有力保护，但基于公平原则，应将这种损害赔偿限制在合理的范围内。《合同法》第113条规定："赔偿损失不得超过违反合同一方订立合同时预见到或者应当预见到的因违反合同可能造成的损失。"这就是合理预见规则。合理预见规则将违约当事人的责任限制在其可预见的范围之内，使其有机会控制或分配合同风险，这对于促进交易、保障交易活动的正常进行具有重要意义。

合理预见规则主要包括以下内容：

①预见的主体是违约方。因为合理预见规则是为了合理限制违约责任的范围，使违约方得到公平合理的对待，守约方能否预见损失则对赔偿范围没有意义。根据《合同法》第113条第1款的规定，将预见的主体确定为违约方，才是合理。

②预见的时间是合同订立时。之所以将债务人预见损失的时间确定为合同订立之时，是因为债务人在订立合同时能预见损失，才能估算订立该合同的商业风险，才能在合同中合理分配风险。如果订立合同之后才预见，则当事人无法通过合同约定来分配风险，对于违约方不公平。

③预见的内容是违反合同可能造成的财产损失的范围。关于预见的内容，理论界有两种不同的观点：一种观点认为损失的类型和损失程度均应该是可以预见的才能要求赔偿；另一种观点认为，只要违约方能够预见到损失的类型或种类，即可要求其赔偿，无须要求违约方预见到损失的程度或数额。笔者认为，将违约方预见的内容确定为不仅预见损失类型、还要预见损失程度，限制过多，会成为违约方轻易地逃避责任的借口，对受害人不公平，更何况《合同法》第113条第1款并未明确规定要求违约方预见到损失的程度或数额。所以，解释上应该将预见的内容确定为只要求违约方预见到损失的类型，无须预见到损失的程度，即应承担赔偿责任。

④判断违约方能否预见的标准采用主观和客观相结合的标准。判断当事人能否预见的主观标准是针对具体的违约人而进行判断，根据该违约人的智力水平、教育程度、经历、职业、身份等状况判断其是否应当预见；客观标准是以一个抽象的合理人作为

---

① 韩世远．合同法总论．北京：法律出版社，2004．734

参照标准，如果这个抽象、合理的一般人在该背景下能够预见或应当预见，则判定违约人也能够预见或应当预见。实践中，应该以客观标准作为判断违约人应否预见的主要标准，即通常应以同类型的社会一般人的预见能力为标准来判断违约人应否预见损失。但是，如果受害人能够证明由于违约人具备不同于一般人的职业、经历等，使该违约人对损失具有比抽象的合理人更为特殊的预见能力，此时，应当以主观标准加以判断。

（2）过失相抵规则。过失相抵规则是指受害人的过失也是损失发生的共同原因时，违约方对于受害人原因而导致的损失不承担赔偿责任。过失相抵规则是公平原则和诚实信用原则的体现。关于过失相抵规则的规定，分散于《合同法》分则之中，如《合同法》第311条的规定："承运人对运输过程中货物的毁损、灭失承担损害赔偿责任，但承运人证明货物的毁损、灭失是因……托运人、收货人的过错造成的，不承担损害赔偿责任。"根据这一规定，在承运人违约但是托运人、收货人的过错造成货物毁损、灭失的场合，应该根据托运人、收货人的过错对损失后果的影响而相应减少或免除违约方的违约赔偿责任。

过失相抵规则考虑的是受害人的过失对损失后果的作用、影响的大小，过失相抵规则与双方违约不同，双方违约是双方当事人都出现违约行为，即出现两个违约行为、两个违约损害后果，而过失相抵仅出现一个违约行为、一个违约损害后果，只不过受害人对这一个损害后果的发生有过失。

（3）减轻损失规则。减轻损失规则，通常简称为减损规则，是指在一方违约并造成损害后，受害人必须采取合理措施以防止损害的扩大，否则，受害人应对扩大部分的损害负责，违约方此时也有权请求从损害赔偿金额中扣除本可避免的损害部分。这是限制赔偿权利人可获得的赔偿数额的规则，也就是将减轻损失作为受害人的一项义务看待，并以此限制违约方的赔偿责任。根据《合同法》第119条规定，当事人一方违约后，对方应当采取适当措施防止损失的扩大；没有采取适当措施致使损失扩大的，不得就扩大的损失要求赔偿。当事人因防止损失扩大支出的合理费用，由违约方承担。

减轻损失是受害人的法定义务，属于不真正义务，违反该义务，受害人无须向对方承担责任，对方也并不因此而对受害人享有权利，其后果仅是使受害人损失自负。《合同法》要求受害人采取的减轻损失的措施应该合理、及时，至于受害人采取的减轻损失的措施是否合理，应该以一个合理人即理智正常的一般抽象人作为判断时参照的标准，并要结合具体案件判断受害人采取减轻损失措施时间上的合理性。

我国法律既规定过失相抵规则，又规定减轻损失规则，两者适用于违约行为不同的时间阶段，过失相抵规则适用于损失发生阶段，而减轻损失规则适用于损失扩大阶段。

（4）损益相抵规则。损益相抵规则又叫损益同销，是指受害人基于损害发生的同一原因而获得利益时，应将所受利益从所受损害中扣除，以确定损害赔偿范围，违约人仅就受害人所受损失与其所获利益的差额部分予以赔偿。损益相抵规则，是确定受害人因违约方的违约而遭受的净损失的规则，并不是减轻违约方本应承担的责任。

我国《民法通则》和《合同法》都没有规定损益相抵规则，但基于诚实信用原则和公平原则，应该承认此规则。因为违约赔偿损失的目的是补偿受害人所遭受的损失，并非使受害人反而因此受益。由于同一违约行为既遭受损失，又获得利益，如果不将利益予以扣除，就等于让受害人因违约行为而受益，这是违反违约赔偿损失的本意和目的的。因此，必须采取损益相抵规则。

依照损益相抵规则而扣减损失赔偿数额时，可扣除的利益种类繁多，但基本可以划分为积极利益和消极利益。积极利益如买卖合同的卖方迟延交货，但由于标的物的市场价格看涨，买方获得比卖方按合同约定期限交货情形更多的转售利益，此利益的差额属于受害人（买方）因违约方违约而获得的积极利益；消极利益如因违约方违约而导致守约方节省的成本及费用支出。

（三）违约金责任

1. 违约金的概念和特征

违约金是指不履行或者不完全履行合同义务的违约方按照合同约定，支付给非违约方的一定数量的金钱。我国《合同法》第114条第1款规定："当事人可以约定一方违约时应当根据违约情况向对方支付一定数额的违约金。"可见，我国法律明确规定违约金是违约责任的一种承担方式。违约金责任具有以下特征：

（1）违约金是由合同当事人约定的。根据合同自由原则，违约金应根据合同当事人的意愿协商确定，当事人可以约定一方违约时应根据违约情况向对方支付一定数额的违约金。我国《合同法》并无规定法定违约金，即《合同法》没有直接规定在一方当事人违约时应向对方支付固定比率或固定数额的违约金，所以《合同法》中的违约金主要是约定违约金，违约金的存在以当事人关于违约金的约定为前提，如果当事人没有关于违约金的约定，则不适用违约金作为违约责任形式。法律并未限定违约金的适用范围，在实际违约、预期违约和加害给付中，当事人都可以约定适用违约金。约定为违约金具有从合同的性质，主合同不成立、无效或被撤销，违约金条款也不能生效。但是，约定违约金条款也具有相对的独立性，如在合同因违约而解除的场合，违约责任条款的效力不受影响。约定违约金虽然是从合同，但法律并未规定当事人必须于合同订立之时同时约定违约金，当事人可以单独约定违约金。

（2）违约金的数额是由当事人预先确定的。在许多国家的民法中，违约金不限于金钱，还包括金钱以外的其他给付，如以物、权利、行为充当违约金。但是，我国《合同法》明确规定违约金是一笔金钱。根据《合同法》第114条的规定，违约金的数额必须由当事人在合同履行之前先予协商确定，当违约方出现不履行或不完全履行合同时，非违约方可以按照合同双方对违约金的约定得到补偿。违约金数额的预先确定性决定了违约金具有赔偿损失的责任方式所不可替代的作用。违约金的数额事先确定，使当事人在约定违约金之时即可明确违约后所需承担的责任，可以将当事人的风险和责任限制在可确定的范围之内，从而有利于当事人在缔约之时计算交易风险和成本，有利于促进交易；事先约明违约金数额，也可以使当事人清楚认识违约责任范围，从而督促债务人履行合同；违约金的数额事先确定，也使当事人违约之后的责任范围确定非常简便迅速，免去了受害方对违约方造成的实际损失的证明责任。

（3）违约金条款是否适用，取决于合同当事人是否违约。违约金虽然在合同履行之前约定，但违约金责任在订约时并不能立即生效，违约金责任效力的产生必须以当事人一方发生违约行为为条件，当合同一方当事人违约时，违约金条款才能适用；合同当事人没有违约行为，违约金条款就不能适用。正因如此，有人称违约金是一种违约后生效的补救方式；又有人认为，因为违约金债务是以主债务的违反为停止条件，所以违约金债务是附条件的债务。[①]

违约金责任在一方当事人违约后生效，违约金须在当事人违约时支付，而不是在订立合同时支付，这是违约金区别于定金的特征之一。

（4）违约金的支付是独立于履行行为之外的给付。我国的法律和司法实践不允许当事人以支付违约金替代实际履行。只要当事人没有特别约定，支付违约金并不能替代实际履行，当事人在支付违约金后仍然应该履行主合同债务，违约金是独立于履行行为之外的给付。

2. 违约金的性质

一般认为，违约金在性质上可以分为赔偿性违约金和惩罚性违约金。

赔偿性违约金是以弥补受害人因违约行为而遭受的损失为主要功能的违约金。赔偿性违约金实际上是当事人针对特定的违约事实事先估计其损失总额，并将其预先约定为违约金数额，在一方当事人出现约定的违约事实后，另一方当事人可以直接获得预先约定的违约金数额，以弥补其因对方违约而遭受的损失。

对于何为惩罚性违约金，学界有不同的理解。一种观点认为：违约金的惩罚性主要是基于违约金的数额与违约造成损失的数额相比较而言，在违约造成的损失数额高于违约金的数额时，违约金属于赔偿性违约金；在违约未造成损失或违约造成的损失数额低于违约金的数额时，违约金属于惩罚性违约金。另一种观点认为：惩罚性违约金是当事人对于违约所约定的一种私的制裁，此种违约金于违约时，债务人除须支付违约金外，其他因债之关系所应负的一切责任，均不因之而受影响，债务人除得请求违约金外，还可以请求债务履行或不履行所生之损害赔偿。[②] 即惩罚性违约金不影响因不履行合同义务所产生的一切违约责任的承担，是其他债务不履行责任之外的一种纯粹的制裁手段，具有彻头彻尾的惩罚性。

对于我国《合同法》所规定的违约金的性质，一般认为属于赔偿性违约金。《合同法》第 114 条第 1 款、第 2 款规定的违约金显然具有填补损失的功能，属于赔偿性违约金。而该条第 3 款规定的“就迟延履行约定违约金”，即使可以与“履行债务”并用，也仅是对于迟延履行的赔偿额的预定，仍属于赔偿性违约金。

法条链接

《中华人民共和国合同法》

第 114 条　当事人可以约定一方违约时应当根据违约情况向对方支付一定数额的违约金，也可以约定因违约产生的损失赔偿额的计算方法。

约定的违约金低于造成的损失的，当事人可以请求人民法院或者仲裁机构予以增加；约定的违约金过分高于造成的损失的，当事人可以请求人民法院或者仲裁机构予以适当减少。

当事人就迟延履行约定违约金的，违约方支付违约金后，还应当履行债务。

① 韩世远．合同法总论．北京：法律出版社，2004．771

② 韩世远．合同法总论．北京：法律出版社，2004．771

认为《合同法》规定的违约金属于赔偿性违约金，并不意味着法律禁止惩罚性违约金的适用，对于惩罚性违约金，我国法律并无明文禁止。所以，根据合同自愿原则，当事人可以在合同中约定惩罚性违约金。

3. 违约金责任的成立

相比起赔偿损失，违约金责任的成立要件更为简单，违约金责任的成立不要求损失的存在，只要具备下列两个要件，即可成立违约金责任：一是合同有效，因为违约金是一种从债务，必然以存在有效的合同关系为前提；二是存在违约行为，至于违约行为的类型，应该依照当事人的约定而确定，法律对此不作限制。

4. 对违约金责任的限制

为了体现公平、诚实信用的原则，合同法对违约金责任作了必要的限制。《合同法》第114条第2款规定："约定的违约金低于造成的损失的，当事人可以请求人民法院或者仲裁机构予以增加；约定的违约金过分高于造成的损失的，当事人可以请求人民法院或者仲裁机构予以适当减少。"从理论上看，约定过高或过低违约金的合同行为属于显失公平的民事行为，是可变更的民事行为，当事人自可依法请求变更，但是，依照《合同法》的规定，对于过高或过低的违约金，当事人仅享有请求变更权，而不享有请求撤销权。从实践上看，允许法院和仲裁机构依法对违约金数额进行调整也具有必要性，因为，过低的违约金难以制裁违约行为和补偿受害人的损失，过高的违约金则会使受害人得到不当的利益并过分恶化违约方的财产状况，甚至会诱使当事人将违约金的约定变成一种赌博，不利于维护正常的交易秩序。

根据《合同法》第114条第2款的规定，调整违约金数额的条件和程序是：

（1）必须是违约金低于或过分高于违约造成的损失。违约金的主要功能是填补损失，虽然不应要求约定的违约金数额与违约造成的损失数额一致，但是，违约金的数额应当与违约造成的损失数额大致相当，否则，违约金填补损失的功能将会减损或丧失。判断违约金的数额是否过高或过低，是以违约造成的损失为比较标准。此处所指的损失，其范围应当是与赔偿损失的范围相同，既包括实际损失，也包括可得利益的损失，只有这样才能使受害人通过获得违约金的补偿而达到相当于合同得以履行一样的利益状态。

根据《合同法》第114条第2款的规定，只要违约金的数额低于违约造成的损失，当事人即可要求增加，而不要求违约金的数额"过分低于"违约造成的损失。最高人民法院《关于适用〈中华人民共和国合同法〉若干问题的解释（二）》第28条规定："当事人依照合同法第一百一十四条第二款的规定，请求人民法院增加违约金的，增加后的违约金数额以不超过实际损失额为限。增加违约金以后，当事人又请求对方赔偿损失的，人民法院不予支持。"

对于过高的违约金，《合同法》规定必须是"过分高于"违约造成的损失方可请求适当减少。最高人民法院《关于适用〈中华人民共和国合同法〉若干问题的解释（二）》第29条规定："当事人主张约定的违约金过高请求予以适当减少的，人民法院应当以实际损失为基础，兼顾合同的履行情况、当事人的过错程度以及预期利益等综合因素，根据公平原则和诚实信用原则予以衡量，并作出裁决。当事人约定的违约金超过造成损失的百分之三十的，一般可以认定为合同法第一百一十四条第二款规定的

‘过分高于造成的损失’。”

（2）必须由当事人提出请求并且必须由法院或仲裁机构作出调整。当事人对于过高或过低违约金的变更不能主动调整违约金的数额，亦不能单纯向相对人作出变更的意思表示，而是应当向人民法院或仲裁机构提出请求，由人民法院或仲裁机构决定是否变更。人民法院或仲裁机构也不能干涉当事人自由，违反意思自治的原则，主动作出变更违约金的裁决。因为违约金条款并不涉及国家利益、社会利益或他人利益，国家法律不应主动干涉，而应由当事人自主决定是否行使请求变更的权利，如果当事人不请求变更而自愿受其约束，则人民法院或仲裁机构不得依职权调整违约金的数额。

当事人提出调整违约金的请求，可以是直接向法院起诉或向仲裁机构提出仲裁申请，如果当事人通过反诉或者抗辩的方式，请求人民法院调整违约金，人民法院也应予支持。

5. 违约金与其他责任形式的关系

（1）违约金与赔偿损失的关系。违约金主要是赔偿性违约金，可以视为事先约定的损害赔偿，因此在一般情形下，违约金与赔偿损失不能并用。如果违约金的支付不能弥补受害人的损失的，受害人可以通过要求增加违约金数额的方式而使自己获得补偿，增加后的违约金数额以实际损失额为限，增加违约金以后，当事人又请求对方赔偿损失的，人民法院不予支持。如果当事人对违约金明确约定为惩罚性违约金，则违约金可以和赔偿损失并用。

（2）违约金与继续履行的关系。违约金与继续履行并不矛盾，《合同法》第114条规定：“当事人就迟延履行约定违约金的，违约方支付违约金后，还应当履行债务。”这表明违约金与继续履行两种违约责任方式可以并用。

违约金与继续履行并用，适用于迟延履行、不适当履行的违约情形，受害人除可请求债务人承担继续履行责任外，还可以同时请求债务人按照约定支付迟延履行的违约金、不适当履行的违约金。但是，如果当事人约定的违约金是针对不履行的实际违约情形，该违约金旨在弥补合同不履行造成的损失，使受害人达到如同合同得以履行的利益状态，此时，受害人可以选择通过获取违约金达到如同合同得以履行的利益状态，或者选择请求债务人继续履行以完全实现订约目的。但是，受害人只能两者选其一，不能两者兼选，否则，受害人将获取双重利益，有违公平。此种场合，违约金与继续履行不能并用。

当然，如果当事人在合同中对违约金与继续履行能否并用作出特别约定，应该从其约定。

【相关案例】

龙生房地产公司与叶某签订《商品房买卖合同》，约定龙生房地产公司将一套商品房售予叶某，总价款为80 480元，房屋交付时间为2002年1月30日前，房屋交付后120天内，龙生公司向叶某交付房屋产权证书。龙生房地产公司如未按合同约定期限向叶某交付房屋，必须按叶某已交付购房款的一定比例向叶某支付违约利息，计算违约利息的比例为：在逾期交房的头三个月内按月息0.5%计算，自逾期第90天起按月息1%计算，违约利息计付到龙生房地产公司实际交房之日止，合同继续履行。合同签订后，叶某即向龙生公司房地产付清全部房款。但是，龙生房地产公司由于房屋未能验收，至2005年11月12日叶某起诉之日仍未向叶某交付房屋。叶某起诉请求判令龙生公司按照合同约定支付违约利息，并继续履行交付房屋的合同义务。法院依法支持了叶某的诉讼请求。

该案中，合同双方所约定的违约利息即是违约金，该约定符合法律规定。龙生公司出现约定适用违约金的违约情形，应当依约支付违约金，并且，双方约定的违约金是针对迟延履行的违约金，支付违约金后，合同债务人仍应当继续履行合同义务，即交付房屋。

（四）定金责任

1. 定金责任的概念和特征

定金是指合同当事人为了确保合同的履行，依据法律规定和合同的约定由一方按照合同标的额的一定比例，预先给付对方的金钱或其他替代物。

定金本是一种债的担保形式，当事人设立定金的目的是通过定金来担保债务的履行。但是，如果当事人不依约履行合同，则适用定金罚则，此时定金包含了对不履行合同的违约行为的制裁，也成为一种承担违约责任的形式。《合同法》第115条将定金规定在违约责任一章，可见我国《合同法》也将定金设定为一种违约责任的承担方式。

法条链接

《中华人民共和国合同法》

第115条　当事人可以依照《中华人民共和国担保法》约定一方向对方给付定金作为债权的担保。债务人履行债务后，定金应当抵作价款或者收回。给付定金的一方不履行约定的债务的，无权要求返还定金；收受定金的一方不履行约定的债务的，应当双倍返还定金。

定金责任具有下列特征：

（1）《合同法》中的定金的性质是违约定金。定金的功能众多，根据定金的功能，可以将定金分为证约定金、成约定金、违约定金、解约定金等，而《合同法》第115条规定的定金，仅是违约定金。

（2）定金是独立于其他责任形式的制裁措施。定金和违约金、赔偿损失等其他责任形式可以针对不同的违约行为而适用，具有不同的适用范围，定金是独立于其他责任形式的制裁措施。

（3）定金必须实际交付才生效。定金应当以书面形式约定，并且，定金合同是实践合同，定金合同的生效不仅要求当事人达成合意，还要求当事人实际交付定金，如果当事人在订立定金合同之后没有实际交付定金，则在当事人违约之时不得主张定金罚则。

（4）定金不得超过法定的比例。依照《担保法》的规定，定金的数额不得超过主合同标的额的20%，如果当事人约定的定金数额超过主合同标的额的20%，超过部分无效，即超过部分不认为是定金。

2. 定金责任的适用

由于定金具有明显的制裁违约行为的性质，定金应当适用于较为严重的违约情形。一般认为，定金主要适用于不履行合同或其他导致合同目的落空的根本违约行为，对于轻微的违约行为，不应适用定金责任。否则，可能将定金责任变成一种赌博，也会过度加重违约方的责任。

在一方当事人交付定金、定金合同生效后，如果定金所担保的主合同得以履行，定金应当抵作价款或收回。

如果定金所担保的主合同不能得到履行，则适用定金罚则以制裁违约方：给付定金的一方不履行约定的债务的，无权要求返还定金；收受定金的一方不履行约定的债务的，应当双倍返还定金。

【相关案例】

甲公司与乙公司签订一份绿豆购销合同，约定甲公司在三个月之内向乙公司提供30吨绿豆，总价款为120 000元，并由乙公司向甲公司支付定金40 000元。合同签订后，乙公司即向甲公司支付了30 000元。但因绿豆价格上涨，甲公司拒绝交货。履行期届满，乙公司起诉要求甲公司双倍返还实际已交付定金60 000元。甲公司认为乙公司支付的是30 000元而不是双方约定的40 000元定金，故双方对定金未达成合意，定金合同尚未生效，所以只同意返还30 000元。

问题：本案应如何处理？

本案双方当事人约定的是违约定金，甲乙双方就定金订立了书面合同，且该定金合同所担保的主合同即绿豆买卖合同合法有效，乙公司已实际交付定金，至于乙公司实际交付的定金少于双方约定的数额，由于接受定金的一方即甲方未提出异议且接受，所以，应认定双方已就定金数额为30 000元达成合意，定金合同生效。甲公司拒绝交货，构成根本违约，应适用定金罚则。但是，我国《担保法》规定定金数额不得超过主合同标的额的20%，乙公司实际交付的定金数额超过法定比例，超过部分不予支持，本案定金的最高限额为24 000元。因此，甲公司应当向乙公司双倍返还定金共48 000元，同时，向乙公司返还超过定金限额的6 000元。

3. 定金和其他责任形式的关系

（1）定金与违约金的关系。合同中违约金与定金条款不能合并适用。《合同法》第116条规定："当事人既约定违约金，又约定定金的，一方违约时，对方可以选择适用违约金或者定金条款。"按照这一规定，同时约定定金和违约金，当事人只能请求违约方承担这两种责任中的一种违约责任，或者是给付违约金，或者是执行定金条款，选择权在未违约的一方。

（2）定金与赔偿损失的关系。定金是一种独立的责任形式，其适用不以损失的发生为前提，定金责任也不能与损失赔偿互相代替。也就是说，在具备生效的定金合同且违约行为实际造成了损失之时，可以并列适用定金责任与赔偿损失责任，并且，两种责任各自独立，不能将定金责任作为赔偿损失的最高限额，也不能将定金列入赔偿损失的数额。

（3）定金与继续履行的关系。由于我国《合同法》规定的定金是违约定金，仅是对违约的制裁但并不替代实际履行，因此，在一方当事人违约后，即使违约方承担了定金责任，也不能免除其继续履行合同的义务，在合同能够履行的情况下，违约方仍应依债权人的请求继续履行合同，此时，定金责任与继续履行可以并用。

当然，法律并无禁止当事人作出解约定金的规定，如果合同当事人特别约定了解约定金，则当事人可以通过抛弃定金或双倍返还定金而换得合同的解除，从而免除继续履行合同的义务。

八、违约责任与侵权责任的竞合

（一）违约责任与侵权责任竞合的含义

违约责任与侵权责任竞合是指同一违法行为符合违约责任和侵权责任的构成要件，成立违约责任和侵权责任，因此产生的两种民事责任相冲突的现象。《合同法》第122条对违约责任和侵权责任的竞合作出了规定。

法条链接

《中华人民共和国合同法》

第122条　因当事人一方的违约行为，侵害对方人身、财产权益的，受损害方有权选择依照本法要求其承担违约责任或者依照其他法律要求其承担侵权责任。

（二）违约责任和侵权责任竞合的构成要件

（1）加害人与受害人之间存在合同关系。这是违约责任和侵权责任产生竞合的前提，如果当事人彼此之间不存在合同关系，那么违约责任无从产生，也就不可能产生两种责任的竞合。

（2）加害人实施了不法行为，该行为既构成违约行为，又构成侵权行为。实践中，可分为违约性的侵权行为和侵权性的违约行为。前者如买卖合同中的加害给付，卖方交付有质量瑕疵的标的物，构成违约行为，而有质量瑕疵的标的物又造成了买方人身或财产的损害，又构成侵权行为；后者如保管合同中，保管人在保管期间将保管物赠与第三人，该行为侵害了委托人的财产所有权，因该行为保管人没有尽到妥善保管标的物的义务，并导致在保管合同终止时，保管人无法履行返还保管物的义务，又构成违约行为。

（3）该不法行为同时符合违约责任和侵权责任的构成要件。

知识链接

侵权行为指行为人由于过错，或者在法律特别规定的场合不问过错，违反法律规定的义务，以作为或不作为的方式，侵害他人人身权益或财产权益，依法应当承担损害赔偿等法律后果的行为。

侵权责任是由民法规定的侵权行为人对其不法行为造成他人财产或人身权利损害所应承担的法律责任。

【相关案例】

2001 年 9 月 18 日，家住沈阳市铁西区的张某家里来了几个老朋友，张某去楼下杂货店买了一箱啤酒，在家设宴招待。张某在开啤酒瓶的过程中，瓶口突然爆裂，张某面部当场受伤，众人赶紧将张某送往医院。经过紧急抢救，张某虽无生命危险，但是左眼严重受伤，视力接近于零。经有关压力部门的检验，证实啤酒瓶爆裂是由于啤酒厂家在生产时压力不够所致。

问题：张某可向谁要求承担赔偿责任？如何才能更好地维护自己的权益？

（三）违约责任和侵权责任竞合的处理

《合同法》122 条规定：“受损害方有权选择依照本法要求其承担违约责任或者依照其他法律要求其承担侵权责任。”表明我国法律已经明确规定了出现责任竞合时，当事人具有选择权，可以选择请求对方承担违约责任，或是侵权责任。当事人应当综合考虑责任的构成要件、举证责任的承担、赔偿的范围等因素，作出最有利于自己的选择。

当事人如何选择，直接关系到其利益能否得到最好的保护。实践中，应考虑如下因素：

（1）举证责任的负担。从司法实践看，侵权责任的举证责任重于违约责任，发生竞合时，如选择侵权责任，则当事人要承担较重的举证义务。在违约之诉中，非违约方只对对方违约的事实承担举证责任，对于行为人的过错以及是否具备免责事由不负举证责任，而违约方必须证明自己的违约是因为存在不可抗力或出现了合同中约定的免责事由才能免予承担违约责任；而在侵权之诉中，侵权行为人通常不负举证责任，受害人必须就其全部主张负举证责任。当然在某些情况下，实行举证责任倒置，受害人不用承担举证责任，但这毕竟是特殊现象。

（2）赔偿范围。违约责任主要是财产损失的赔偿，一般不包括对人身伤害的赔偿和精神损害赔偿，但包括对可得利益丧失的赔偿，只是可得利益损失要受到“合理预见规则”的限制；侵权责任不仅包括财产损失的赔偿，也包括对人身伤害和精神损害的赔偿，但通常不包括可得利益丧失的赔偿。

（3）诉讼时效。对侵权之诉中，如果是人身损害赔偿，按《民法通则》的规定，其诉讼时效为 1 年，而违约之诉的诉讼时效一般为 2 年。

（4）责任方式。按《民法通则》和《合同法》的规定，侵权责任的方式有停止侵害、排除妨碍、消除影响、恢复名誉、赔礼道歉、赔偿损失等，而违约责任的承担方式为继续履行、支付违约金、赔偿损失、定金责任。

（5）诉讼主体的选择。违约责任主体只限于合同当事人中的违约方，而侵权责任主体还可能是合同当事人之外的其他人。

【分析】

上述相关案例中，受害人张某与小卖部之间存在买卖合同，小卖部交付的啤酒存在质量瑕疵，造成张某人身的损害，此时发生违约责任和侵权责任的竞合，张某有选择的权利。从赔偿范围看，张某选择侵权之诉，可以获得更多的赔偿，如财产损失赔偿、人身伤害赔偿和精神损害赔偿；从诉讼主体看，张某选择侵权之诉，不仅可以告小卖部，还可以告啤酒厂，两被告对损失的赔偿负连带责任，这样更有利于实现原告张某的诉讼利益。因此张某为更好地维护自己的权益，应选择侵权之诉。

思考与练习：

1. 试分析违约责任与缔约过失责任的异同。
2. 简述违约责任的责任承担方式。
3. 试述违约赔偿损失的范围。
4. 案例分析：

甲于2007年10月6日将自己购置的一套商品房以60万元的价格转让给乙并与乙签订了房屋买卖合同。合同约定：甲将该房屋以60万元的价格转让给乙，由乙在合同签字之日支付10万元价款给甲，在2007年底之前再付20万元，于2008年5月1日前付清剩余价款；乙付清所有款项之日甲必须向乙交付房屋并办清一切房产转让手续，将该房屋过户给乙；合同履行过程中任何一方单方违约必须承担合同总价款30%的违约金。2007年12月12日，甲又将该房屋以72万元的价格转让给丙并收取了丙的定金10万元。甲、乙之间的房屋买卖合同签订后，甲依照合同约定收取了乙30万元价款，但当乙按照合同约定于2008年5月1日向甲交付剩余价款30万元并要求甲交付房产和过户时，甲拒绝接收剩余价款不愿向乙交付房产。2008年10月，丙将其向甲购买的该套房屋在土地管理部门进行了权属变更登记。为此，乙起诉要求甲继续履行房屋买卖合同，交付房屋并将房屋过户给乙。在诉讼中乙变更了诉讼请求，要求解除其与甲于2007年10月6日签订的房屋买卖合同，由甲返还已收取的价款30万元并按照合同的约定支付违约金18万元。

问题：(1) 甲与乙于2007年10月6日签订的房屋买卖合同是否生效？甲没有向乙交付房屋并将房屋过户给乙，应该向乙承担何种责任？

(2) 乙主张解除其与甲签订的房屋买卖合同，并由甲返还价款并按照合同约定支付违约金的诉讼请求是否应该得到支持？

(3) 如果甲认为双方约定的违约金数额过高，甲可以依法提出何种主张？

项目三　处理合同纠纷

【引例】

甲房地产公司与乙混凝土公司签订混凝土供需合同，合同履行过程中发生了纠纷，乙公司向沈阳仲裁委员会提出仲裁申请，沈阳仲裁委员会对该合同纠纷进行了裁决。但是，甲公司对仲裁裁决不服，以甲、乙之间没有签订仲裁协议、沈阳仲裁委员会作出裁决的行为严重违法为由，向辽宁省沈阳市中级人民法院提出申请，请求撤销该仲裁裁决。甲公司认为：乙公司在仲裁中提交双方签订的混凝土供需合同书作为证据，证明双方约定将该合同纠纷提交沈阳仲裁委员会仲裁，但是，该合同书的第十二条“关于争议的解决方式”第二项内容为“申请沈阳仲裁委员会仲裁”，乙公司单方在该第二项前面打挑（打钩），不是双方真实意思表示。为此，甲公司向法院提交其所保存的甲、乙之间签订的混凝土供需合同书作为证据，甲公司提交的合同书在该第二项前面没有打挑。沈阳市中级法院认为：乙公司作为仲裁申请人以双方签订的混凝土供需合同书作为证据，证明双方存在仲裁协议而要求仲裁，乙公司就应当提供证据证明该合同书在“申请沈阳仲裁委员会仲裁”前面打挑系经双方当事人意思合致，但乙公司未能就此举证。所以，沈阳市中级法院裁定撤销了沈阳仲裁委员会对该合同纠纷案作出的仲裁裁决书。甲公司又向合同履行地法院提起诉讼，请求法院对该合同纠纷进行审理判决。

问题：乙公司申请沈阳仲裁委员会对该合同纠纷案进行仲裁是否必须以双方约定“申请沈阳仲裁委员会仲裁”为前提条件？仲裁裁决被法院撤销后，当事人是否可以将合同纠纷诉至人民法院？

【基本原理】

在经济生活中，每天发生大量的合同，也发生大量的合同纠纷，要正确处理合同纠纷，当事人首先必须注重收集充足的证据，以证明纠纷事实。同时，应当依法寻求合理有效的法律救济途径，才能避免或减轻损失，维护合同当事人的合法权益。

一、收集证据

在合同纠纷发生之后，无论当事人采取何种方式解决纠纷，首先都必然面临纠纷事实的证明问题。依照法理，在合同纠纷案件中，主张合同关系成立并生效的一方当事人对合同订立和生效的事实承担举证责任；主张合同关系变更、解除、终止、撤销的一方当事人对引起合同关系变动的事实承担举证责任；对合同是否履行发生争议的，由负有履行义务的当事人承担举证责任。所以，在解决纠纷之前，预先收集充足的证据，是有效处理合同纠纷的必然要求。在解决合同纠纷的法律途径仲裁和民事诉讼中，对于证据都要求适用民事诉讼证据的规定和规则，所以，当事人为解决合同纠纷而收集证据，必须符合民事诉讼证据的规定。

（一）民事诉讼证据的概念和特点

民事诉讼证据，是指能够证明民事案件真实情况的事实。

证据是法院或仲裁机构认定有争议案件事实的根据，依照谁主张谁举证的原则，证据通常由当事人提供，用以证明其所主张的案件真实情况。

民事诉讼证据的特点有：

1. 客观性

民事诉讼证据的客观性，是指证据必须是客观存在的事实，即民事诉讼证据本身是客观的、真实的，而不是想象的、虚构的、捏造的。

2. 关联性

民事诉讼证据的关联性，是指证据与证明对象之间必须具有某种内在的联系。如主张缔约过失责任的当事人提交住宿费发票以证明其为缔约而实际支付了费用，该证据具备关联性。

3. 合法性

民事诉讼证据的合法性，是指证据必须符合法律的要求，不为法律所禁止。民事诉讼证据合法性的具体要求包括：第一，收集证据的行为本身合法；第二，证据的形式合法；第三，证据材料经过合法程序（质证、审核认定）转化为证据。不具备合法性的证据不能成为证据，如以侵害他人合法权益或者违反法律禁止性规定的方法取得的证据，不能作为认定案件事实的依据。

证据必须具备上述“三性”，当事人在收集证据时，应当注意符合上述规定。

（二）民事诉讼证据的种类

根据民事诉讼法律的规定，民事诉讼的证据包括：

（1）书证。书证是指以文字、符号、图形等所记载的内容或表达的思想来证明案件事实的证据。比如合同书、订货单、收货单、收据、发票等。

（2）物证。物证是指以其存在的形状、质量、规格、特征等来证明案件事实的证据。比如买卖合同留存的标的物样品、质量有争议的标的物等。

（3）视听资料。视听资料是指利用录音、录像、电子计算机储存的资料和数据等来证明案件事实的证据。比如买方仓库电脑里储存的货物进库记录数据、双方当事人就合同变更作出约定的谈话录音等。

（4）证人证言。证人是指知晓案件事实并应当事人的要求和法院的传唤到法庭作证的人。证人就案件事实向法院所作的陈述称为证人证言。

（5）当事人陈述。是指当事人在诉讼中就与本案有关的事实，向法院所作的陈述。

（6）鉴定结论。鉴定人是指接受聘请或指派凭借自己的专门知识对案件中的疑难问题进行科学研究并做出具有法律效力结论的人。鉴定人运用专业知识、专门技术对案件中的专门性问题进行分析、鉴别、判断后做出的结论，称为鉴定结论。

如果合同纠纷是以诉讼方式处理的，当事人申请鉴定，应当在举证期限内提出。当事人提出申请鉴定，经人民法院同意后，由双方当事人协商选择鉴定机构和鉴定人；如果协商不成可以由人民法院加以指定。当事人对人民法院委托的鉴定部门作出的鉴定结论有异议的，可依法申请重新鉴定。

（7）勘验笔录。勘验是指人民法院审判人员在诉讼过程中，为了查明一定的事实，对与案件争议有关的现场、物品或物体亲自进行或指定有关人员进行查验、拍照、测量的行为。对于查验的情况与结果制成的笔录叫勘验笔录。

无论合同当事人是否通过民事诉讼处理合同纠纷，预先收集上述各类证据都是有利的做法。

合同当事人除自己收集证据外，如果因客观原因不能自行收集证据，在诉讼过程中还可以依法申请人民法院调查收集证据。

（三）保全证据

保全证据又称为证据保全，是指人民法院在起诉前或在对证据进行调查前，依据申请人的申请或当事人的请求，以及依职权对可能灭失或今后难以取得的证据，予以固定和保存的行为。民事诉讼证据保全有两种方式：一种是诉前证据保全，是指起诉前由申请人向人民法院申请对证据进行保全的行为；另一种是诉讼证据保全，就是在民事诉讼中人民法院对证据采取的固定和保存行为。

除由人民法院进行保全的民事诉讼的证据保全之外，申请人也可以向公证机构提出保全证据公证申请，采用公证的形式对证据进行固定、保全。

在证据可能灭失或者以后难以取得的情况下，合同纠纷的当事人应当及时申请保全证据，以避免举证不能的不利后果。比如合同当事人以电子邮件传递要约与承诺。必要时当事人可以申请公证机构进行证据保全公证，将可证明合同成立及合同内容的证据固定、保存。

二、合同纠纷的解决方式

根据《合同法》第128条的规定，合同争议的处理途径有四种：和解、调解、仲裁和诉讼。

法条链接

《中华人民共和国合同法》

第128条　当事人可以通过和解或者调解解决合同争议。

当事人不愿和解、调解或者和解、调解不成的，可以根据仲裁协议向仲裁机构申请仲裁。涉外合同的当事人可以根据仲裁协议向中国仲裁机构或者其他仲裁机构申请仲裁。当事人没有订立仲裁协议或者仲裁协议无效的，可以向人民法院起诉。当事人应当履行发生法律效力的判决、仲裁裁决、调解书；拒不履行的，对方可以请求人民法院执行。

（一）和解

和解，即合同纠纷的当事人自行协商解决纠纷。当事人在互谅互让、平等磋商的基础之上自行协商解决纠纷，不影响双方的关系，不妨碍今后的继续合作，还可以节省时间、人力和费用。所以，如果产生合同纠纷，当事人应当首选协商解决纠纷，依照平等互利、协商一致的原则达成和解，如约定以分期付款、实物抵债等方式处理违约问题。当事人和解，应遵循平等自愿原则和合法原则，不得强迫他人接受和解条件，也不得作出有违法律的和解协议。

但是，当事人达成的和解协议仅是当事人之间就解决合同纠纷达成的普通民事协议，不具备强制执行的效力，其权利义务的实现有赖于双方当事人的自愿履行。

（二）调解

调解，指民间调解，是合同纠纷的双方当事人自愿在第三者（即调解人）的主持下，在查明事实、分清是非的基础上，由第三者对纠纷双方当事人进行说明劝导，促使双方互谅互让，达成调解协议，从而解决纠纷。

调解解决合同纠纷应当遵循平等自愿、合法原则。通过民间调解而促成纠纷双方达成的调解协议与当事人自行达成的和解协议效力相同，不具备强制执行的效力，仅是普通民事协议。

合同纠纷发生后，当事人可以寻求商会、人民调解委员会等机构主持调解，以求尽快解决纠纷，减少矛盾与损失。

（三）仲裁

仲裁是一种在世界范围内被广泛承认和采用的解决争议的有效方式，从字义上诠释，“仲”表示地位居中，“裁”表示衡量、判断，“仲裁”即居中公断之意。在我国，仲裁有民商事仲裁、劳动仲裁和农业承包合同仲裁等。劳动仲裁的仲裁范围是劳动争议，农业承包合同仲裁的仲裁范围是农业集体经济组织内部的农业承包合同纠纷，而适用于合同纠纷的仲裁是民商事仲裁。如无特别说明，下文所述仲裁仅指民商事仲裁。

1. 仲裁的概念和特点

仲裁，指双方当事人根据有效的仲裁协议，将纠纷提交给仲裁机构进行裁决的一种争议解决方式。

仲裁有以下特点：

（1）专家断案。所谓专家断案，就是由某一领域的专家、权威人士来裁判案件。仲裁是公正、独立的第三人居中裁判当事人双方争议的纠纷解决机制，裁判纠纷的"第三人"具有良好的法律素养，同时又是所涉行业的专业人才，从而保证了仲裁的质量和仲裁结果的公平、合理。

（2）或裁或审，一裁终局。仲裁和诉讼是可供纠纷当事人选择的解决纠纷的两种途径，但是，仲裁或诉讼，两者只能选其一。根据《中华人民共和国仲裁法》第5条的规定，当事人达成仲裁协议，一方向人民法院起诉的，人民法院不予受理。如果当事人选择了将纠纷提交仲裁，就不能向法院提起诉讼。并且，仲裁实行一裁终局的制度，并无多级仲裁，对合同双方当事人来说，仲裁裁决具有既判力，当事人对仲裁裁决不服，也不得再诉至法院。对此，《中华人民共和国仲裁法》第9条规定："仲裁实行一裁终局的制度。裁决作出后，当事人就同一纠纷再申请仲裁或者向人民法院起诉的，仲裁委员会或者人民法院不予受理。裁决被人民法院依法裁定撤销或者不予执行的，当事人就该纠纷可以根据双方重新达成的仲裁协议申请仲裁，也可以向人民法院起诉。"仲裁采取一裁终局，所有的仲裁裁决一经作出即受到法律的尊重和保护，可使当事人避免漫长的诉累。

法条链接

《中华人民共和国仲裁法》

第5条　当事人达成仲裁协议，一方向人民法院起诉的，人民法院不予受理，但仲裁协议无效的除外。

（3）意思自治。所谓意思自治，是指仲裁当事人的意思自治，此精神贯穿于整个仲裁程序中：当事人可以选择是否进行仲裁以及将哪些纠纷提交仲裁；当事人可以选择仲裁机构、仲裁地点、仲裁适用的法律和规则；当事人可以选择仲裁员；当事人可以选择如何进行仲裁程序；当事人可以选择是否终止仲裁程序。

（4）不公开审理。《中华人民共和国仲裁法》第40条规定："仲裁不公开进行。当事人协议公开的，可以公开进行，但涉及国家秘密的除外。"

（5）法律的承认和执行保障。仲裁裁决具有既判力，其效力得到法律的承认，当事人应当履行裁决。一方当事人不履行的，另一方当事人可以依照民事诉讼法的有关规定向人民法院申请执行。受申请的人民法院应当执行。

2. 仲裁的范围

仲裁范围即仲裁的适用范围。它是指仲裁作为一种解决纠纷的方式，可以解决哪些纠纷，不能解决哪些纠纷，也就是纠纷的可仲裁性问题。

仲裁范围是由仲裁法加以规定的。根据《中华人民共和国仲裁法》第 2 条、第 3 条的规定，平等主体的公民、法人和其他组织之间发生的合同纠纷和其他财产权益纠纷，可以仲裁。下列纠纷不能仲裁：①婚姻、收养、监护、扶养、继承纠纷；②依法应当由行政机关处理的行政争议。

所以，仲裁是解决合同争议的一种途径，合同争议当事人应合理选择。

3. 仲裁协议

仲裁协议是指双方当事人自愿将他们之间已经发生或者可能发生的争议提交仲裁解决的协议。依照《中华人民共和国仲裁法》第 4 条、第 21 条的规定，“有仲裁协议”是当事人申请仲裁必须符合的首要条件。没有仲裁协议，一方申请仲裁的，仲裁委员会不予受理。

仲裁协议的形式必须是书面形式。它包括合同中的仲裁条款，也包括独立的仲裁协议。《中华人民共和国仲裁法》第 16 条规定：“仲裁协议包括合同中订立的仲裁条款和以其他书面方式在纠纷发生前或者纠纷发生后达成的请求仲裁的协议。”从仲裁法的这一规定可以看出，我国只承认书面仲裁协议的法律效力，以口头方式订立的仲裁协议不受法律保护。当事人以口头仲裁协议为依据申请仲裁的，仲裁机构不予受理。

一份完整、有效的仲裁协议必须具备法定的内容。根据《中华人民共和国仲裁法》第 16 条的规定，仲裁协议应当包括下列内容：

（1）请求仲裁的意思表示。仲裁协议中当事人请求仲裁的意思表示要明确。比如：如果当事人约定“因本合同引起的争议由双方协商解决，协商不成的，提交北京仲裁机构仲裁或者向法院起诉”，这一约定其请求仲裁的意思表示不明确，应由当事人达成补充协议，如果达不成补充协议，该仲裁协议无效。

（2）仲裁事项。仲裁事项即当事人提交仲裁的具体争议事项。仲裁机构只解决仲裁事项范围内的争议，仲裁庭只能在仲裁协议确定的仲裁事项的范围内进行仲裁，超出这一范围进行仲裁，所作出的仲裁裁决，经一方当事人申请，法院可以不予执行或者撤销。例如，如果买卖合同当事人仅约定“就产品质量问题引起的争议提交仲裁”，则不得对当事人因货物数量问题引起的争议进行仲裁。

（3）选定的仲裁委员会。按照《中华人民共和国仲裁法》的规定，仲裁委员会可以在直辖市和省、自治区人民政府所在地的市设立，也可以根据需要在其他设区的市设立，仲裁委员会不实行级别管辖和地域管辖。由哪个仲裁委员会裁决争议，完全由当事人自己选定。当事人可以选择本地的仲裁机构，也可以选定双方共同信任的其他地方的仲裁机构。仲裁协议对仲裁委员会没有约定或者约定不明确的，当事人可以补充协议；达不成补充协议的，仲裁协议无效。如果当事人在仲裁协议中没有选定仲裁委员会，则任何仲裁委员会都无法受理。

4. 选择仲裁方式解决合同纠纷应注意的问题

当事人如果要选择仲裁方式解决合同纠纷，应当注意下列问题：

（1）尽可能在合同纠纷发生之前订立有效的仲裁协议。仲裁协议既可以在纠纷发生之前订立，也可以在纠纷发生之后订立。但是，纠纷发生后，由于当事人的利害冲突，争议双方往往不容易达成任何协议，包括仲裁协议。并且，即使不发生实际纠纷，当事人事先订立仲裁协议，也可以在一定程度上督促当事人履行合同。所以，为了使合同纠纷可以顺利地适用仲裁方式并得以解决，选择仲裁的当事人应当尽可能在合同纠纷发生之前订立仲裁协议，并且，应当依法订立仲裁协议，依法约定仲裁协议的内容，避免出现仲裁协议无效的情形。

（2）选择合适的仲裁机构。仲裁不实行级别管辖和地域管辖，仲裁委员会由当事人协议选定。当事人选择仲裁机构一般应考虑下列因素：第一，地点。当事人最好选择当事人住所地、合同履行地或财产所在地的仲裁委员会，这样便于当事人参加仲裁活动，也便于仲裁机构仲裁案件，同时也便于法院对仲裁裁决的执行。第二，仲裁员。由于当事人可以选定仲裁员，所以，当事人选择仲裁委员会时应当考虑仲裁员因素，哪位仲裁员对有关业务最熟悉且公道正派，当事人觉得其值得信赖，就可选定该仲裁员所在的仲裁委员会，以保证案件的公正处理。

根据仲裁的特点和法律对仲裁协议的要求，本项目引例中，乙混凝土公司要将合同纠纷提交沈阳仲裁委员会仲裁，必须以甲、乙双方存在仲裁协议为前提条件，必须证明双方约定“申请沈阳仲裁委员会仲裁”；根据或裁或审原则，仲裁裁决被法院依法撤销后，当事人甲公司或乙公司自然可以将合同纠纷诉至人民法院。

（四）诉讼

发生合同纠纷，如果当事人没有达成仲裁协议或仲裁协议无效，双方当事人可以向法院起诉，通过诉讼的方式来解决纠纷。通过诉讼途径解决合同纠纷应注意以下问题：

1. 诉讼时效

合同债权人在诉讼时效期间不起诉便会失去胜诉权。合同纠纷适用《民法通则》一般的诉讼时效规定，即诉讼时效期间为两年（法律另有规定的除外），从权利人知道或者应当知道权利被侵害时起计算。合同当事人必须在法定的诉讼时效期间内及时行使自己的诉讼权利。当然，如果符合诉讼时效中止或中断的规定的，当事人仍然可以在规定的期限内行使自己的诉讼权利。

2. 诉讼管辖

对于合同纠纷的诉讼管辖，《中华人民共和国民事诉讼法》第 24 条规定：“因合同纠纷提起的诉讼，由被告住所地或者合同履行地人民法院管辖。”所以，合同当事人提起诉讼之时应当依法选择有利的管辖法院。

在民事诉讼中，因合同发生的纠纷，还可以由双方当事人通过订立合同争议条款自由约定由哪个法院来管辖，称为“协议管辖”。协议管辖使合同当事人可以约定一个对自己有利的法院管辖案件，从而节省诉讼费用，避免地方保护主义因素产生的不利影响。所以，合同当事人应当尽可能在合同中订立合同争议条款，事先选择管辖法院。当然，合同当事人的这种自由选择权是有条件限制的，对当事人选择管辖法院的限制包括：

（1）协议管辖不得违反级别管辖与专属管辖。例如，海事案件只能由海事法院管辖，合同当事人约定由普通法院管辖是无效的。

（2）被选择的法院必须与合同有关联，即只能在被告住所地、合同履行地、合同签订地、原告住所地、标的物所在地的法院中进行选择，而且当事人在约定合同争议条款时应明确约定所选择的管辖法院，不能协议选择两个以上管辖法院，否则容易引起管辖争议。

（3）双方当事人必须以书面形式约定管辖法院，口头约定无效。

法条链接

《中华人民共和国民事诉讼法》

第24条　因合同纠纷提起的诉讼，由被告住所地或者合同履行地人民法院管辖。

第25条　合同的双方当事人可以在书面合同中协议选择被告住所地、合同履行地、合同签订地、原告住所地、标的物所在地人民法院管辖，但不得违反本法对级别管辖和专属管辖的规定。

【相关案例】

上海某仓储公司与安徽某粮食贸易公司订立《仓储保管合同》，约定仓储公司为粮食贸易公司提供粮食仓储，储存地点为仓储公司位于上海普陀区的仓库，合同中关于争议的解决方式条款约定："协商不成的由原告方所在地法院管辖处理。"该合同履行过程发生纠纷，粮食贸易公司遂以合同纠纷向其住所地法院安徽省合肥市中级人民法院提起诉讼。在答辩期间，仓储公司提起管辖权异议，认为合同双方约定的管辖法院随提起诉讼的当事人的变化而变化，属约定不明，应该认定合同中关于管辖法院的约定无效，要求将案件移交合同履行地法院即上海普陀区人民法院审理。合肥市中级法院审查认为：当事人讼争的《仓储保管合同》中关于协议未尽事宜"协商不成的由原告方所在地法院管辖处理"的约定可以随当事人提起诉讼而变化管辖法院，但当事人之间如发生纠纷由原告方住所地法院管辖的约定是明确的，是双方当事人的真实意思表示。该约定不违反《中华人民共和国民事诉讼法》关于选择管辖、级别管辖和专属管辖的法律规定，约定有效。粮食贸易公司以合同纠纷向其住所地法院合肥市中级法院提起诉讼，合肥市中级法院依法对本案有管辖权。遂裁定驳回仓储公司的管辖权异议。仓储公司对裁定不服，上诉至安徽省高级人民法院，安徽省高级法院裁定驳回上诉，维持原裁定。

【分析】

上述案例说明，合同当事人关于诉讼管辖的约定应当合法、明确，否则，可能引起管辖权争议，延长诉讼过程，也可能给当事人带来不必要的损失。

3. 诉讼保全

诉讼保全是指法院对于可能因当事人一方的行为或者其他原因，使判决不能执行或者难以执行的案件，根据对方当事人的申请，或依职权而对一方当事人的财物采取查封、扣押、冻结、提供担保等财产保全措施。在合同纠纷诉讼之前或诉讼过程中，如果一方当事人发现对方当事人的财产有可能灭失或被隐藏、转移，使自己的诉讼难以达到预期的目的，就应该及时依法向法院申请诉讼保全，以保证自己权利的实现。

思考与练习

1. 合同当事人应当如何保全证据？
2. 合同当事人订立的仲裁协议应该具备哪些内容？

实 训

(一)

【情境设计】

A公司与B公司签订合同，由A公司向B公司供应60#、63#两种型号的医用手套各1万打，交货期为2000年4月，验收日期为收货后5日内。A公司为履行合同，与C公司签订了同样标的的合同，交货期为2000年3月。2000年5月，B公司催促A公司发货，A公司经理赵刚亲自赴C公司催货，但未找到C公司的负责人，赵刚了解到C公司将该批货物交D厂生产，就直接到D厂催货。D厂答复赵刚，仓库中只有63#一种规格的医用手套，60#无货。赵刚表示只发一种规格也没问题。D厂即将63#医用手套2万打交铁路发运，将提货单交给赵刚，并通知C公司已经发货。C公司要求A公司支付货款，赵刚提出C公司迟延交货，应承担违约责任。经协商，A公司扣除3 500元作为违约金后，支付了其余货款。A公司将提货单交给B公司，要求B公司付款。B公司验收时发现货物规格与合同要求不符，且部分医用手套已过期。B公司当即向A公司提出退货，并要求A公司承担违约责任。A公司未答复，B公司即拒不提货。承运人火车站将货物存入仓库，2000年8月，当地暴发洪水，火车站仓库遭水淹，该批医用手套全部报废。

【目的与要求】

1. 明确合同违约责任的相对性。
2. 正确认定违约责任。

【工作任务】

任务一：部分医用手套规格与合同要求不符，应由谁承担责任？为什么？

任务二：部分医用手套过期的责任应由谁承担？为什么？

任务三：医用手套全部报废的责任应由谁承担？为什么？

任务四：设B公司验收时发现部分医用手套已过期，但由于工作人员疏忽，一直未将该情况通知给A公司。3个月后B公司要求A公司承担该批货物的违约责任，能否得到支持？为什么？

【训练方法】

学生自由组合，4~8人为一组，先在组内开展讨论，再与其他小组进行交流，然后小组派代表发言，最后由授课教师点评。

步骤1：各小组将本组意见写成书面材料；

步骤2：每一小组推选1~2名代表发言，并可与其他小组展开辩论。

【考核标准】

能正确认定违约责任的双方当事人及责任人应承担的违约责任形式。

（二）

【情境设计】

2003 年 7 月 25 日，安徽某工程公司与周某签订《房屋租赁合同》一份，约定由工程公司将约 900 平方米的房子出租给周某作为仓库，租赁期限两年，周某应于每季度首月支付一个季度的租金 18 900 元。同时约定："如周某一个月内逾期未付租金，工程公司有权收回出租场地，合同自行终止；在租赁期间，工程公司因铁路生产需要必须提前收回房屋时，须提前一个月通知周某，并根据合同法承担标的 100% 的违约责任。"还约定："周某所建临时房屋和对原有场地进行完善系单方行为，与工程公司无任何关系，如遇工程公司上级机关令其拆除或者合同终止，周某必须在七日内将其拆除。"合同签订后，周某加盖了临时房屋，并对原有场地进行完善后又单方将房屋转租给他人承租。起初周某能按约定交纳租金，2004 年周某交了第一季度的租金后就未交租金。2004 年 6 月 29 日，工程公司以铁路内部生产布局调整为由书面通知周某，要求一个月后收回毛坯房，终止合同。周某收到通知后于 2004 年 7 月 26 日向安徽省公证处申请保全证据公证，公证申请人周某于当日来到毛坯房，分别将《解除房屋租赁合同的通知》张贴在 8 家承租房的门上，通知次承租人解除与周某签订的《房屋租赁合同》，并要求其在二十日内将承租仓库腾空。周某依据合同约定要求工程公司给予赔偿，经双方多次协商，终因差距太大，商谈无果。由于周某既未交出房屋也不交租金，工程公司于 2004 年 8 月 25 日将周某告上法庭要求其支付租金 56 700 元（计算截止到判决之日）；交还租赁房屋。周某认为工程公司提前解除合同是根本违约，故反诉要求工程公司偿付违约金 15 万余元；赔偿其他损失 28 万元。

【目的与要求】

1. 明确合同解除的条件。
2. 合同解除时应承担的违约责任。

【工作任务】

任务一：该合同能否提前解除？为什么？

任务二：工程公司应否承担违约责任？

【考核标准】

1. 能正确判断合同能否解除。
2. 能正确认定合同解除时当事人应承担的责任。

（三）

【情境设计】

2002 年 5 月 23 日，河南天冠乡供销社同甘肃关北农业物资公司达成意向性协议：关北公司向供销社出售优质 B09 型复合化肥 200 吨，每吨价格 2 000 元，双方约定 10 天内签订书面合同。关北公司的竞争对手关南公司得知该情况后，于 2002 年 5 月 25 日向天冠乡供销社发出传真："我司现有优质 B09 型复合化肥大量存货，如贵方愿意购买，我司愿以每吨 1 750 元的价格出售，有意请速回复。"但事实上关南公司根本没有任何该种化肥的库存。供销社收到传真后，对新价格非常满意，于 5 月 27 日以传真回复合同文本，注明："本供销社愿意依你方提出之价格购买 200 吨，如贵方有意请在合同上签字，签字后合同即告成立。”关南公司接到回复后置之不理，因为其根本目的在于搅黄关北公司与供销社的大额交易。在供销社的不断催促下，关南公司于2002年9月5日才作出回复：“非常抱歉，我公司由于内部审核人员误将B06型化肥当作B09型化肥，致使贵方发生误会，特此说明，望见谅。”关北公司迟迟不见供销社方面签订书面合同，后来才知道关南公司从中作梗，于是在2002年9月7日直接通过铁路向供销社发送了全部货物。供销社于9月10日收到货物后，经表面检查数量无差错，便接收了全部货物，并回复称一个月内电汇全部货款。后因发现化肥过期失效而发生纠纷，供销社诉至法院，要求其承担违约责任；在得知了关南公司的行径后，供销社又将关南公司告上法院，要求其承担缔约过失赔偿责任。

【目的与要求】

明确缔约过失责任的构成要件及与违约责任的区别。

【工作任务】

任务一：关北公司与天冠乡供销社的合同是否成立？关北公司是否应承担违约责任？

任务二：关南公司是否承担缔约过失责任？为什么？

【考核标准】

能正确认定缔约过失责任的构成。

附　录

最高人民法院
关于适用《中华人民共和国合同法》若干问题的解释（一）

为了正确审理合同纠纷案件，根据《中华人民共和国合同法》（以下简称合同法）的规定，对人民法院适用合同法的有关问题作出如下解释：

一、法律适用范围

第一条　合同法实施以后成立的合同发生纠纷起诉到人民法院的，适用合同法的规定；合同法实施以前成立的合同发生纠纷起诉到人民法院的，除本解释另有规定的以外，适用当时的法律规定，当时没有法律规定的，可以适用合同法的有关规定。

第二条　合同成立于合同法实施之前，但合同约定的履行期限跨越合同法实施之日或者履行期限在合同法实施之后，因履行合同发生的纠纷，适用合同法第四章的有关规定。

第三条　人民法院确认合同效力时，对合同法实施以前成立的合同，适用当时的法律合同无效而适用合同法合同有效的，则适用合同法。

第四条　合同法实施以后，人民法院确认合同无效，应当以全国人大及其常委会制定的法律和国务院制定的行政法规为依据，不得以地方性法规、行政规章为依据。

第五条　人民法院对合同法实施以前已经作出终审裁决的案件进行再审，不适用合同法。

二、诉讼时效

第六条　技术合同争议当事人的权利受到侵害的事实发生在合同法实施之前，自当事人知道或者应当知道其权利受到侵害之日起至合同法实施之日超过一年的，人民法院不予保护；尚未超过一年的，其提起诉讼的时效期间为两年。

第七条　技术进出口合同争议当事人的权利受到侵害的事实发生在合同法实施之前，自当事人知道或者应当知道其权利受到侵害之日起至合同法施行之日超过两年的，人民法院不予保护；尚未超过两年的，其提起诉讼的时效期间为四年。

第八条　合同法第五十五条规定的“一年”、第七十五条和第一百零四条第二款规定的“五年”为不变期间，不适用诉讼时效中止、中断或者延长的规定。

三、合同效力

第九条　依照合同法第四十四条第二款的规定，法律、行政法规规定合同应当办理批准手续，或者办理批准、登记等手续才生效，在一审法庭辩论终结前当事人仍未办理批准手续的，或者仍未办理批准、登记等手续的，人民法院应当认定该合同未生效；法律、行政法规规定合同应当办理登记手续，但未规定登记后生效的，当事人未办理登记手续不影响合同的效力，合同标的物所有权及其他物权不能转移。

合同法第七十七条第二款、第八十七条、第九十六条第二款所列合同变更、转让、解除等情形，依照前款规定处理。

第十条　当事人超越经营范围订立合同，人民法院不因此认定合同无效。但违反国家限制经营、特许经营以及法律、行政法规禁止经营规定的除外。

四、代位权

第十一条　债权人依照合同法第七十三条的规定提起代位权诉讼，应当符合下列条件：

（一）债权人对债务人的债权合法；

（二）债务人怠于行使其到期债权，对债权人造成损害；

（三）债务人的债权已到期；

（四）债务人的债权不是专属于债务人自身的债权。

第十二条　合同法第七十三条第一款规定的专属于债务人自身的债权，是指基于扶养关系、抚养关系、赡养关系、继承关系产生的给付请求权和劳动报酬、退休金、养老金、抚恤金、安置费、人寿保险、人身伤害赔偿请求权等权利。

第十三条　合同法第七十三条规定的“债务人怠于行使其到期债权，对债权人造成损害的”，是指债务人不履行其对债权人的到期债务，又不以诉讼方式或者仲裁方式向其债务人主张其享有的具有金钱给付内容的到期债权，致使债权人的到期债权未能实现。

次债务人（即债务人的债务人）不认为债务人有怠于行使其到期债权情况的，应当承担举证责任。

第十四条　债权人依照合同法第七十三条的规定提起代位权诉讼的，由被告住所地人民法院管辖。

第十五条　债权人向人民法院起诉债务人以后，又向同一人民法院对次债务人提起代位权诉讼，符合本解释第十三条的规定和《中华人民共和国民事诉讼法》第一百零八条规定的起诉条件的，应当立案受理；不符合本解释第十三条规定的，告知债权人向次债务人住所地人民法院另行起诉。

受理代位权诉讼的人民法院在债权人起诉债务人的诉讼裁决发生法律效力以前，应当依照《中华人民共和国民事诉讼法》第一百三十六条第（五）项的规定中止代位权诉讼。

第十六条　债权人以次债务人为被告向人民法院提起代位权诉讼，未将债务人列为第三人的，人民法院可以追加债务人为第三人。

两个或者两个以上债权人以同一次债务人为被告提起代位权诉讼的，人民法院可以合并审理。

第十七条　在代位权诉讼中，债权人请求人民法院对次债务人的财产采取保全措施的，应当提供相应的财产担保。

第十八条　在代位权诉讼中，次债务人对债务人的抗辩，可以向债权人主张。

债务人在代位权诉讼中对债权人的债权提出异议，经审查异议成立的，人民法院应当裁定驳回债权人的起诉。

第十九条　在代位权诉讼中，债权人胜诉的，诉讼费由次债务人负担，从实现的债权中优先支付。

第二十条　债权人向次债务人提起的代位权诉讼经人民法院审理后认定代位权成立的，由次债务人向债权人履行清偿义务，债权人与债务人、债务人与次债务人之间相应的债权债务关系即予消灭。

第二十一条　在代位权诉讼中，债权人行使代位权的请求数额超过债务人所负债务额或者超过次债务人对债务人所负债务额的，对超出部分人民法院不予支持。

第二十二条　债务人在代位权诉讼中，对超过债权人代位请求数额的债权部分起诉次债务人的，人民法院应当告知其向有管辖权的人民法院另行起诉。

债务人的起诉符合法定条件的，人民法院应当受理；受理债务人起诉的人民法院在代位权诉讼裁决发生法律效力以前，应当依法中止。

五、撤销权

第二十三条　债权人依照合同法第七十四条的规定提起撤销权诉讼的，由被告住所地人民法院管辖。

第二十四条　债权人依照合同法第七十四条的规定提起撤销权诉讼时只以债务人为被告，未将受益人或者受让人列为第三人的，人民法院可以追加该受益人或者受让人为第三人。

第二十五条　债权人依照合同法第七十四条的规定提起撤销权诉讼，请求人民法院撤销债务人放弃债权或转让财产的行为，人民法院应当就债权人主张的部分进行审理，依法撤销的，该行为自始无效。

两个或者两个以上债权人以同一债务人为被告，就同一标的提起撤销权诉讼的，人民法院可以合并审理。

第二十六条　债权人行使撤销权所支付的律师代理费、差旅费等必要费用，由债务人负担；第三人有过错的，应当适当分担。

六、合同转让中的第三人

第二十七条　债权人转让合同权利后，债务人与受让人之间因履行合同发生纠纷诉至人民法院，债务人对债权人的权利提出抗辩的，可以将债权人列为第三人。

第二十八条　经债权人同意，债务人转移合同义务后，受让人与债权人之间因履行合同发生纠纷诉至人民法院，受让人就债务人对债权人的权利提出抗辩的，可以将债务人列为第三人。

第二十九条　合同当事人一方经对方同意将其在合同中的权利义务一并转让给受

让人，对方与受让人因履行合同发生纠纷诉至人民法院，对方就合同权利义务提出抗辩的，可以将出让方列为第三人。

七、请求权竞合

第三十条　债权人依照合同法第一百二十二条的规定向人民法院起诉时作出选择后，在一审开庭以前又变更诉讼请求的，人民法院应当准许。对方当事人提出管辖权异议，经审查异议成立的，人民法院应当驳回起诉。

最高人民法院关于适用《中华人民共和国合同法》若干问题的解释（二）

为了正确审理合同纠纷案件，根据《中华人民共和国合同法》的规定，对人民法院适用合同法的有关问题作出如下解释：

一、合同的订立

第一条　当事人对合同是否成立存在争议，人民法院能够确定当事人名称或者姓名、标的和数量的，一般应当认定合同成立。但法律另有规定或者当事人另有约定的除外。

对合同欠缺的前款规定以外的其他内容，当事人达不成协议的，人民法院依照合同法第六十一条、第六十二条、第一百二十五条等有关规定予以确定。

第二条　当事人未以书面形式或者口头形式订立合同，但从双方从事的民事行为能够推定双方有订立合同意愿的，人民法院可以认定是以合同法第十条第一款中的“其他形式”订立的合同。但法律另有规定的除外。

第三条　悬赏人以公开方式声明对完成一定行为的人支付报酬，完成特定行为的人请求悬赏人支付报酬的，人民法院依法予以支持。但悬赏有合同法第五十二条规定情形的除外。

第四条　采用书面形式订立合同，合同约定的签订地与实际签字或者盖章地点不符的，人民法院应当认定约定的签订地为合同签订地；合同没有约定签订地，双方当事人签字或者盖章不在同一地点的，人民法院应当认定最后签字或者盖章的地点为合同签订地。

第五条　当事人采用合同书形式订立合同的，应当签字或者盖章。当事人在合同书上摁手印的，人民法院应当认定其具有与签字或者盖章同等的法律效力。

第六条　提供格式条款的一方对格式条款中免除或者限制其责任的内容，在合同订立时采用足以引起对方注意的文字、符号、字体等特别标识，并按照对方的要求对该格式条款予以说明的，人民法院应当认定符合合同法第三十九条所称“采取合理的方式”。

提供格式条款一方对已尽合理提示及说明义务承担举证责任。

第七条　下列情形，不违反法律、行政法规强制性规定的，人民法院可以认定为合同法所称“交易习惯”：

（一）在交易行为当地或者某一领域、某一行业通常采用并为交易对方订立合同时所知道或者应当知道的做法；

（二）当事人双方经常使用的习惯做法。

对于交易习惯，由提出主张的一方当事人承担举证责任。

第八条　依照法律、行政法规的规定经批准或者登记才能生效的合同成立后，有义务办理申请批准或者申请登记等手续的一方当事人未按照法律规定或者合同约定办理申请批准或者未申请登记的，属于合同法第四十二条第（三）项规定的“其他违背诚实信用原则的行为”，人民法院可以根据案件的具体情况和相对人的请求，判决相对人自己办理有关手续；对方当事人对由此产生的费用和给相对人造成的实际损失，应当承担损害赔偿责任。

二、合同的效力

第九条　提供格式条款的一方当事人违反合同法第三十九条第一款关于提示和说明义务的规定，导致对方没有注意免除或者限制其责任的条款，对方当事人申请撤销该格式条款的，人民法院应当支持。

第十条　提供格式条款的一方当事人违反合同法第三十九条第一款的规定，并具有合同法第四十条规定的情形之一的，人民法院应当认定该格式条款无效。

第十一条　根据合同法第四十七条、第四十八条的规定，追认的意思表示自到达相对人时生效，合同自订立时起生效。

第十二条　无权代理人以被代理人的名义订立合同，被代理人已经开始履行合同义务的，视为对合同的追认。

第十三条　被代理人依照合同法第四十九条的规定承担有效代理行为所产生的责任后，可以向无权代理人追偿因代理行为而遭受的损失。

第十四条　合同法第五十二条第（五）项规定的“强制性规定”，是指效力性强制性规定。

第十五条　出卖人就同一标的物订立多重买卖合同，合同均不具有合同法第五十二条规定的无效情形，买受人因不能按照合同约定取得标的物所有权，请求追究出卖人违约责任的，人民法院应予支持。

三、合同的履行

第十六条　人民法院根据具体案情可以将合同法第六十四条、第六十五条规定的第三人列为无独立请求权的第三人，但不得依职权将其列为该合同诉讼案件的被告或者有独立请求权的第三人。

第十七条　债权人以境外当事人为被告提起的代位权诉讼，人民法院根据《中华人民共和国民事诉讼法》第二百四十一条的规定确定管辖。

第十八条　债务人放弃其未到期的债权或者放弃债权担保，或者恶意延长到期债权的履行期，对债权人造成损害，债权人依照合同法第七十四条的规定提起撤销权诉讼的，人民法院应当支持。

第十九条　对于合同法第七十四条规定的“明显不合理的低价”，人民法院应当以交易当地一般经营者的判断，并参考交易当时交易地的物价部门指导价或者市场交易价，结合其他相关因素综合考虑予以确认。

转让价格达不到交易时交易地的指导价或者市场交易价百分之七十的，一般可以视为明显不合理的低价；对转让价格高于当地指导价或者市场交易价百分之三十的，一般可以视为明显不合理的高价。

债务人以明显不合理的高价收购他人财产，人民法院可以根据债权人的申请，参照合同法第七十四条的规定予以撤销。

第二十条　债务人的给付不足以清偿其对同一债权人所负的数笔相同种类的全部债务，应当优先抵充已到期的债务；几项债务均到期的，优先抵充对债权人缺乏担保或者担保数额最少的债务；担保数额相同的，优先抵充债务负担较重的债务；负担相同的，按照债务到期的先后顺序抵充；到期时间相同的，按比例抵充。但是，债权人与债务人对清偿的债务或者清偿抵充顺序有约定的除外。

第二十一条　债务人除主债务之外还应当支付利息和费用，当其给付不足以清偿全部债务时，并且当事人没有约定的，人民法院应当按照下列顺序抵充：

（一）实现债权的有关费用；

（二）利息；

（三）主债务。

四、合同的权利义务终止

第二十二条　当事人一方违反合同法第九十二条规定的义务，给对方当事人造成损失，对方当事人请求赔偿实际损失的，人民法院应当支持。

第二十三条　对于依照合同法第九十九条的规定可以抵销的到期债权，当事人约定不得抵销的，人民法院可以认定该约定有效。

第二十四条　当事人对合同法第九十六条、第九十九条规定的合同解除或者债务抵销虽有异议，但在约定的异议期限届满后才提出异议并向人民法院起诉的，人民法院不予支持；当事人没有约定异议期间，在解除合同或者债务抵销通知到达之日起三个月以后才向人民法院起诉的，人民法院不予支持。

第二十五条　依照合同法第一百零一条的规定，债务人将合同标的物或者标的物拍卖、变卖所得价款交付提存部门时，人民法院应当认定提存成立。

提存成立的，视为债务人在其提存范围内已经履行债务。

第二十六条　合同成立以后客观情况发生了当事人在订立合同时无法预见的、非不可抗力造成的不属于商业风险的重大变化，继续履行合同对于一方当事人明显不公平或者不能实现合同目的，当事人请求人民法院变更或者解除合同的，人民法院应当根据公平原则，并结合案件的实际情况确定是否变更或者解除。

五、违约责任

第二十七条　当事人通过反诉或者抗辩的方式，请求人民法院依照合同法第一百一十四条第二款的规定调整违约金的，人民法院应予支持。

第二十八条　当事人依照合同法第一百一十四条第二款的规定，请求人民法院增加违约金的，增加后的违约金数额以不超过实际损失额为限。增加违约金以后，当事人又请求对方赔偿损失的，人民法院不予支持。

第二十九条　当事人主张约定的违约金过高请求予以适当减少的，人民法院应当以实际损失为基础，兼顾合同的履行情况、当事人的过错程度以及预期利益等综合因素，根据公平原则和诚实信用原则予以衡量，并作出裁决。

当事人约定的违约金超过造成损失的百分之三十的，一般可以认定为合同法第一百一十四条第二款规定的“过分高于造成的损失”。

六、附则

第三十条　合同法施行后成立的合同发生纠纷的案件，本解释施行后尚未终审的，适用本解释；本解释施行前已经终审，当事人申请再审或者按照审判监督程序决定再审的，不适用本解释。

参考文献

［1］崔建远．合同法．北京：法律出版社，2007.

［2］韩世远．合同法总论．北京：法律出版社，2004.

［3］王利明．违约责任论．北京：中国政法大学出版社，2003.

［4］陈晓君．合同法学．北京：中国政法大学出版社，2002.

［5］张民安，王红一．合同法．广州：中山大学出版社，2003.

［6］王泽鉴．民法学说与判例研究（第 1 册）．北京：中国政法大学出版社，1998.

［7］尹忠显．新合同法审判实务研究．北京：人民法院出版社，2006.

［8］李永军．合同法．北京：法律出版社，2003.

［9］郭明瑞，房绍坤．新合同法原理．北京：中国人民大学出版社，2000.

合同法原理与实务

HETONGFA YUANLI
YU SHIWU

责任编辑：张仲玲　常进海
责任校对：郑小燕
封面设计：传欣设计

ISBN 978-7-81135-856-8

9 787811 358568

定价：23.00元

暨南出版